陇上学人文存

LONGSHANG XUEREN WENCUN

陇上学人文存

林　立　卷

林　立 著　曹陇华 编选

甘肃人民出版社

图书在版编目（ＣＩＰ）数据

陇上学人文存. 林立卷 / 范鹏，王福生，陈富荣总主编 ；林立著 ；曹陇华编选. -- 兰州 ：甘肃人民出版社，2020.10（2024.1 重印）

ISBN 978-7-226-05585-4

Ⅰ. ①陇… Ⅱ. ①范… ②王… ③陈… ④林… ⑤曹… Ⅲ. ①社会科学－文集 Ⅳ. ①C53

中国版本图书馆CIP数据核字（2020）第200024号

责任编辑：肖林霞

封面设计：王林强

陇上学人文存·林立卷

范鹏　王福生　陈富荣　总主编

林立　著　曹陇华　编选

甘肃人民出版社出版发行

（730030　兰州市读者大道 568 号）

德富泰（唐山）印务有限公司印刷

开本 890 毫米 × 1240 毫米　1/32　印张 11.875　插页 7　字数 300 千
2020 年 11 月第 1 版　2024 年 1 月第 2 次印刷
印数：1001~3000

ISBN 978-7-226-05585-4　定价：60.00 元

（图书若有破损、缺页可随时与印厂联系）

《陇上学人文存》第一辑

编辑委员会

《陇上学人文存》第四辑

编辑委员会

《陇上学人文存》 第五辑

编辑委员会

《陇上学人文存》 第六辑

编辑委员会

总　序

陇者甘肃，历史悠久，文化醇厚。陇上学人，或生于斯长于斯的本地学者，或外来而其学术成就多产于甘肃者。学人是学术活动的主体，就《陇上学人文存》（以下简称《文存》）的选编范围而言，我们这里所说的学术主要指人文社会科学研究。《文存》精选中华人民共和国成立以来，甘肃人文社会科学领域成就卓著的专家学者的代表性著作，每人辑为一卷，或标时代之识，或为学问之精，或开风气之先，或补学科之白，均编者以为足以存当代而传后世之作。《文存》力求以此丛集荟萃的方式，全面立体地展示新中国为甘肃学术文化发展提供的良好环境和陇上学人不负新时代期望而为我国人文社会科学事业做出的新贡献，也力求呈现陇上学人所接续的先秦以来颇具地域特色的学根文脉。

陇原乃中华文明发祥地之一，人文学脉悠远隆盛，纯朴百姓崇文达理，文化氛围日渐浓厚，学术土壤积久而沃，在科学文化特别是人文学术领域的探索可远溯至伏羲时代，大地湾文化遗存、举世无双的甘肃彩陶、陇东早期周文化对农耕文明的贡献、秦先祖扫六合以统一中国，奠定了甘肃在中国文化史上始源性和奠基性的重要地位；汉唐盛世，甘肃作为中西交通的要道，内承中华主体文化熏陶，外接经中亚而来的异域文明，风云际会，相摩相荡，得天独厚而人才辈出，学术思想繁荣发达，为中华文明做出了重要贡献。

近代以来，甘肃相对于逐渐开放的东南沿海而言成为偏远之地，反而少受战乱影响，学术得以继续繁荣。抗日战争期间作为大后方，接纳了不少内地著名学府和学者，使陇上学术空前活跃。新中国成立之后，人文社会科学领域的专家学者更是为国家民族的新生而欢欣鼓舞，全力投入到祖国新的学术事业之中，取得了一大批重要的研究成果，涌现出众多知名专家，在历史、文献、文学、民族、考古、美学、宗教等领域的研究均居全国前列，影响广泛而深远。新中国成立之后，人文社会科学几次对当代学术具有重大影响的争鸣，不仅都有甘肃学者的声音，而且在美学三大学派（客观派、主观派、关系派）、史学"五朵金花"（史学在新中国成立之后重点研究的历史分期、土地制度史、农民战争史等五个方面的重点问题）等领域，陇上学人成为十分引人注目的代表性人物。改革开放以来，甘肃学者更是如鱼得水，继承并发扬了关陇学人既注重学理求索又崇尚经世致用的优良传统，形成了甘肃学者新的风范。宋代西北学者张载有言："为天地立心，为生民立命，为往圣继绝学，为万世开太平"，此乃中华学人贯通古今、一脉相承的文化使命，其本质正是发源于陇原的《易》之生生不已的刚健精神，《文存》乃此一精神在现代陇上得到了大力弘扬与传承的最佳证明。

《文存》启动于中华人民共和国成立六十周年之际，在选择入编对象时，我们首先注重了两个代表性：一是代表性的学者，二是代表性的成果，欲以此构成一部个案式的甘肃当代学术史，亦以此传先贤学术命脉，为后进立治学标杆。此议为我甘肃省社会科学院首倡，随之得到政界主要领导、学界精英与社会各界广泛认同与政府大力支持，此宏愿因此而得以付诸实施。

为保证选编的权威性，编委会专门成立了由十几位省内人文社会科学领域著名学者组成的专家指导委员会，并通过召开专题会议研讨、发放推荐表格和学术机构、个人举荐等多种方式确定入选者。为使读者对作者的学术成就、治学特色和重要贡献有比较准确和全面的了解，在出版社选配业务精良的责任编辑的同时，编委会为每一卷配备了一位学术编辑，负责选编并撰写前言。由于我院已经完成《甘肃省志·社会科学志》（古代至1990年卷，1990至

2000 年卷）的编辑出版工作，为《文存》的选编提供了坚实的基础和基本依据，加之同行专家对这一时期甘肃人文社会科学发展的研究，使《文存》能够比较充分地反映同期内甘肃人文社会科学的基本状况。

我们的愿望是坚持十年，《文存》年出十卷，到 2019 年中华人民共和国成立七十周年之际达至百卷规模。若经努力此百卷终能完整问世，则从 1949 至 2009 年六十年间陇上学人以"人一之、我十之，人十之、我百之"的甘肃精神献身学术、追求真理的轨迹和脉络或可大体清晰。如此长卷宏图实为新中国六十年间甘肃人文社会科学全部成果的一个缩影，亦为此期间甘肃人文社会科学学术业绩的一次全面检阅，堪作后辈学者学习先贤的范本，是陇上学人献给祖国母亲的一份厚礼。此一理想若能实现，百卷巨著蔚为大观，《文存》和它所承载的学术精神必可存于当代，传之后世，陇上学人和学术亦可因此而无愧于我们所处的伟大时代，并有所报于生养我们的淳厚故土。

因我们眼界和学术水平的局限，选编过程中必定会出现未曾意料的问题，我们衷心期望读者能够及时教正，以使《文存》的后续选编工作日臻完善。

是为序。

2009 年 12 月 26 日

目　录

第三编　新技术革命研究

第四编　自然辩证法研究

编选前言

一

林立先生，湖北黄冈人，1933年出生于一个开明的乡绅家庭。父母均受过正规的教育，母亲毕业于武昌师范学校并在家乡国民小学担任语文教师。父母的教育背景形成了十分重视教育孩子的良好环境。先生六岁时，便由母亲带到所从教的国民小学读书。八岁时父亲去世，生活与教育的重担便全部由母亲一人承担。母亲对于孩子们的教育十分严格，使先生自幼便得到了严格的启蒙教育同时养成认真读书的习惯。

先生十二岁时报考县立中学并被录取，由于战乱和民生凋零，学校缺乏足够的师资，一年后转入湖北省的名校武昌实验中学读书。武昌实验中学良好的教学水平及图书资料使先生学业有明显的长进。但好景不长，仅读了一年后先生便因家庭经济困难辍学回家从事农业生产劳动。然而，先生认为，作为一个年轻人，应该投入社会，用知识武装头脑，从事对社会有益的事业。抱着这样的理想，经姐姐的介绍，先生于1951年初离家到新华书店中南总店（武汉新华书店）工作。在新华书店工作期间，先生除积极工作、积极参加单位组织的各种活动外，一直重视政治和文化学习，不仅参加中央驻汉机关干部文化补习学校的学习，而且休息日和晚上也不放弃学习。经过四年的勤奋努力，先生不仅文化知识水平得到了极大的提高，而且对哲学尤为偏爱。1955 年先生报考中国人民大学哲学系，但由组织安排转入兰州大学经济系学习，后又转入汉语言文学系学习，并于 1959 年毕业留校任教。1959—1962 年，先生经过努力被学校选派到中国人民大学哲学系哲学研究生班学习。

当时的中国人民大学不仅云集了国内哲学研究，特别是马克思主义哲学研究的一批名师，而且藏有丰富的国内外马克思主义理论研究、哲学研究的文献资料。在该校的学习为先生奠定了扎实的哲学社会科学素养和深厚的理论功底。中国人民大学"实事求是、立学为民、治学报国"的校训也成为先生一生教学及研究的原则和方向。

自 1962 年起，先生先后在兰州大学马列主义教研室、哲学系从事马克思主义哲学和自然辩证法的教学及研究工作。由于先生勤奋钻研，治学严谨，教学效果显著，成为学校的青年骨干教师。然而，好景不长，"文化大革命"一开始，先生因在反右期间有"同情右派""走白专道路"和"消极对待运动"的言行而遭到批判，并与当时被"揪斗"的所谓"地、富、反、坏、右"及"反动学术权威""走资本主义的当权派"等人一同被发配到学校农场接受"改造"。先生所钟爱的哲学研究被迫中断。但先生并未因此而沉沦，而是把"劳动改造"当作历练自己的机会，在积极劳动的同时，对理论与现实、国家命运和前途进行深入思考。这些思考的心得也融入了他后来的学术研究和教学活动中。

1978 年，党的十一届三中全会的召开，结束了以阶级斗争为纲所带来的混乱局面，开启了以经济建设为中心的改革开放新阶段，国家政治、经济、社会和科学研究开始走上正轨，先生也迎来了学术研究的春天。当年，先生便担任了甘肃省自然辩证法研究会筹备组主要负责人、兰州大学马列主义教研室自然辩证法教研组组长。1980—1988 年，先生除先后担任马列主义教研室学术委员会委员、教研室主任、哲学系主任等教学、科研和管理职务外，还担任了甘肃省科学研究会筹备组负责人、中国自然辩证法研究会理事、甘肃省自然辩证法研究会理事长、甘肃省哲学学会会长、《科学·经济·社会》杂志主编以及甘肃省政府顾问等众多学术兼职。

1986 年，先生担任兰州大学哲学系主任。经过他的不懈努力和全体教职工的支持，使哲学系各项工作很快步入正轨，不仅构建和形成了西方哲学、中国哲学和科技哲学三大专业，同时还开设了社会学专业，并使各项专业的教学与研究齐头并进，共同发展。哲学系的建立，完善和补充了兰州大学无哲学专业的空白，同时也带动了甘肃省哲学研究工作的展开。先生善于组织和管理哲学系的教学及科研工作，科学组织，精心安排，制定哲学系发展规划，使得教学及科研工作规范化、科学化，制定各项保障制度。将哲学系办得有声有色，科研成果丰硕，使哲学系成为西部高校的重点院系，多次受到上级部门的表彰。先生为兰州大学哲学社会学院的学科建设与发展付出了辛勤的劳动，打下了坚实的基础，做出了重大的贡献。

1988 年，先生担任了《科学·经济·社会》杂志主编。作为主编，先生以科学的态度，遵循办刊宗旨，以专业的理论指导，将杂志办成了融科学技术与哲学、社会科学为一体的综合性学术刊物。以研究和探索科学、经济与社会的协调发展为宗旨，以社会主义现代化建设中重大的理论问题为中心，力求在内容和形式上积极创新，为西部乃至其他边远落后地区的开发和现代化建设做贡献。为广大教师和科研人员提供了研究平台，为促进教学与科研发展做出了杰出贡献。在先生的精心指导下，该杂志成为全国中文核心期刊、全国中文社科类核心期刊、中文社会科学引文索引 CSSCI 来源期刊、《中国学术期刊》（光盘版）全文收录期刊、甘肃省优秀期刊、综合类重点核心期刊。

先生在承担大量教学任务的同时，积极参加相关学术活动，并长期为省内外党政机关干部和高校师生辅导马克思主义哲学和科技哲学。先生在哲学社会科学方面视野宽广、理论功底深厚,他逻辑严谨、深入浅出的授课,受到广大师生和干部的一致好评。由于教学、科研和社会服务工作成绩突出,先生于 1983—1991 年多次获得兰州大学教学质量优秀奖、三次获得"优秀共产党员"称号,以及甘肃省和兰州大学"教书育人"先进个人、"甘肃省高等学校优秀思想政治工作者"等荣誉称号。先生以其才智,为甘肃省、兰州大学的哲学、自然辩证法研究和学科建设及人才培养等方面做出了卓越的贡献。

二

哲学研究与发展在我国尤其在高校是很难出成果的领域,由于历史原因与国情的特殊性,使得国内哲学研究成为具有高难度的、发展缓慢的学科。而先生正是知难而上,以其严谨的科学态度,积极探索、勇于创新,为哲学的研究与发展做出了贡献。

先生作为我省哲学界的知名学者,长期从事马克思主义哲学、科学技术哲学的教学与研究。他前期主要致力于马克思主义哲学和自然辩证法方面的教学、科研工作,随着国家工作重心的转移及社会的转型与发展,他的教学、科研也向科学技术哲学方向转移,并取得了显著的成就,表现出新时期开拓创新、与时俱进的学者风范。尤其在科技哲学领域进行的全方位和开创性的探讨,在新的理论概念、方法和学科体系方面所做出的新贡献,为科学界和理论界所瞩目。他的主要学术成就反映在四个方面。

1. 为科技哲学研究提出了理论依据

1978 年,中共中央、国务院在北京隆重召开了全国科学大会。这次大会是中国共产党在粉碎"四人帮"之后,国家百废待兴的形势下召开的一次重要会议, 也是中国科技发展史上一次具有里程碑意义的盛会。邓小平同志在这次大会上的讲话中明确指出"现代化的关键是科学技术现代化",重申了"科学技术是生产力"这一马克思主义基本观点。从而澄清了长期束缚科学技术发展的重大理论是非问题。全国科学大会的召开,特别是邓小平同志提出的"科学技术是生产力"这一马克思主义基本观点,极大地激发了广大知识分子对科学技术和"科学技术作为生产力"的广泛研究。在这一时代背景下,1980年先生与我省科技界王芸生、熊先树等著名学者首次提出和论证了"科学能力"的基本概念,并在《试论甘肃省的科学能力》等五篇相关论文中,依据马克思关于科学劳动是社会的"一般劳动",是一种"生产的特殊方式"的论断,提出了"社会的科学能力实质上是一种特殊的生产力,科研领域中人与人之间的关系是一种特殊的生产关系。他们在通常意义下仍然遵从生产力和生产关系的相互作用原则"这一创新观点。他们将科技队伍、仪器设备、图书情报三个要素作为科学能力的第一层次,将科技政策、科研体制和科研管理三个要素作为科学能力的第二层次,将社会、政治、心理、教育、经济、文化等因素作为科学能力的第三层次,构建了表征一个国家或地区的社会"科学能力"的物理模型和数学模型,并结合甘肃省的实际进行了深刻论证和界定,得到了原国家科委、中科院和科学界的认可和推广。

基于深厚的哲学理论功底和对科学技术发展的一般规律的持续研究,先生挖掘和阐发了现代自然科学研究的创造性方法。在与我省理论界马名驹、熊先树等著名学者合著的《现代自然科学理论的基本概念和基本关系的层次进化——关于爱因斯坦科学方法的探讨》一文中,通过对爱因斯坦科学方法进行较为全面、深入的探讨,他们认为:"现代自然科学的发展,正在出现一种不断抽象化的趋势。科学的概念和语言越来越远离人们直观的感性经验,科学的理论形态需要借助抽象的形式符号和数学工具;通过严密的逻辑演绎来精确表达,很难无歧义地翻译成简明的日常语言。这种科学理论抽象化的趋向,是现代自然科学发展的一个基本特征，是科学认识不断深化的必然结果。它给科学研究的方法也带来了一系列新的特点，出现自然科学与哲学相互渗透、逐渐结合趋势的时代根源和认识根源。正如恩格斯在一百多年前预言过的，自然科学"走进了理论的领域，而在这里经验的方法就不中用了，在这里只有理论思维才能有所帮助。"爱因斯坦作为一位具有哲学批判眼光的科学家，通过自己切身的科学实践和对科学发展历史的系统考察，从哲学的高度总结了现代自然科学的发展规律，揭示了科学理论的基本概念和基本关系进化的层次结构，创造了适应于现代科学理论发展特点、独具风格的科学方法。他们指出，爱因斯坦关于基本概念和基本关系的论述，不仅是构成科学理论体系的基本逻辑元素和创造性思维的依据，而且是科学进化的内在动力和科学选择理论的有效方法。现代自然科学理论的基本概念和基本关系的层次进化，既反映了人类科学认识不断深化的矛盾运动，也决定着理论体系的结构、功能和发展。该文被评为1982年中国社会科学优秀论文。

2. 注重经济社会理论与实践问题的研究

十一届三中全会以后，随着党和国家的中心工作逐步转向改革开放和经济建设上来，经济与社会发展的理论与实践研究成为学术理论界研究的"热点问题"。在这一时代背景下，自1979年至1997年，先生充分利用自己马克思主义哲学的专业理论素养和科技哲学研究的积累，积极展开经济社会理论与实践的研究。先后独立或与我省科技界、社科界王芸生、熊先树、马名驹、赵怀让等著名学者合作，从科学认识论、科学方法论、社会主义建设的指导方针与根本任务、科学经济社会协调发展以及甘肃省经济与科技发展等方面进行了研究，并发表了《科学能力学的研究——试论甘肃省的科学能力》《甘肃省科学技术现代化展望》《社会主义建设的伟大方略》《指导科学、经济、社会协调发展的重要纲领》《社会主义社会的根本任务是发展生产力》《甘肃经济发展中经济与非经济因素的优化和协调》等具有理论创新性和重要实践借鉴价值的十余篇论文。

在先生独立发表的文章中，《社会主义建设的伟大方略》作为一篇阐释和评论性文章，对邓小平同志在全国科学大会开幕式上的讲话进行了全面深入的总结和阐释。先生认为，在现代社会中，科学技术以空前的规模和速度发展着，并广泛地渗入到人类经济社会的各种领域和各个方面，它们相互影响、相互制约和相互促进，结成了有机联系的统一整体。在我国社会主义制度条件下，如何认识科学技术对于经济和整个社会的发展以及对于提高人民群众的物质和文化生活水平的巨大作用，这是摆在我们面前的新情况和新问题。邓小平同志在全国科学大会上的讲话，依据马克思主义关于科学技术的基本观点，深刻地阐明了我们党的发展科学技术的正确方针，为制定经济振兴时期的科学技术新方针奠定了理论基础，为促进我国的科学、经济、社会的协调发展、建设有中国特色的社会主义指明了方向。在先生另一篇文章《社会主义社会的根本任务是发展生产力》中，先生发挥他在科学技术哲学领域的专业优势，阐述了马克思主义关于科学技术是生产力的基本观点。他指出，马克思在《资本论》中，论述生产力系统诸要素的关系时，对科学技术是生产力进行了深刻而且具体的分析，提出了"生产力是随着科学和技术的不断进步而不断发展的"科学论断。他认为，在世界新科学技术革命的高潮中，科学技术趋向生产的比重空前增大，科技工作者的实践活动与生产技术操作的联系日益紧密，科技成果从发明到应用的周期大大缩短，科技进步已成为整个生产力发展的决定因素，依靠科学技术提高劳动生产率已成为当代的主导趋势。对于在发展科学技术中坚持生产力标准，应从三个方面考虑：第一，要坚决贯彻"依靠"和"面向"的战略方针，大力加强应用与开发研究,使更多的科技人员转向经济建设的主战场,不断提高科技成果的经济效益和社会发展效益。第二,要正确理解和处理好科技发展内部层次比例关系,基础研究、应用研究和发展研究必须协调发展。第三,应进一步解放思想,加快科技体制改革的进程,发展横向联合。第四,应加大对各类科研单位和科研人员的激励,通过宏观控制和政策引导,加速科学技术向经济建设的主战场转移。

3. 对新技术革命和自然辩证法的研究做出了贡献

对现代高新技术及产业群发展所提出的认识论和方法论问题,进行了开拓性探讨。在《新技术革命辞典》一书中,先生对现代科学技术革命中新学科、新专业名词、概念及专业术语做出了系统的阐述和界定,集中反映了20世纪40年代以来世界科学技术的新成果和新发明,兼及相关的现代经济、管理和社会未来等诸方面的内容,以辞书的形式较全面地论证了"科学技术是第一生产力"的理论,受到科技界和企业界的好评,荣获第四届甘肃省社会科学优秀成果二等奖。

在科学技术哲学学科建设和理论体系建立上,有独树一帜的系统创新。在《自然辩证法原理》《自然辩证法原理疑难》《自然辩证法基础教程》和《科学认识论》等一系列著作中,先生以马克思主义基本原理和方法论为指导,立足于现代科学技术发展规律认识新科技成果,认真吸取西方科学技术哲学的积极合理要素,建构了以人和自然的矛盾、科学实践和科学认识的矛盾为中心主线,以一整套学科的基本概念、十二对范畴和四个基本规律为基本内容,体现出逻辑和历史的统一、自然辩证法和历史辩证法的统一、实践观点和认识论的统一、科学的辩证法和自然界的客观辩证法的统一以及自然观、科学观、方法论三者的统一要求的学科理论体系,使人耳目一新;对于我国哲学研究的创新发展和科学技术哲学的深入发展产生了积极作用。其《自然辩证法原理》一书获原国家教委教材二等奖,《自然辩证法基础教程》一书被原国家教委确定为研究生学位理论课的推荐教材。

4. 对《科学·经济·社会》杂志的发展做出杰出贡献

自《科学·经济·社会》杂志创办以来，先生始终以研究和探索科学、经济与社会的协调发展为宗旨，研究边远落后地区开发问题，以社会主义现代化建设中重大的理论问题和现实问题为中心，坚持"百花齐放，百家争鸣"的方针，坚持面向现代化、面向世界、面向未来，努力为建设有中国特色社会主义、促进边远落后地区现代化建设服务，不断提高刊物的学术水平和应用价值，为促进我国经济和社会的全面协调和可持续发展做出应有的贡献。为了突出杂志集科学、经济、社会等多方面研究特色，先生凝聚磅礴力量，组织了一批博学多才的专家学者组成编委会，成员有：姚恭荣（时任甘肃省委政策研究室主任），吴天任（时任省科协主任）、王大政（时任省科学院院长）、孙还坚（时任省科学院经济学专家）、张园（时任省科学院经济学专家）、赵怀让、贺恒信、刘树田（三人时任兰州大学科研处处长、管理系主任、新闻系主任）等。

先生身为编委会主任，定期召开编委会，研究制定杂志发展规划、确立办刊宗旨和方针，结合国家发展规划、战略方针确定研究方向，结合实际调整杂志栏目和研究课题，请专家献计献策，制定专题、设置栏目、组织专家约稿、出专刊等。每一期的稿件交由编委会专家审阅，严格把关，要求每位编委结合本专业各负其责，认真把好稿件质量关。在先生亲自主持下，杂志突出了以我国社会主义改革开放和现代化建设实践为基础，学科领域界度大、交叉渗透深广、综合性强，融科学、经济、社会为一体的特色，并始终坚持科学性与政策性相统一、理论性与应用性相统一，将杂志办成了内容丰富、观点方法新颖、信息量大、文采活跃的刊物。先生与编委会集体研究，确定了杂志栏目，辟有欠发达地区开发研究、传统文化与现代化、经济论坛、社会纵横、科学与哲学、经济与法、新闻与传播等栏目。自创刊以来,在先生的坚持下,刊物一直坚持以社会效益和精神价值为主的办刊宗旨,严把稿件质量关,努力摒除喧哗浮躁的社会风气,以踏实与严谨的作风坚守着自己的学术阵地,不断提高刊物的学术水平和应用价值,先生亲自为杂志撰稿、审稿、约稿。在编辑过程中严肃认真,对作者认真负责并对编辑部工作关怀备至、认真指导、严格要求。在先生的带领下,编委会成员和杂志编辑部上下一心、齐心协力、共同努力,将杂志办得有声有色,使其成为全省以及高校期刊中的优秀期刊,博得大家的一致好评。先生为兰州大学的教学、科研发展做出了贡献,也为高校教师提供了研究发展的平台。1991年,《世界图书》杂志第8期刊载《我国社会科学常用期刊初探》一文,经由50余位专家严格把关,以1990年度中国人民大学《复印报刊资料》为统计依据,在全国3204种社科类期刊中选出被复印率较高的329种作为中文社会科学常用期刊并排出名次。其中,《科学·经济·社会》以37.04%的引用率排名第73位。1992年,在北京地区高等院校期刊工作研究会和北京大学图书馆联合发起、主持的国内期刊评选中,该杂志即被列为软科学类、农业类、经济类和社会学类中文核心期刊。自1994年至2014年底,连续入选"中文社会科学重要期刊检索系统"(CSSCI)来源期刊。

先生的教学及科研成果和学术水平是有目共睹的,这将在文存中加以详细论述,我们可以从中领悟到作为哲学人的独到见识,感受到其智慧与锐利的目光。先生为哲学研究开辟了新的天地,开创了兰州大学哲学研究的新风,让后来的研究学者及同行有了研究的自信和启示,使教学科研工作再上新的台阶。先生如同一名指挥家,对院里及编辑部的工作齐头并进,具有领导艺术才华,凝聚全院教职工力量,奏响团结和谐、奋斗进取、创新的乐章。

三

1996年，先生从工作岗位上退休，但仍积极参与各种教学和学术活动，不仅先后承担了兰州大学理科硕士生的"科技哲学"和博士生的"科学技术与马克思主义"等课程以及学校教学督导委员会顾问等工作，而且为省委省政府的各项重大决策提供咨询服务，继续为甘肃省和兰州大学哲学、自然辩证法研究的发展与学科建设努力工作，对杂志社工作仍旧是认真负责。编辑部仍保留着先生的办公室，布置得很精致，书桌上常放着待发稿，书柜里放着获奖证书及新近出版的期刊，还有先生出版的专著等。每周先生来编辑部两到三次，关心期刊的发展及发刊情况，并及时提出建议等。

本人身为《科学·经济·社会》杂志常务主编，与先生共事多年，目睹了先生为兰大哲学社会学院以及杂志所做的贡献，尤其是先生病重期间的工作经历。2004年秋季，先生因身患重病不能常来编辑部，我就让研究生把新出的刊物送到先生家里，有时我把待发的稿件送到先生家里请先生审阅。直到2004年的某一天，在路上偶然遇到先生，那时先生已做完手术数月，身体消瘦得让我吃惊，差点认不出来，我深深地为先生的身体状况感到不安和担忧……尽管如此，先生见到我非常高兴，眼睛里闪烁着光芒，认真地对我说，他现在每周都要到榆中校区两三趟，进行教学质量评估。他那股对工作认真负责的精神令人无不为之动容……我在想是什么样的精神和力量支撑着先生，让他在病重的情况下能够承受往返路途的颠簸和身体的劳累。也许这就是兰大人的精神力量，是老一辈兰大著名学者的精神风貌。直到有一天（2005年6月），我接到了哲社院老师的电话，说先生身体状况不太好。我急忙赶到先生家里，此刻先生已经悄然离去。当时我头脑一片空白，心也仿佛被掏空，难过悲伤。伟大而卓越的先生就这样走了,可以说先生一直在为兰大的哲学研究、教学研究及杂志的发展不遗余力地做贡献,直至生命的最后一刻。

纵观先生的一生,经历了战乱、新中国成立初期的百废待兴、"文化大革命"动乱以及改革开放等不同历史阶段,正是这些不同的经历成就了先生的风范,也铸就了先生的业绩。先生是个平凡的人,这从他的成长经历中就能看出。他虽没有创造出惊天动地的业绩,但当你走近他时,你一定会觉得他的不平凡之处,他的个人魅力与价值是不容忽视的。他不仅是一位具有理论研究成就的学者,同时也是具有独特管理能力和领导才能的领军人物。其令人钦佩与敬重的品质和风范主要体现在如下方面:

一是先生一生勤奋好学,勇于探索,潜心致力于马克思主义哲学、科学技术哲学、系统管理等方面的理论研究和教学实践,论著颇多,成果丰富,具有很高的学术造诣,学术价值、理论深度及创新精神在国内外学术界产生了广泛的影响。

二是先生一生忠诚于党和人民的教育事业,长期坚持在教学第一线,不仅承担着大量的教学任务,而且治学严谨,一丝不苟。同时,先生为兰大哲学系的发展做了大量工作。先生注重哲学学科发展建设,科学地设置课程和研究方向,开设社会学研究项目。鼓励青年教师大胆创新,为教师教学和科研提供支持与帮助,主动申请研究项目,推动哲学院多出研究成果,在教学管理及科研工作中都有所创新,具有超强的管理能力和领导才能,为兰州大学哲学院的发展奠定了基础。在培养青年教师方面,先生更是倾注了大量的心血,使他们迅速成长为教学和科研骨干,为党和国家建设培养了很多优秀人才。

三是先生为人忠厚、谦和,待人热情、平易,严于律己、宽以待人。先生在兰大哲学系任系主任时,尊重系里的老人,关心教职工的生活,注重年轻人的成长。在工作中以身作则,严以律己,对工作认真负责、严格要求，是位称职的领导。在学生面前是严师，在子女面前是慈父，教育有方，家庭和睦。他是位热爱事业、热爱生活、热爱家庭，有责任心和敢于担当的优秀知识分子。所有接触过先生的人都会感觉到他既是学者，同时又是朋友，你与他没有距离感，只有温暖。与先生在一起你会被他的人格魅力所吸引、所感染，令你情不自禁地会对他肃然起敬，无限崇拜。这不是当今粉丝眼中的明星，而是值得人们尊敬的教育界和学术界的楷模。

先生生前，许多学生和亲朋好友多次建议先生总结自己一生的学术心得和成果，结集出版，但均被先生婉言拒绝。先生认为，在学术研究中，自己并未形成具有原创性的、系统的理论，仅在某些方面在前人的基础上有所思考和发现，做了一点工作，无法以著作立身，独成一派。其谦虚的为人和治学态度令人敬佩。

在兰州大学建校 110 周年校庆之际，我们不曾忘记为兰州大学发展做出过杰出贡献的人们，其中也包括更值得人们敬佩的原兰州大学哲学社会学院院长、知名教授、著名学者林立先生，让我们记住这位具有大师风范的前辈。

值先生去世 14 周年之际，以文存形式对先生的学术历程和成果进行总结，也算是对先生在天之灵的一种告慰吧。

曹陇华

2019 年 9 月

第一编
科技哲学研究

人类历史上一颗明亮的巨星

——纪念爱因斯坦诞辰一百周年①

今年3月14日，是人类历史上最伟大的科学家阿尔伯特·爱因斯坦（Albert Einstein，1879—1955）诞辰一百周年。国内外纷纷举行各种形式的活动，纪念这位科学巨人。

爱因斯坦的一生对人类科学做出了巨大贡献。他勇敢地批判了当时占统治地位的形而上学的绝对时空观，冲破了传统物理观念的束缚，创建了相对论和发展了量子论，开辟了现代物理学的新纪元。

今天，我们纪念爱因斯坦，是为了表达科技工作者和全国人民对他的崇高敬意。我们要学习他大胆的科学创新精神和哲学探索精神，激励科技工作者，为实现四个现代化做更大贡献。

伟大的战斗生活历程

阿尔伯特·爱因斯坦于1879年3月14日，出生在德国西南部乌尔姆城一个小厂主的家里，犹太血统。出生后的第二年，全家搬到慕尼黑。15岁时，他父亲那家小工厂倒闭，全家迁往意大利。1896年秋入苏黎世工业大学师范系学物理。在学校，爱因斯坦对当时那种枯燥无味的学习提不起兴趣，除数学外，学习成绩并不好。

由于当时学校的课程不能满足爱因斯坦对自然界的好奇心，他

---

①与熊先树、王芸生合作，原载《兰州大学学报（社会科学版）》，1979年第3期。

把自己的注意力倾注于课外阅读上，他读了大量有关哲学和自然科学的书籍，"在所阅读的书本中找出可以把自己引到深处的东西，把其他一切统统抛掉"。12 岁至 16 岁，他就看完了初等数学，其中包括微分和积分基础。这些年内，他研究科学的兴趣已开始形成，同时开始了他的创作生活，形成了许多新鲜思想。他在 16 岁时就有一种奇异的想法："如果我以速度 C（真空中的光速）和光线一道运动，我是不是将观察到光线乃是静止在空间振动着的电磁波呢？实验事实和麦克斯韦方程指出，不会有这种情况。"但根据传统物理学的运动相对性原理，这结果却是肯定的。是实验事实不对呢，还是传统物理学有毛病？年轻的爱因斯坦摸索着前人没有走过的道路，迈上了探索自然界神秘而奥妙的征途，极力寻求着问题的解答。

1900 年，同爱因斯坦一道在苏黎世工业大学毕业的共四人，其中三人都留校当助教，唯独爱因斯坦没有一位教授愿意留他，毕业后即失业。他先在文忒土城，后来在沙浩占城当中学教师。1902 年 6 月底，他由于朋友的帮助，在伯尔尼市专利局找到一个低级职员职位，在那里一直工作到 1909 年。在专利局工作期间，他工资低微，生活贫困，但仍然坚持从事科研。他一方面认真研究送到专利局的各种发明创造的思想，一方面利用业余时间大量看书，思考问题，进行理论物理学的研究。1901 年，爱因斯坦开始发表论文。1905 年，在半年之内完成了三篇历史性论文，发表在同一期"物理学年鉴"上。爱因斯坦的三篇论文提出了布朗运动理论，发展了量子论，创建了狭义相对论，其中的每一篇都足以使一个人永垂不朽。当时他年仅 26 岁，又不在学术机关，没有任何名师指导，完全靠业余时间来进行研究，取得这样的成就在科学史上确实是一个奇迹。从此，爱因斯坦获得了世界科学家的地位。

1909 至 1912 年，爱因斯坦先后任苏黎世大学、布拉格大学、苏黎世工业大学教授。1913年,被选为普鲁士科学院院士。1914年,他被邀请回德国柏林,任新成立的威廉皇家物理研究所(现改为麦克斯·普朗克物理研究所)所长兼柏林大学教授。1915年,爱因斯坦创建了广义相对论。

1924年至1933年,爱因斯坦侨居瑞士。1933年,希特勒上台执政,他公开反对,被希特勒定为追捕对象并缺席判处死刑。在排犹浪潮中,爱因斯坦为了抗议希特勒的迫害,放弃德国国籍和普鲁士科学院院士称号,被迫离开德国,接受美国邀请任普林斯顿高等学术研究院研究员,从此定居美国。1955年4月18日,在美国普林斯顿逝世,终年76岁。

光辉灿烂的科学成就

爱因斯坦从1901年开始到1955年逝世止,共发表各种专门性科学论文约二百篇。这段时间,即十九世纪末到二十世纪初,是物理学急剧变革的时期,从宏观物理学进入微观物理学的领域,从一般速度的物质运动进入高速运动。爱因斯坦在这个时期对物理学所做的贡献使他成为这一时期科学革命的领袖和旗手。

1905年6月,爱因斯坦发表了《从热的分子运动论看静止液体中悬浮粒子的运动》这篇重要论文。他用统计学和力学相结合的方法研究悬浮粒子在流体中的运动,不仅说明了早在1827年英国园艺学家布朗发现的布朗运动产生的根源,而且通过直接观测可以推算出分子的实际大小,从而创立了布朗运动理论。这个理论预测的数值,三年后由法国物理学家佩兰在实验上给以证实。这对奥斯特瓦尔德和马赫等否认分子原子客观存在,叫嚷"物质消灭了"的唯心主义者是一个沉重的打击,是唯物主义的又一个胜利。

同年,爱因斯坦发表了《关于光的产生和转化的一个启发性观点》的论文,发展了量子理论。早在 1900 年,普朗克就为解决黑体辐射的矛盾而提出了量子假说,他认为物体发出辐射时所放出的能量是不连续的,但却企图用古典物理学的连续概念来解释发射能量的不连续性。爱因斯坦看到,量子理论带来的将是物理学的重大变革,同时发现普朗克假说的局限性。因而在这篇论文中,他提出了光的能量在空间不是连续分布的假设,认为光束的能量在传播、吸收及产生过程中都具有量子性,完满地解释了光电效应。在人类认识自然界的历史上,这个理论第一次揭示了辐射的波动性和粒子性的对立统一,即波粒二象性。它直接为后来的波动理论指出了方向。1916 年,他对量子论的发展进行了总结,在一篇《关于辐射的量子理论》的论文中,把统计原理和量子原理结合起来,对量子力学的创立起了重要的启示作用。在这篇论文中,他提出了受激辐射理论,这是六十年代迅速成长起来的激光技术的理论基础。由于他在光量子方面的杰出贡献,1921 年获得诺贝尔物理学奖。

爱因斯坦一生最大的科学成就是创建相对论。经过十年的酝酿和探索,1905 年 6 月,他发表了《论动体的电动力学》的论文。他根据匀速运动的相对性和光速不变这两个基本实验事实,重新考查了古典物理理论中空间、时间、运动和物质等基本概念,否定了绝对时空观念和以太的存在,创造性地提出了狭义相对性原理和光速不变性原理,创立了狭义相对论。这一理论把牛顿力学作为低速运动理论的特殊情形包括在内。它揭示了作为物质存在形式的空间和时间在本质上的统一性,深刻地揭示了各种物理运动形式的统一性:机械运动和电磁运动的统一,电和磁的统一,两种运动量度(能量和动量)的统一,而且还进一步揭示了物质和运动的统一性(质量和能量的相当性),发展了物质和运动的不可分割原理,并且为原子能的利用奠定了基础。

从狭义相对论创立到今天,无论在微观还是在宏观尺度上,所进行的实验与观测都是和狭义相对论的结果完全一致的。

狭义相对论还不是一个完备的理论体系。爱因斯坦为了把相对论的原理推广,扩大应用范围,又花了整整十年时间,终于在1915年10月,创建了广义相对论。他称1915年10月是"一生中最紧要的时期""也是最有收获的时期"。1916年,他发表了总结性论著《广义相对论基础》。这一论著进一步揭示了四维空时同物质的统一关系;提出空间—时间不可能离开物质而独立存在;空间的结构和性质取决于物质的分布,它不是平坦的欧几里得空间,而是弯曲的黎曼空间。1938年,爱因斯坦从场方程推出物体运动方程,更深一层地揭示了空时、物质、运动和引力之间的统一性。

广义相对论的建立,是人类对于自然界认识过程中的一次飞跃,它从自然科学的角度有力地证实和丰富了辩证唯物主义。它完满地把传统物理学包括在自身的理论体系中。它开阔了人类的眼界,使研究范围从无限小的微观世界直至无限大的宇观世界。它所预言的水星近日点进动,恒星光谱线红移和经过太阳附近的光线偏折三个效应,于1919年英国的爱丁顿在日全食观测中给以证实。六十年代以来,由于实验技术和天文学的巨大发展,广义相对论的正确性不断得到新的证实。

1917年,爱因斯坦发表了《根据广义相对论对宇宙学所做的考查》这篇论文,开创性地提出了宇宙学理论。他根据广义相对论引力方程边界条件的考虑,提出一个有限无界的静止宇宙模型。以后发现这个静止的模型是不稳定的,它在不断地膨胀。1929年,美国天文学家哈布尔发现星系谱线红移现象,证实了这种膨胀的存在。尽管宇宙学在目前还是一个有很多争论的领域,但这个理论在现代宇宙学中仍不失为开拓性的工作。

爱因斯坦从来没有为自己的成就所满足,1923年以后,他把自己的主要精力用于探索统一场论,试图建立引力场和电磁场的统一理论,试图用广义相对论的推广形式来概括所有各种物理运动形式,用场的概念来解释物质结构和量子现象。他认为这是相对论发展的第三个阶段。鉴于当时生产力和科学技术水平的限制,这一探索始终未取得具有物理意义的结果,却几乎耗尽了爱因斯坦后半生的科学创造精力。尽管如此,统一场论的思想仍是留给物理学的宝贵财富。近年来,在高能物理领域实现了电磁作用—弱作用的统一,使人们对物质世界规律统一性的认识更为深刻,从这个角度来说,当前国际上蓬勃开展的规范场理论的研究工作,可以说是爱因斯坦统一场论思想在新的历史条件下的进一步发展。

爱因斯坦创建的量子论和相对论是现代物理学的两大基础。布朗运动理论在物理学中的作用是显而易见的,只是宇宙学理论和统一场论目前还难定论。所以兰佐斯说,爱因斯坦一生按理可得五次诺贝尔奖,这就是布朗运动的研究,提出光量子论,创建狭义相对论,发现质能相当性,创建广义相对论。法国物理学家朗之万1931年在评价爱因斯坦时说:"在我们这一时代的物理学史中,爱因斯坦的地位将在最前列。他现在是并且将来也还是人类宇宙中具有头等光辉的一颗巨星"。

大胆探索的哲学思想

爱因斯坦的巨大科学贡献,并非他有什么生而知之的天才,亦非有得天独厚的优越条件,除了他本人刻苦勤奋以外,大胆探索的哲学思想是他一生取得成就的关键。

爱因斯坦小时智力发育很迟,学会说话也晚,他的小学校长就认为他一生不会有什么成就。晚年,德国物理学家丁·弗朗克问他是怎样创立相对论的时候他说："空间、时间是什么，别人在很小的时候就搞清楚了；但我智力发育迟，长大了还没有搞清楚，于是一直在揣摸这个问题，结果也就比别人钻研得深一些。"这个回答表明，爱因斯坦所以具有突出的创造性才智，首先是由于他富有哲学的探索精神。

爱因斯坦大胆探索的哲学思想在本质上是批判的、革命的。十九世纪末、二十世纪初，物理学中一系列的新发现用牛顿力学无法解释，不少物理学家和哲学家在这种新形势面前，不但无能为力，反而造成了思想混乱。这时，年轻的爱因斯坦深切地感到："物理学的当前困难，迫使物理学家比其前辈更深入地去掌握哲学问题。"他认为："认识论要是不同科学接触，就会成为一个空架子，科学要是没有认识论——要是这真是可以设想的——就是原始的混乱的东西。"所以他从小就对哲学有强烈的兴趣，13岁时就读了康德的《纯粹理性批判》。整个青年时代，他关切地注视着物理学发展中的一切重大问题以及物理学各部门所出现的各种新的实验事实。他尖锐地批判柏拉图和康德的先验论，说这些"哲学家对科学思想的进步起过有害的影响"。他在大学时读了马赫的《力学史》中对牛顿力学的批判，书中这种"坚不可摧的怀疑态度和独立性"的哲学批判精神对爱因斯坦产生了深刻的影响，帮助他认识到牛顿绝对时空观念的形而上学性质，从而产生了彻底革命，重新建立新理论来解决物理学"危机"的思想。

爱因斯坦在观察和实验事实的基础上，充分发挥了他辩证逻辑思维的能力，从认识论的高度来批判性地考察被人们认为是终极真理的牛顿力学的基本概念，他不回避矛盾，不满足于人类知识的现状，无所畏惧地冲破传统思想的束缚，这种敢于批判和彻底革命的精神，使他创建了相对论和发展了量子论。把牛顿力学作为相对论的特殊情况包括在内。他所创立的物理学新理论，不管是对自然科学，还是对马克思主义哲学，都具有划时代的意义。

爱因斯坦在他所进行的哲学探索和科学创新实践中，始终坚持唯物论，尊重辩证法。由于他在少年时代受机械唯物论思想的影响，所以他"相信有一个离开知觉主体而独立的外在世界，是一切自然科学的基础。"他明确指出："我们的感觉印象是以客观事物为基础的。"他早期这种自发的唯物主义到后来逐渐变成了自觉的唯物主义。正是这种唯物主义立场，使他坚决地反对以波尔为首的哥本哈根学派的实证论倾向，他指出，实证论观点的原则就是贝克莱的"存在就是被感知"，其结果就"不能避免唯我论"。爱因斯坦对波尔所进行的这场斗争一直延续到今天，是物理学史上一场持续时间最长，斗争最激烈，最富有哲学意义的论战。这场斗争实质上是唯物论同唯心论两条哲学根本路线斗争在物理学领域的反映。

爱因斯坦从年轻时代起，就把斯宾诺莎"对神的理智的爱"即求得对于自然界的统一性和规律性的理解，奉为自己生活的最高目标，他认为："在一切比较高级的科学工作的背后，必定有一种关于世界的合理性或者可理解性的信念。"正是这种坚定的信念，使他从 1923 年开始，一直从事统一场论的研究。他确信自然界是统一的，是辩证发展的，因而在描述上是极其简单的。他坚信各种物质运动形式之间的理论描述不可能不存在内在的联系，认识这种联系，不仅对自然科学本身，而且对自然辩证法都具有极其重大的意义。爱因斯坦凭着他的哲学判断，一开始就相信统一场论最终是会成功的，所以他百折不挠地走自己的路。由于数学上遇到难以克服的困难，加上其他一些原因，十年、二十年过去了，却没有取得成功，但他仍然孜孜不倦地沿着既定的方向探索。他这种科学创新精神是多么难能可贵啊！几年来，规范场理论的新进展使我们看到了统一场论在新形势下的光辉前景。

"对真理的追求比对真理的占有更为可贵。"这是爱因斯坦经常引用的莱辛的名言，也是他终身奉行的格言，我们应该学习他这种永不故步自封的哲学探索和科学创新精神。

勇于献身的政治态度

　　爱因斯坦在社会道义和政治态度上是一个正直的、精神境界高尚的、有强烈社会责任感的人。"为人类服务"是他毕生的信条。他向学技术科学的学生提出："你们只懂得应用科学本身是不够的。关心人的本身,应当始终成为一切技术上奋斗的主要目标;关心怎样组织人的劳动和产品分配这样一些尚未解决的重大问题,以保证我们科学思想的成果造福于人类,而不致成为祸害。"他认为:"人只有献身于社会,才能找出那实际上是短暂而有风险的生命的意义。"他对此是身体力行的,因此,凡是他经历的重大政治事件,他都要公开表明自己的态度。第一次世界大战爆发后,他公开发表反战宣言,并参加德国地下的反战组织。第二次世界大战前,他公开发表谴责希特勒暴行的声明,受到纳粹分子的追捕和悬赏暗杀的威胁,但他横眉冷对,毫不畏缩,并且坚定地表示要像布鲁诺、斯宾诺莎那样,决心做一个为真理而自我牺牲的战士。1917年,俄国爆发十月社会主义革命,他表示拥护,并且表示"我尊敬列宁,因为他是一位有完全自我牺牲精神、全心全意为实现社会主义而献身的人。"1922年11月,他赴日本讲学,来回路过中国,仅在上海停留三天,就对旧中国劳动人民的苦难寄予同情。一个在科学创造上有历史贡献的人,在社会政治问题上又如此严肃、热情,在历史上是罕见的。

＊　　　　＊　　　　＊　　　　＊

　　爱因斯坦是一位极富哲学探索精神和科学创新精神的伟大科学家,同时也是一位精神境界高尚、有强烈社会责任感的思想家。按照他的遗嘱,他逝世后,骨灰被秘密保存,没有举行葬仪,没有建立坟墓,也没有立纪念碑,但他永远活在人们的心中,永远为人民所纪念。

现代自然科学理论的基本概念和基本关系的层次进化

——关于爱因斯坦科学方法的探讨[①]

一个民族想要站在科学的最高峰,就一刻也不能没有理论思维。

——恩格斯

现代自然科学的发展,正在出现一种不断抽象化的趋势。科学的概念和语言越来越远离人们直观的感性经验,科学的理论形态需要借助抽象的形式符号和数学工具;通过严密的逻辑演绎来精确表达,很难无歧义地翻译成简明的日常语言。就是在科学实验领域,实验的设计安排,离不开理论的指导,实验的仪器设备,有着复杂的理论结构,实验事实的解释,也在越来越大的程度上依赖于高深的数学知识和严密的逻辑工具。这种科学理论抽象化的趋向,是现代自然科学发展的一个基本特征,是科学认识不断深化的必然结果。它给科学研究的方法也带来了一系列新的特点。正如恩格斯在一百多年前预言过的,自然科学"走进了理论的领域,而在这里经验的方法就不中用了,在这里只有理论思维才能有所帮助"[②]。这也就是当代自然科学之所以面临大量的哲学问题,出现自然科学与哲学相互渗透、逐渐结合趋势的时代根源和认识根源。

---

① 与马名驹、熊先树合作,原载《中国社会科学》,1982 年第 2 期。
② 《马克思恩格斯选集》第 3 卷,第 465 页,人民出版社 1972 年版。

本世纪自然科学的伟大革新家爱因斯坦（Albert Einstein，1879—1955），就是这样一位具有哲学批判眼光的科学家。他对物理科学所做的重大贡献，成为现代自然科学飞速发展的新起点。他通过自己切身的科学实践和对科学发展历史的系统考察，从哲学的高度总结了现代自然科学的发展规律，揭示了科学理论的基本概念和基本关系进化的层次结构，创造了适应于现代科学理论发展特点、独具风格的科学方法。

一、基本概念和基本关系是构成科学理论的基础

什么是科学理论？爱因斯坦通过理论探索的实践和对科学历史的考察，提出了自己的见解。他说："由经验材料作为引导，研究者宁愿提出一种思想体系，它一般地是在逻辑上从少数几个所谓公理的基本假定建立起来的。我们把这样的思想体系叫作理论。"①按照他的意见，这样的思想体系是由科学概念和对这些概念有效的定律，以及用逻辑推理得到结论这三者构成的；从逻辑结构来看，又可分为理论的基础（即基本概念和基本关系）和理论的演绎推理这样两个层次。基础只占很小的部分，而演绎推理占了绝大部分。当然，这样的思想体系并不是理论的唯一形态，但是当科学自身的发展，从初级的经验科学的形式脱胎出来，进入高级的理论科学的阶段时，必然要采取严密的逻辑演绎形式。只有这时自然科学研究对象中普遍的本质的联系，才能被这种逻辑演绎的思想体系所把握，对它的各个方面才能加以精确的描述。这已是今天科学界所公认的。

"如果理论自然科学想要追溯自己今天的一般原理发生和发展

①《爱因斯坦文集》第 1 卷，第 115 页。

的历史，它也不得不回到希腊人那里去"。①研究科学认识逻辑结构的，最早是古希腊的哲学家亚里士多德，他在《工具篇》中分析了人的思维的一般结构，系统地论述了演绎证明的三段论形式，认为一切真命题，可以通过能直接理解的基本概念和不证自明的基本命题，运用逻辑证明的方法推演出来。这在当时的科学水平上确实是一个了不起的思想。古希腊的数学家欧几里得，首先把这一思想运用于几何学，系统地总结了自泰勒斯以来几何学发展的成果，通过几何学的基本概念和公理，建立了几何学的逻辑演绎体系。他写的《几何原本》是一部不朽的著作，二千多年来一直是数学科学理论著作的范本，他所开创的公理化方法，也影响着现代自然科学的理论形态。在近代物理学发展中，第一个系统地引进逻辑演绎方法的是牛顿。他总结了哥白尼、伽利略、开普勒以来物理学的成果，运用力学的基本概念和运动的基本定律，建立了牛顿力学的知识体系。他的著作《自然哲学的数学原理》，以严密的数学和逻辑的工具，刻画了从宏观到宇观的各种力学现象。当人们运用牛顿的理论对于哈雷彗星、海王星所做的预言得到实验观测证明时，这一理论体系的巨大威力就更加充分地显示出来。牛顿力学的方法论意义，对于以后自然科学理论的影响是深远的。

爱因斯坦的伟大功绩，就在于他在现代科学发展的条件下，批判地继承了前人科学理论的成果和方法，在做出科学重大发现的过程中，创造了适应现代科学理论特点的科学方法，从而把现代科学理论的逻辑结构提高到新的水平。我们认为他的贡献主要在以下三个方面：

首先，他对基本概念和基本关系与经验事实之间的关系，作了唯

---

①《马克思恩格斯选集》第3卷，第468页。

物主义的解释。长期以来，人们都习惯于把几何的公理看成是不证自明的，在人的思维中先验存在的东西，是绝对不能动摇的；也有人试图从数学本身说明这些公理和概念的根源。爱因斯坦则认为科学理论的基本概念和基本关系只能从经验事实中得到说明，而欧几里得几何学的"致命的错误在于：认为先于一切经验的逻辑必然性是欧几里得几何的基础，而空间概念是从属于它的。这个致命错误是由这样的事实所引起的：欧几里得几何的公理构造所依据的经验基础已被遗忘了"①。这就是说，人们总是先有了几何形状的感觉经验，然后对这些感觉经验加以提炼，形成了严格的几何学的概念和公理。这些概念和公理并不是自明的，"几何的经验内容只有在整个物理学的框子里才能被陈述和验证"②，而不能从几何学的自身中得到说明。认识了几何概念和公理对于感觉经验的依赖关系，就容易理解随着人们实践经验的变化，几何学的概念和公理有时为什么也可能发生变化。

第二，爱因斯坦提出了基本概念和基本关系的逻辑完备性原则。在欧几里得几何学和牛顿力学的逻辑体系中，作为理论基础的基本概念和基本关系，没有经过严格的筛选，数量较多，因而缺乏严格的逻辑完备性，这在一定程度上降低了理论体系的真理性。例如欧几里得写的《几何原本》中所选用的基本概念就有点、线、线的端点、面、面的边缘、平面、圆、圆的直径等二十多个。牛顿在他的《自然哲学的数学原理》中列出了质量、动量、时间、空间、力等八个基本概念，而在这部著作的手稿中使用的基本概念则更多。爱因斯坦认为，一个逻辑上完备的理论体系中，需要把"逻辑上不能再简化的基本概念和公理的

---

①《爱因斯坦文集》第 1 卷，第 349 页。
②《爱因斯坦文集》第 1 卷，第 549 页。

数目减少到最低程度"①,以便"在世界图景中尽可能地寻求逻辑的统一,即逻辑元素最少"②。这种理论体系中的基本概念和基本关系,是在经验事实的引导下通过直觉引入的,不能用其他概念加以定义,不能用其他的关系推导出来,即它们在逻辑上不能再进行分析和简化。这些基本概念和基本关系可以用来把握对象的本质,但又找不到它们的逻辑根源,因此,爱因斯坦把它们的内容称之为"尚未理解的东西的残余"③。尽管爱因斯坦对这种逻辑完备性的表述缺乏严密的数学语言,但这一思想无疑包含着丰富的内容。我们认为它至少应当包括:(1)每一个基本概念或基本关系分别在逻辑上必须互相独立,在这种概念和公理的体系中,不存在多余的,即可以被其他基本概念或基本关系所规定的逻辑元素,这样,体系的基本的逻辑元素将达到最少;(2)逻辑完备性要求基本概念和基本关系的数量尽量地少,但是要有一个最低限度,如果低于这个最低限度,则这种理论必定对于研究对象不能做出完全的描述;(3)这些基本概念和基本关系,应当逻辑上贯彻一致,不应当从其中一部分逻辑元素推论出与另一些逻辑元素相矛盾的推论来。

第三,爱因斯坦阐明了基本概念和基本关系在科学理论体系中的地位和作用。这些基本的逻辑元素,虽然在理论的逻辑结构中仅占很小的一部分,但是,它是构成理论的基础,对于理论的性质具有决定性的作用。他说:"这里的基础这个词,并不意味着同建筑的基础在所有方面都有什么雷同之处。从逻辑上看,各条物理定律当然都是建立在这种基础上面的。建筑物会被大风暴或者洪水严重毁坏,然而它

①《爱因斯坦文集》第 1 卷,第 205 页。
②《爱因斯坦文集》第 1 卷,第 344 页。
③《爱因斯坦文集》第 1 卷,第 299 页。

的基础却安然无恙;但是在科学中,逻辑的基础所受到的来自新经验或者新知识的危险, 总是要比那些同实验有较密切接触的分科来得大。"①例如,欧几里得几何学的公理就不是绝对不可动摇的。当人们多次试图证明它的平行公理而遭到失败之后, 就想到用其他公理来代替这条独立的平行公理,以便建立几何学的新体系。于是,就出现了与欧几里得几何学并列的洛巴切夫斯基几何学和黎曼几何学的非欧几何学体系。按照现代物理学的观点来看,这种体系在反映现实空间的几何属性方面,具有更大的普遍性。不同的理论基础决定了理论具有不同性质和形态。爱因斯坦据此把科学理论分为两大类:一种是由一些简单的基本假设建立起来的构造性理论, 如像气体分子运动论把分子假定为没有大小的刚性小球,通过力学定律, 对气体的压强、温度、比热、扩散等现象做出解释。这种理论适应性强,容易理解,但基础不稳固。另一种是原理理论,它是以从可靠的经验事实中得到的普遍原理为基础建立的理论, 如像从试制永动机的失败中得到的热力学定律为基础所建立的热力学的理论体系。这种理论基础比较稳固,逻辑上完整。

　　爱因斯坦对各个历史时期的科学理论的基础, 作了大量的细致的分析和研究,探讨了建立这种可靠基础的一般原则和方法。这对于他创立相对论,特别是创立广义相对论,进行统一场论研究,提供了有力的思想武器。基本概念和基本关系,是科学理论体系中最核心和最抽象的部分,反映着科学对象中最深刻最本质的联系,其中蕴涵着丰富的内容。正如列宁所说的:"物质的抽象、自然规律的抽象、价值的抽象及其他等等,一句话,那一切科学的(正确的、郑重的、不是荒

----

① 《爱因斯坦文集》第 1 卷,第 385 页。

唐的)抽象,都更深刻、更正确、更完全地反映着自然。"①基本概念和基本关系,只能由经验事实来提示,而不能从逻辑上再加以分析,这说明它的更深刻的根源人们还是不清楚的, 这就反映了人们科学认识深度的一种界限。但是,随着科学的进步和认识的深化,基本概念和基本关系的更深刻的根源就会被揭示出来,它们将不再是"基本"的了,从发展的观点看,它们只具有相对的意义。

二、基本概念和基本关系是创造性思维的成果

既然基本概念和基本关系是科学理论的基础和核心, 那么运用什么方法才能提出正确的基本概念和基本关系, 对于发展科学理论就是一个具有决定意义的问题了。

自然科学理论的内容和形式是一种时代的产物, 研究理论的方法也必然要打上时代的烙印。在古代人们探索物质世界的本源,除了靠自己的手、脑之外,是没有什么有效的工具和手段可以使用的,因此,不论是古希腊人的"原子"概念,还是中国古代思想家的"元气"概念,都只不过是一种"天才的自然哲学的直觉"②,带有朴素直观的猜测性质。近代的自然科学开始于实验,那时一般定理的提出,多是运用归纳法, 对大量的经验材料进行整理, 使之上升为一般的经验定律。牛顿曾经说过:"在实验物理学上,一切定理由现象推得,用归纳法推广之。"③也许由于这个原因,他主张科学中不应当考虑假设。这种实验归纳的方法就成为近代自然科学的传统方法, 它在科学发展史上曾经起过积极的作用。

---

①《列宁全集》第 38 卷,第 181 页。
②《马克思恩格斯选集》第 3 卷,第 444 页。
③《自然哲学的数学原理》,商务印书馆,1957 年版,第 956 页。

　　但是,爱因斯坦认为,今天随着科学认识的不断深化,当科学理论的基本概念和基本关系变得愈来愈远离经验事实、愈来愈抽象的时候,那种适用于科学初始时期的、以归纳为主的方法,已不适应现代科学理论发展的要求,它正在让位于探索性的演绎法。他说:"物理学家的最高使命是要得到那些普遍的基本定律,由此世界体系就能用单纯的演绎法建立起来。要通向这些定律,并没有逻辑的道路;只有通过那种以对经验的共鸣的理解为依据的直觉,才能得到这些定律。"①他强调这些概念和关系"从逻辑上来看,都是思维的自由创造,它们不能从感觉经验中归纳地得到"②。基于这种方法论的思考,他把科学理论的建立分为两步:首先是创造概念,发现原理;然后是逻辑推理,建立体系。他对现代科学认识的途径,提出了一个普遍的命题:"从特殊到一般的道路是直觉性的,而从一般到特殊的道路是逻辑性的"③,现代科学认识的过程和过去相比已有方法论上的重要区别。爱因斯坦把科学认识中的创造性的思维和逻辑演绎统一起来,这是他的科学方法的一大特色,其中蕴涵着一定的辩证法思想。

　　爱因斯坦以敏锐的批判眼光,指出了归纳方法的时代局限性,这是正确的。因为传统的归纳方法本身缺乏严密的逻辑结构,从一部分事实推论出的普遍结论,往往是不完全的,而对于事物内部的本质联系,就更是无能为力的了。爱因斯坦认识到这种方法的缺陷,为了适应科学向更深层次发展的要求,就需要进一步发挥思维的能动作用,用直觉、想象、思维的"自由创造"等创造性的思维形式,去克服传统归纳法的缺陷,并代替这种方法。这在认识论上是有意义的。恩格斯

---

①《爱因斯坦文集》第 1 卷,第 102 页。

②《爱因斯坦文集》第 1 卷,第 409 页。

③《爱因斯坦文集》第 3 卷,第 490 页。

说过,归纳法事实上"是很不中用的,甚至它的似乎是最可靠的结果,每天都被新的发现所推翻"。①当然,我们在批评归纳法的局限性时,不能像爱因斯坦那样对归纳法全盘予以否定。对于一些现在尚未成熟的科学(经验科学阶段)来说,归纳法还是有用的。归纳法本身还有一个改造问题。在现代科学的认识中,归纳法作为一种辅助的方法,与演绎法也是互相联系着的,"应当把每一个都用到该用的地方"②。

爱因斯坦在阐述他的创造性思维过程时,多次使用了"直觉"这个概念。但是,他并没有对直觉给出一个明确的具体的科学涵义。而现在人们对思维的直觉过程还缺乏充分的研究,因而对直觉的解释也就众说纷纭。从历史上看,近代西方唯理论学派的笛卡儿、斯宾诺莎等人,都把直觉看作是人类认识自然本质的一种超逻辑的理性活动,是经过一段不自觉的思考之后的突然顿悟。我们认为爱因斯坦在这里正是借用了这一直觉的概念,在现代科学认识的条件下,赋予它唯物论的内容,用以表达他的创造性思维的形式。

首先,爱因斯坦所主张的"直觉"的前提,是要对经验事实作缜密的考察,其直觉的成果又要受经验事实的检验,即基本概念和基本关系的体系"要尽可能做到同感觉经验的总和有可靠的(直觉的)和完备的对应"③。在他看来,基本概念和基本关系由经验事实来提示,通过数学的方法加以概括,是最理想的。他说:"科学家必须在庞杂的经验事实中间抓住某些可以用精密公式来表示的普遍特征,由此探求自然界的普遍原理。"④数学具有更抽象的理性特征。科学认识由定性

---

①《马克思恩格斯选集》第 3 卷,第 548 页。

②《马克思恩格斯选集》第 3 卷,第 548 页。

③《爱因斯坦文集》第 1 卷,第 6 页。

④《爱因斯坦文集》第 1 卷,第 67 页。

到定量的描述,需要借助数学的工具,这往往会把人的认识引向更深刻的本质,导致科学上的新发现。他在创立相对论过程中就是这样做的。狭义相对论的同时性概念,与日常的同时性不同。他根据真空中光速不变和一切惯性系等效两个似乎矛盾的基本的实验事实,用洛伦兹变换方程组把两者统一起来,才确立了同时的相对性。在建立广义相对论的过程中,他根据引力场中一切物体具有相同的加速度和地球上物体的引力质量和惯性质量总是相等这个古老而平常的事实,引出了加速场和引力场的等效原理,并把惯性系的等效原理推广于非惯性系,然后运用闵可夫斯基和非欧几何学以及黎曼张量运算的数学工具,建立了广义相对论的引力方程。由此可见,对经验事实的缜密考察,是运用数学的理性思维发挥直觉的能动作用的客观依据,而数学工具的运用,则是接通直觉思路,发现事物本质的催化剂。但是,经验事实本身并不能代替创造性的思维,它的作用是构成思维创造活动的基础,激发和点燃创造性思维的火花。

其次,爱因斯坦把直觉看作是一种非逻辑的理性思维。从经验事实中提炼出基本概念和基本关系,是一个极为复杂的由感性认识上升到理性认识的飞跃过程,会受到多种因素的影响,存在着多种选择的可能性。特别是现代科学的经验事实本身,不是研究对象的直接再现,它隐没在复杂的物理过程的背后。如像我们观察到的云雾室中的粒子径迹、荧光屏的亮点、原子的光谱线等,并不是看到了粒子自身的运动情况,而只是看到了粒子和周围物质发生复杂的互相作用后的效果。显然,这里经验归纳的方法是难以奏效的,而要运用大胆的思维创造力,去理解错综复杂的经验事实,抓住经验事实背后隐蔽很深的本质,通过构造性的尝试,去摸索和建立基本概念和基本关系。因此,提出假设是现代自然科学理论发展中的一个必不可少的阶段。爱因斯坦把这种选择基本概念和基本关系的自由,形象地比作是一种猜谜的自由："它完全不同于作家写小说时的自由。它倒多少有点像一个人在猜一个设计得很巧妙的字谜时的那种自由。他固然可以猜想以无论什么字作谜底，但是只有一个字才真正完全解决了这个字谜。"①这个谜底就是隐藏在科学事实背后的本质。由此看来，爱因斯坦所主张的直觉，实际上是在思维过程中不受任何权威和偏见的束缚，不受简单的归纳方法和传统的思维习惯的羁绊，高度发挥人的思维能动作用，达到认识飞跃的创造过程。研究爱因斯坦所倡导的非逻辑的创造性思维，对于探讨辩证唯物主义的认识论关于从感性认识向理性认识的飞跃过程，是有积极意义的。

第三，爱因斯坦把想象也看作是创造性思维的重要形式。他指出，由感觉印象而出现的记忆形象，形成一个有序的系列时，某一形象在这个系列中反复出现而成为一种起支配作用的元素，从而把这个系列连接起来，那么，这种元素在系列中的地位就会发生质变，便形成了一种概念。在这一过程中，想象力发挥着重要作用，它能够在大脑接受的各种信息之间架起暂时的"桥梁"，还能把已往储存的知识信息紧急调动起来，处于一触即发的状态，给思维的自由创造打开通途。爱因斯坦在谈到"电磁场"概念的发明过程时说："关于磁针偏转的困难，关于以太结构的困难，都诱导我们去创造一种更加精巧奥妙的实在。于是就出现了电磁场的重大发明。对于整理和理解事件，重要的也许不是物体的行为，而是物体之间的某种东西的行为，即场的行为，要充分地理解这件事，那是需要一种大胆的科学想象力的"。②支配磁针发生定向偏转的磁场，是看不见、摸不着的，没有丰富的想象力是无法把握的。爱因斯坦提出光量子概念也是运用了大胆的想

①《爱因斯坦文集》第 1 卷，第 346 页。
②《爱因斯坦文集》第 1 卷，第 378 页。

象力的。光在干涉、衍射中显示了波动性，又在光电效应中表现出波动性，这两种性质互不相容；但是，爱因斯坦把这两种对立的属性，以大胆的想象力统一起来，提出了光量子这一具有革命性的基本概念，为以后建立量子力学铺平了道路。现代自然科学的许多基本概念，如基本粒子、夸克、中子星、黑洞、双螺旋结构等，都是运用想象，通过创造性思维提出来的。

综上所述，爱因斯坦把直觉、想象、思维的自由创造等创造性思维的不同形式，看作是人们能够敏锐地认识事物本质的理解能力，是基本概念和公理体系与经验事实之间一种非逻辑的联系途径。人们通过这些形式进行能动的创造性思维，实现认识过程的质的飞跃。马克思说："一个混沌的关于整体的表象经过更切近的规定之后，我就会在分析中达到越来越简单的概念；从表象中的具体到达越来越稀薄的抽象，直到我达到一些最简单的规定。"[①]这就是说，在整体的丰富表象的背后，隐藏着简单的本质，人的思维能够通过分析做出切近的规定，以概念的形式抽出简单的本质，这正表现了人的思维创造能力。爱因斯坦建立理论的道路是：经验事实的考察——创造基本概念和定律——演绎出可检验的结论。这和一般抽象思维的过程：具体（感性）——抽象（规定）——具体（思维中），是有密切联系的。他的科学方法，对现代自然科学的发展产生了深远的影响，在认识论上也值得我们深入探讨。

三、寻求理论基础的统一性是科学进化的内在动力

现代自然科学的发展，使新的学科不断地分化出来，又使不同性质的学科互相渗透、互相结合，展现了一幅生动的辩证图景。出现这

---

① 《马克思恩格斯选集》第 2 卷，第 103 页。

种图景的根源,其实质在于科学理论基础的统一性。每当科学上提出重要的新概念或新定律时,它往往就会成为新学科的生长点;而每当人们发现同一学科或不同学科间的基本概念和基本关系之间的内在联系时,就会把科学理论统一起来,推向更高的水平。爱因斯坦正是把寻求科学理论基础的统一性,作为他科学探索的最高目标。他说:"要寻找一个关于所有这些学科的统一的理论基础,它由最少数的概念和基本关系所组成,从它那里,可用逻辑方法推导出各个分科的一切概念和一切关系。这就是我们所以要探求整个物理学的基础的用意所在。"①这样的理论必然能概括更多的经验事实,也就是说具有更大的统一性。科学理论的进化,就是不断地沿着增加其理论基础的逻辑统一性方向前进的。

近代科学发展的历史,为理论基础的这种进化提供了大量的证据。在爱因斯坦看来,牛顿是物理学中第一个试图奠定理论基础统一性的科学家。牛顿力学的最大成就,是在逻辑上贯彻一致的应用,已经超出了现象论的观点。它把宏观的、微观的(热现象的)力学现象归结到一个更加远离直接的感性经验,但在本质上更加一致的基础之上了。十九世纪以来,电磁学的发展,人们用场的新概念描述电磁波的运动规律。当人们运用这一理论计算出电磁波的运动速度和实验测定的电磁波的运动速度,都恰好等于光的传播速度时,证明了电磁波和光具有同样的本质。爱因斯坦把这种光电理论的统一,看作是寻求物理学基础逻辑统一性的"最大胜利"。

后来,爱因斯坦在创立量子论的过程中,把光的波动性和光的粒子性这两个基本概念统一起来,导致了量子力学的建立。他在创立狭义相对论过程中,把独立的时间、空间同物质的运动状态统一起来;

①《爱因斯坦文集》第 1 卷,第 385 页。

在建立广义相对论时，又把表征引力的时空几何性质与物质运动的能量、动量联系起来，把加速场和引力场统一起来。在解决了这些重大的理论问题之后，他就把自己后半生的全部精力投入统一场论的研究，目的是要把引力作用和电磁作用统一在一个理论基础之上。尽管他在这一研究中耗尽了全部心血而没有取得什么实质性的进展，但是他的这一思想，对现代物理学的发展产生了深刻的影响，代表着现代理论物理学发展的主流方向。六十年代以来，发端于统一场论研究的规范理论，由于把基本粒子的结构与动力学规律的研究结合起来，很快地揭示了弱相互作用和电磁作用有着统一的起源。七十年代以来又发现，强作用也可以用规范场来描述，具有和弱相互作用、电磁作用统一的场源。可以预料，今后二十年内关于物质结构理论的研究，将会在统一场论思想的指导下，获得重大的发现。同时，从爱因斯坦广义相对论的引力理论发展起来的现代宇宙学，通过对银河系内外亿万星系及宇宙射电源、类星体、脉冲星等天体在大尺度上的现象和规律的研究表明，我们观察所及的整个宇宙，是正在发展和变化着的统一整体，有着统一的起源。各种宇宙大爆炸模型，就是人们为探索宇宙的统一起源所做的一些尝试。

爱因斯坦的统一性思想不仅影响着现代物理学理论发展的方向，而且也对其他自然科学理论的发展产生了积极的作用。现代化学理论中，由于引进了量子力学的概念和方法，从而革新了化学键的基本概念，导致了量子化学的建立，揭示了物质化学结构更深刻的本质，标志着化学科学正在从经验科学向理论科学过渡。在现代生物学的发展进程中，生物学家对于遗传基因的研究，化学家对生物大分子核酸、蛋白质化学结构的研究和物理学家对生物大分子晶体结构的研究，互相结合，导致了本世纪生物学最重要的发现——DNA 双螺旋结构的发现，给现代分子生物学奠定了理论基础。特别是六十年代以来 DNA 分子的碱基序列所代表的构成蛋白质的二十种氨基酸的遗传密码被全部破解以后，构成一切生命体的基本物质蛋白质千变万化的根源就找到了，充分展现了生物界最基本的统一性。在现代自然科学理论研究中，寻求理论基础的统一性，已成为前进的路标和内在的动力。

科学理论自身的发展，要受到外部的经验事实和内部逻辑完备性两种因素的制约。当发现某些科学事实不能纳入理论体系的逻辑结构时，就可以断定这个体系的逻辑基础是不完备的，就需要对它进行调整和修改。对于一个建立在严格而完备的逻辑基础之上的理论，必然具有更大的普遍性，能够解释和预言更多的经验事实。这样，科学理论中的问题，就可能从理论的外部和内部两个方面提出来，外部的新发现、新事实，需要通过内部的逻辑完备性来解决，而内部的逻辑完备性，则需要外部的经验事实加以证实。理论的逻辑基础的完备性和理论概括经验事实的能力是辩证统一的。在现代科学发展中，由于经验事实的获得受技术条件和理论工具的限制而越来越困难、越来越费时日，因而，从理论内部提出问题，发展理论，就显得更有意义了。如"反粒子"的发现并不是开始于实验事实，而是狄拉克在 1930年对亚原子的性质进行数学和逻辑的分析之后首先做出预言的，尔后人们作了一系列的实验研究，终于在宇宙射线的高能碰撞中发现了这种"反粒子"的踪迹。现在人们也正在沿着这样的途径寻找夸克、黑洞等，这样的事例不胜枚举。

爱因斯坦把寻求理论基础统一性的过程，看作是科学理论层次进化的发展过程，提出了科学理论认识发展的"多层次"模式。爱因斯坦对此有一段很精彩的论述，他说："在发展的第一阶段，科学并不包含任何别的东西。我们的日常思维大致是适合这个水平的。但是这种情况不能满足真正有科学头脑的人；因为这样得到的全部概念和关系完全没有逻辑的统一性。为了弥补这个缺陷，人们创造出一个包括数目较少的概念和关系的体系，在这个体系中，'第一层'的原始概念和原始关系，作为逻辑上的导出概念和导出关系而保留下来。这个新的'第二级体系'，为了要推演出第二层的(因此也是间接地推出第一层的)概念和关系，这个体系的概念和关系数目还要少。这种过程如此继续下去，一直到我们得到了这样一个体系：它具有可想象的最大的统一性和最少的逻辑基础概念，而这个体系同那些由我们的感官所做的观察仍然是相容的。"①这样，他对于现代科学理论的发展，不仅从静的逻辑结构上加以分析和展开，而且还从动态的层次进化上给予历史的说明和科学的预见，在方法论上，也充分体现了历史和逻辑的统一。

我们认为，爱因斯坦的这种科学理论的层次进化的观点，既应当包括同一层次中因基本概念的内涵和外延的变化或基本关系适用界限的变动所引起的理论形态的量变过程，又必须包括不同层次之间由基本概念或基本关系的更替所引起的理论形态的质变过程。他的这一思想，把理论逻辑基础的改善过程(量的积累)和理论逻辑基础的改造过程(质的飞跃)联系起来统一考虑，因而抓住了科学理论进化的实质。我们可以看到，科学理论的进化有时候是带有革命性的，但是新理论的出现绝不意味着彻底抛弃曾被以往实践检验过的旧理论，而是对旧理论的扬弃过程。因为"每一个科学真理尽管有相对性，其中都含有绝对真理的成分"②，新理论总是把旧理论作为自己的特例包含在其中。这就是为什么我们尽量避免使用从社会革命中借用来的"科学革命"这一术语来表达科学进化过程的原因。有了这样的

①《爱因斯坦文集》第 1 卷，第 345 页。
②《列宁选集》第 2 卷，第 315 页。

思想准备，就不至于割断科学发展的历史过程，把新旧理论对立起来，就不至于在科学理论发生剧烈变动的时候惊慌失措。

科学理论的层次进化，总是从互相并列的理论，发展到因果性的相互联系，从具体的有条件的联系发展到深刻的普遍的联系，反映了科学认识是"由现象到本质，由所谓初级的本质到二级的本质"，"从不甚深刻的本质到更深刻的本质的深化的无限过程"①。科学进化的结果有没有一个最终的界限？爱因斯坦虽然没有做出明确的回答，但他似乎认为"如此继续下去"，一直到我们得到了"一个决定性的体系"。这里爱因斯坦忽略了科学发展过程中的另一个基本事实：在科学理论向着逻辑统一性进化的过程中，也同时伴随着新理论的分化过程。当科学的新发现，无法纳入原先的理论体系、又不能推翻原先理论的基础时，就有可能建立与原先理论并列的新理论。如电磁场理论对于牛顿力学，强相互作用和弱相互作用对于电磁作用和引力作用的情况就是这样。在科学理论的进化过程中，科学理论的统一过程和分化过程是互相依存、密切联系着的，理论的统一以理论的分化为前提，理论的分化又以理论的统一为归宿，由此推动着科学理论由一个层次向着更深的层次进化。因此，科学的这种进化过程是无限的，它不会有一个终极的界限。

四、逻辑简单性是选择理论的有效方法

爱因斯坦认为，科学理论的真理性取决于经验事实，取决于理论体系和感觉经验的总和之间有没有可靠的和完备的对应关系。对于判定一种理论的真伪，"所观察到的事实无疑地也还是最高的裁决

①列宁：《哲学笔记》，第 278、239 页。

者"①。他把这种经验事实的检验,叫作"外部的证实"。这里他正是坚持了自然科学的唯物主义。

但是,随着现代科学的深入发展,给经验事实检验科学理论带来了不少困难。科学理论的"逻辑基础愈来愈远离经验事实,而且我们从根本基础通向那些同感觉经验相关联的导出命题的思想路线,也不断地变得愈来愈艰难、愈来愈漫长了"②,而"证实一个理论的最困难的任务总是:必须把这个理论的推论发展到使它们成为在经验上可检验的地步"③。这里从逻辑基础到逻辑推论之间存在着复杂的数学的和逻辑的演算过程;从逻辑推论到可观察的事实之间存在着错综复杂的物理、化学等等的变化过程。同时,检验的仪器设备的性能和精度受到技术条件的限制,实验操作受到环境条件、操作技能的影响。另一方面,由于现代科学理论方法的变化,多用探索性的演绎法,以假设的形式提出试探性的理论。"对于同一种经验的复合,可以有几种理论,它们彼此很不相同。但是从那些由理论得出的能够加以检验的推论来看,这些理论可以是非常一致的,以致在两种理论中间难以找出彼此不同的推论来。"④以上这些新情况给科学理论的检验增添了很多复杂的因素,受到了一定的限制。例如,从本世纪初爱因斯坦提出广义相对论并作出其三个基本推论,即光线在太阳附近的偏折、光谱线的引力红移和行星近日点的移动,到科学观测做出比较精确的实验验证,这中间大约花费了五六十年的时间,而广义相对论所预言的另外两个推论,即引力波和黑洞的存在,至今还没有找到可靠

①《爱因斯坦文集》第 1 卷,第 262 页。
②《爱因斯坦文集》第 1 卷,第 372 页。
③《爱因斯坦文集》第 3 卷,第 382 页。
④《爱因斯坦文集》第 1 卷,第 115 页。

的观测证据。这种用实践检验科学理论方面出现的困难,正是科学认识不断深化、科学探索取得巨大成果的过程中出现的。为了克服这些理论检验上的困难,推动科学理论的发展,爱因斯坦提出,在科学理论得到"外部的证实"之前,有必要用理论的"内在的完备",即理论的"逻辑简单性"作标准,对不同的理论进行比较和选择,以确定它们的优劣。他说:"我们所谓的简单性并不是指学生在精通这种体系时产生的困难最小,而是指这个体系所包含的彼此独立的假设或公理最少"①。他对简单性很感兴趣,认为在实际中也很有用,"但是确切地把它表达出来却有很大困难"②。

我们认为,爱因斯坦提出逻辑简单性的原则,主要是出于方法论的考虑,并没有因此而改变他坚持实践标准的唯物主义的立场和态度。但是,他的这一原则,对于现代科学的认识论和方法论提出了一个具有重要意义的问题:逻辑简单性能不能作为评价科学理论真理性的标准?它的根据是什么,可靠性如何?逻辑简单性的标准和实践标准的关系如何?回答这些问题,需要从科学理论的逻辑推理的演绎过程和逻辑基础的公理体系两个方面作一番考查和分析。

按照马克思主义的观点,由概念、判断、推理所构成的逻辑体系,不只是对人们的思维形式、思维的自然历史过程的描述,更重要的是对客观世界事物的发展规律以及人们对它认识的发展规律的反映。列宁说:"人的实践活动必须亿万次地使人的意识去重复各种不同的逻辑的格,以便这些格能够获得公理的意义。"③因此,逻辑规则就成为已被实践检验过的真理。在科学理论中,只要前提为真,只要正确

---

①《爱因斯坦文集》第 1 卷,第 299 页。
②《爱因斯坦文集》第 1 卷,第 10 页。
③列宁:《哲学笔记》,第 203 页。

地运用了逻辑推理的规则,那么所得的结论也一定是真的。这已被大量的事实所证明。这就是说,正确的逻辑演绎过程,不会降低科学理论的真理性。这样,逻辑简单性原则的意义就决定于理论的逻辑前提的可靠性了。一个具有最大逻辑简单性的理论,它的基本概念和基本关系的数目最少,也就是逻辑前提中包含的尚未完全认识的因素就少,理论的可靠性就大;这种理论的逻辑基础完备、统一性高,能够概括更多的经验事实,包含的真理成分就多。因此,用逻辑简单性选择理论是有一定的逻辑根据的。运用逻辑简单性选择理论在实际中也是有效的。例如,1904 年洛伦兹在他的电动力学的洛伦兹变换方程的理论中,提出了十一个独立的假定,而 1905 年爱因斯坦在狭义相对论变换方程中只提出了两个基本公设和四个假定。尽管这两种理论的方程的形式相同,但爱因斯坦的理论由于有更大的逻辑简单性而显示了更高的真理性;相反,洛伦兹的理论却没有突破古典电动力学的旧框子。六十年代以来,强脉冲射电星(即小绿人 1 号)发现以后,科学家为解释它曾建立了旋转双星、白矮星脉动、旋转中子星等多种理论模型。人们为了使其中白矮星脉动模型的计算数据与观测数据相合,又给它增加了不少独立的假定,因此破坏了理论的逻辑简单性。而旋转中子星的理论计算值,虽与观测值有些差距,但它的逻辑基础简单;当后来发现强脉冲星的旋转频率也在减慢的事实时,旋转中子星的理论模型终于得到了实验观测的证实。现在很少有人不相信脉冲星就是中子星了。这些事例,说明了爱因斯坦的逻辑简单性原则在现代自然科学理论研究中正在发挥着重要的作用。

　　但是,逻辑简单性并不能代替实践标准。原因就在于理论的基本概念和基本关系绝不是不证自明的真理,因而,也不是完全可靠的。人们通过对经验事实的考查,提出这些基本概念和基本关系,但是,它们还暂时不能从逻辑上加以分析,还不知它们更深刻的根源。这样，逻辑简单性就不能作为检验科学理论的最终标准而代替实践标准，而只能作为实践标准的补充手段。

现代自然科学理论的基本概念和基本关系的层次进化，是沿着不断增加其逻辑统一性和简单性的方向前进的，反映了人类科学认识不断深化的矛盾运动。这一进化的结果是，这些理论的逻辑基础更加远离了人们直观的感性经验，它们的数目越来越少，而它们所能概括的经验事实越来越多，从它们导出的实践上经得起检验的结论所经历的逻辑道路，也变得越来越繁难和漫长。这种进化要求在科学认识的途径和方法上也要相应予以创新。这种科学理论进化的特征，不仅体现在现代物理理论的各个分科之中，而且正在表现或必将表现在自然科学理论的其他领域之中。

科学认识论的基本问题①

　　科学认识论是关于科学认识的发生、发展及其规律性的理论。科学认识的基础是科学实践；科学实践的基本要素是具备科学认识的主体和科学认识的客体。但是，这两个要素孤立起来时还不能发生科学认识的活动或构成现实的科学认识，只有科学劳动者发挥科学仪器和科学方法的功能，使主体系统能动地作用于科学对象，才会产生科学的认识。一切科学认识都是从主体对客体的相互作用中产生和发展出来的，主、客体关系是规定科学认识的各种关系中的基本关系，并构成科学认识的基本内容。所以主、客体关系问题，是科学认识论的基本问题。

第一节　科学认识中的主—客体关系问题

　　主体和客体是认识论的一对极为重要的范畴。主体和客体作为认识活动的两极，只有在一个统一的过程之中才能存在，其中一方只有通过对方才能获得自己的规定性，没有无客体的主体，也没有无主体的客体，二者是成对出现的。科学认识就是在主—客体的相互作用中主体对客体的能动反映。人类科学认识的各种问题，都只是在主—客体相互作用的过程中，才能得到合理的解决。

---

　　①与马竞松合作，原载《科学认识论》第 1 卷《导论》，吉林人民出版社，1990年，第 263—296 页。

一、科学认识论与一般认识论

科学认识论与一般认识论即哲学认识论，都研究人类认识的来源、认识发展过程及其规律性问题。这就决定了它们的研究对象既不是纯粹的客观世界，也不是纯粹的主观世界，而是研究物质和意识、主观和客观之间的相互关系。但是，科学认识论和一般认识论并不是平行并列或互不相干的东西，它们是个别与一般、特殊与普遍的关系。

首先，二者的层次不同，科学认识论是哲学认识论的下一个层次。哲学认识论是把整个认识作为自己的研究对象，研究人类对自然界、社会和人们思维本身的各种认识的共同规律性，尽管哲学的一般认识论已发展到这样的高水平，以至于它已离不开具体科学的认识并且必须通过具体的科学认识来研究人类认识发展的种种问题，但是它所侧重的是个别中的一般、特殊中的普遍，即人类认识发展的普遍规律性。科学认识论则是研究科学认识这一特殊形式的认识的问题。它包括获取科学认识的科学实践活动以及取得科学认识成果的具体规律性问题等等，它并不去研究人类对社会生活、对思维本身认识的特点和特性，也不去研究人类对所有这三个领域认识的共同性问题，尽管科学认识论中包含着共同性问题。也就是说，虽然科学认识论也具有概括性和抽象性，但它并不像一般认识论那样同时对自然、社会和思维都有，科学认识论只限于特定地对应于自然现象的研究。虽然科学认识论和人类社会有关系，但它不去研究人类社会的一般认识问题，研究的只是对科学认识有影响的思维。人类认识的类型可以相对区分为哲学认识、科学认识等等层次，科学认识是一般认识的一个局部，具有特殊性质的中间层次。

其次，科学认识论是一般认识论在科学研究中的具体化或具体表现。科学认识论受一般认识论的指导，一般认识论的基本原理同样适用于科学认识论。例如，实践是认识的基础、认识发展的动力、检验认识真理性的标准，人类认识是在实践基础上主观对客观的能动反映，实践的观点是认识论的首要的基本的观点；一个正确的认识往往要经过实践和认识的多次反复，即由实践到认识又由认识到实践的辩证发展过程：实践、认识、再实践、再认识，这种形式，循环往复以至无穷，而实践和认识之间循环的内容，都比较地进到了高一级的程度。科学认识尽管有着它自己的许多特点和特性，但是它必须遵循这些一般认识论的基本原理，并且在这些基本原理指导下进行认识。科学认识的过程也是实践——认识——实践的过程。实践是改造世界、变革现实的活动，目的性是各种社会实践所具有的普遍特征之一，但在各种社会实践活动中自觉意图和推断、预见表现得最强烈的是科学实践。科学实践的对象、内容、条件和方法都要求选择，而且有较大的选择余地。科学实践中，主体的因素起着重要的作用。伟大的实验物理学家法拉第，在电磁学方面做了大量的实验研究，为电磁学理论体系的建立做出了重大贡献，《电磁学实验研究》是法拉第的一部含有丰富数学思想的巨著。但限于数学知识，他并没能把电磁理论以简洁的数学形式表达出来。后来年轻的麦克斯韦系统地总结了前人电磁学研究成果，在理论分析的基础上凭着自己的数学才能，把全部经典电磁学理论纳入一组完美、简洁的方程组——麦克斯韦方程组之中，并进一步导出了电磁场运动的改动方程，大胆地预言了电磁波的存在。1886 年由赫兹实验证明了这一预言，由此完成了光、电、磁理论的统一。

二、基本问题上的一致

认识是人对客观世界的能动反映，这种反映是在主体和客体的相互作用过程中进行的。主体和客体的关系及其相互作用，是认识论的基本问题。离开了主—客体的相互作用,没有一般认识论,也没有科学认识论。科学认识论和一般认识论在基本问题上是一致的。

首先,主体和客体的相互作用是认识的前提。

认识是主体对客体的反映。这种反映只有在主、客体的相互作用中才能进行。离开了主、客体的相互关系和相互作用,离开了主体对客体的接触,也就无所谓反映和认识。一个闭目塞听、同客观外界根本绝缘的人,是无所谓认识的。客观外界事物本来面目和固有属性,以及主体自我的本来面目和固有属性,都是在自我与外物的关系中表现出来,从而才使主体获得对外物、对自我的认识。主体的自我认识和对外物的认识,是相互制约、相互借助的,在这种关系中,作为客体属性之一的可知性和作为主体属性之一的反映性,才能获得现实的联结,才能使认识形成在作为主体的社会的人与不同客体的关系中,最基本的是同自然界的关系。正是在这个问题上,马克思主义以前的唯物主义的局限性就在于它割裂了二者的关系,只强调客体对主体的作用,对事物是从客体的或直观的形式去理解。和旧唯物主义相反,唯心主义抓住了主体——人的能动方面,但却只是抽象地发展了。针对这种情况,恩格斯指出:"自然科学和哲学一样,直到今天还完全忽视了人的活动对他的思维的影响;它们一个只知道自然界,另一个又只知道思想。但是,人的思维的最本质和最切近的基础,正是人所引起的自然界的变化,而不单独是自然界本身,人的智力是按照人如何学会改变自然界而发展的。因此,自然主义的历史观……是片面的,它认为只是自然界作用于人,只是自然条件到处在决定人的历史发展,它忘记了人也反作用于自然界,改变自然界,为自己创造新的生存条件。"[1]恩格斯从认识史的角度,科学地阐明了人类认识中的

①《马克思恩格斯选集》第 3 卷,第 551 页。

主、客体的相互关系,强调了"自然界作用于人",而"人也反作用于自然界"。例如,人们对光的本质的认识过程,正是通过对客体——光现象的研究而不断探求的过程。人们在大量观察光现象的基础上,于十七世纪初建立了光学的几个基本定律,但对光的本性的探求直到十七世纪下半叶才开始。牛顿根据光所表现的直进性,在他的力学的基础上,提出了光的微粒说,解释了大量光现象。但对光所表现出的干涉和衍射现象,微粒说则不能完满解释。与牛顿同时代的惠更斯提出了光的波动说,解释了当时已知的另一类光现象。但由于这种波动说还有许多缺陷,加之牛顿的名望,在整个十八世纪,光的波动说并没有被人们普遍接受。进入十九世纪之后,托马斯·杨等人对光的研究,进一步发展和证实了光的波动本性。从十九世纪下半叶开始,光的波动说被人们普遍接受。十九世纪末二十世纪初,人们又发现了大量光电效应现象,经典波动理论无法解释。1905 年为了解释光电效应,提出了光的量子理论,对光有了较全面的"波粒二象性"的理解。可见,人的一切认识既不是外物(客体)被动给予的,也不是主体自然发生的,而是客体的表现作用和主体的探求作用相结合的产物,是主体的实践的能动性和认识的能动性共同作用的结果。

其次,主、客体的相互作用关系,就是实践关系,而实践关系是认识关系的基础。

主体和客体的物质相互作用及其统一,就是人们的社会实践,而实践是认识的基础。实践和认识都不是独立自在的实体,而是作为主体的对象性活动,也即主体对客体关系的不同侧面而出现的,作为认识论基本问题的主、客体关系的本质内容及其实现,必须从实践和认识的关系中加以揭示。

马克思在《关于费尔巴哈的提纲》的第一条指出:"从前的一切唯物主义——包括费尔巴哈的唯物主义——的主要缺点是:对事物、现实、感性,只是从客体的或者直观的形式去理解,而不是把它们当作人的感性活动,当作实践去理解,不是从主观方面去理解。所以,结果竟是这样,和唯物主义相反,唯心主义却发展了能动的方面,但只是抽象地发展了,因为唯心主义当然是不知道真正现实的感性的活动本身的。"①在这里马克思批判了唯心主义的抽象性和旧唯物主义的直观性,从实践的角度来规定客体,揭示了实践对象的客观实在性、历史性和社会性,建立了全新的客体理论。

辩证唯物主义认识论坚持从主体和客体的物质原理及二者相互作用去说明认识的发生和发展。主体和客体的这种相互作用首先是感性的、物质改造的活动过程。在这种物质过程中产生出主体和客体的认识关系;认识关系以实践关系为基础,又反过来成为实践活动的有机环节、因素和条件。在实践中展开的主体对客体的关系,区别于自然生物对其生存环境的关系的本质特征,就在于实践运用一定的物质手段把环境(客体)的改造同人(主体)的自然改造有机地统一于一身。实践的这种双重改造的功能决定并要求人们不仅要认识外界客体,而且要能够认识自身,认识自己同客体的关系。人的认识作为反映的最高形式,不仅以主体对客体的能动关系为前提,而且以主体对自身的自觉关系为中介。

实践不是消极地直观作用于对象,而是能动地作用于对象。实践是使客观对象的本来面目发生变化,由此认识主体得以把握住客观对象的本来面目。列宁指出:"人给自己构成世界的客观图画,他的活动改变外部现实,消灭它的规定性(=变更它的这些或那些方面、质),这样,也就去掉了它的假象,外在性和虚无性的特点,使它成为自在

---

① 《马克思恩格斯选集》第 1 卷,第 16 页。

自为地存在着的(=客观真实的)现实。"①这是实践的普遍特点,也是科学实践的特点。抓住主、客体关系这个本质特征,就能科学地揭出一切认识论所共同具有的主要矛盾和表现形式,即实践和认识的内在机制及普遍的认识过程,也是理解和阐明人的自觉能动性的一个关键。

再次,主、客体关系问题是哲学基本问题在认识论中的深化。

自然界经过长期发展出现了人类,产生了精神现象,从而就有了物质和精神的关系问题。对于人类来讲,物质与精神的关系是最基本的关系。主、客体关系既是物质和精神关系的深化,又是这种关系的具体的历史的统一。主、客体关系问题必然以物质和意识的关系为前提,是从物质和意识的关系中引申出来的。一方面解决主、客体问题必须承认二者的物质性,强调客体具有不依赖于作为主体的人的客观实在性,作为主体的人是包括在客观现实总链条中的有机环节,自然界的最高产物,主体具有意识的属性,但不等同于意识,客体具有客观性,但不等同于物质。另一方面,意识是高度组织起来的物质的属性和机能,又是客观现实在人脑中的反映。因此,在应用物质、意识关系的原理来研究认识论的基本问题时,首先要肯定认识对于客体的依赖关系,认识是主体对客体的反映,同时又要肯定认识对于主体活动、状态和属性的依赖关系,客观存在的事物只有通过主体的活动而获得作为认识客体的规定性、形态和功能。这就充分表现了人的自觉能动性在认识中的越来越重大的意义和作用。这两方面具体的历史的统一,既表征着物质与意识的关系的前提地位,又表征着物质与意识的关系生动丰富的内容。

无论对科学认识论还是对一般认识论来讲,研究认识的来源,面

①《列宁全集》第38卷,第235页。

临的是主、客体的相互关系问题,研究认识的发展面临的仍然是主、客体的相互关系问题,而认识过程其他问题也是基本的表现和展开。因此,主、客体关系问题作为基本问题,对一般认识论和科学认识论具有一致性。

三、科学认识论中主、客体关系的特殊性

虽然一般认识论的基本原理适用于科学认识论,科学认识论和一般认识论在基本问题上具有一致性,但科学认识论又有自己的特殊性。其主要表现在从事科学认识活动的主体的特殊性和客体的特殊性以及连接主、客体并使科学认识得以现实的中介环节的复杂性和特殊性。

科学实践和科学认识的主体是科学劳动者或科学共同体,是作为社会存在的活动着的现实的人。从事科学实践和科学认识可以是科学劳动者个人的形式,但随着科学实践规模的扩大以及科学认识的深化和水平的提高,从事科学实践和科学认识的主体形式往往是科学共同体。如果从科学知识的普及和推广等意义讲,从事科学实践和科学认识的主体也可以是社会主体。

科学认识及实践的客体主要是自然客体,其中包括人造客体。如果从科学实践和科学认识活动要受社会历史条件及生产技术水平制约的意义讲,科学认识的客体也包括社会客体。科学认识要研究以往科学认识成果,所以科学认识的客体也包括精神客体。

科学认识的主体是与相应的科学认识的客体相互限定的。在人类不断扩充和流动的认识范围内,一切客体都是被主体结构所改变了的"人的世界",自然科学的认识对象就是"人的自然界"。客体的这种多层次性和复杂性总是与其相参照的主体平行发展的。这种相互规定的科学认识的主、客体关系是科学认识论的出发点。

　　从一般意义来讲,科学认识的产生和发展在于科学实践。科学实践是科学劳动者利用科学工具,作用于科学对象,获取——加工——处理自然信息,创造科学知识的能动的、现实的活动。科学实践是以认识世界为目标的实践。在科学研究中实践——认识——实践有如下几种特殊形式:其一是,实验——假说——实验。例如,在原子核的β衰变中,最初人们认为中子放出一个电子转变成质子,但这是违背已有的能量守恒、动量守恒和角动量守恒等基本定律的。面对新的事实,泡利在认定守恒定律仍成立,而大胆假说在这一过程中,同时还有一个未知粒子——中微子放出($n \rightarrow P + \bar{e} + \gamma$)。1956年人们利用原子反应堆进行了一系列观察和实验,终于证实了泡利的预言,使人类对微观领域的认识又大大向前迈进了一步。其二是,观察——设想——实验。例如,我国地质学家李四光一生进行了大量的地质地貌的仔细观察,为了解释所观察到的地质构造体系的成因,他运用自己的科学理论知识,通过逻辑推理,提出地壳上的各种构造体是由地球自转产生的离心力和向心力的作用而形成的,以后的多次实验和大量地质考察,进一步证明了这一设想的正确性,从而创立了"地质力学"这一崭新的学科。其三是,被动的观察——设想——科学实验。例如,雷电现象施加于人;闪电和电火花是同种电的设想——富兰克林风筝实验。其四是,机遇观察——设想——实验。例如,伽伐尼在解剖实验中偶然观察到蛙腿在金属丝作用下的痉挛现象;动物电设想;动物电实验。后面两种类型实际上也是观察——实验的两种特殊类型。

　　在上述科学认识过程中主体和客体的相互作用都具有特殊性。就科学实验来讲,它是社会实践的一种特殊形式,同时它又具有社会实践的一般特点。一切实践形式的本质就是变革现实,也就是人们去改造世界。实践在认识过程中的重大意义,在于认识主体通过改变被认识客体(对象)从而认识客体。实践具有变革现实的作用,并因而是认识现实的基础。科学实践作为变革现实的实践又不同于生产实践，科学实践不仅以探索研究为直接目的，而且在于变革现实的方式方法上还优于生产活动。科学实验能在更多的领域、更大的范围、更方便的条件下变革现实，因而具有更大的能动性。随着科学技术的发展，科学实验正日益发挥出对生产实践的指导作用，如大型的工程建设，许多是要先制出模型，对模型进行各种参量分析，以达到最合理设计，而后具体实施，科学认识的发展，特别是现代科学理论所面临的问题仍然在于解决主客体的关系问题。随着科学的进一步发展，人们对自然界的认识日益向更大的范围、更深的层次发展，从事物的表面形态深入到事物的内部结构，从对单一物的研究发展到对事物的整体及相互关系的研究。科学认识的对象超越了直观观察的界限，已经不是由客体到主体的单线式的不可逆过程，主体对客体的作用已经成为更加重要的方面，这就使得主客体关系具有新的特点。例如，与微观粒子的波粒二象性密切相关的主客体关系问题就具有新的特点。在微观领域的观测过程中，测量仪器和被观察的客体之间存在着不可控制的相互作用，这就产生了量子力学的测量问题。对此，量子力学的哥本哈根学派提出了主客体不可分的观点，玻尔曾一再用一个人"既是观众又是演员"的比喻来强调量子力学中主观的作用。看待哥本哈根学派的观点的关键在于区别两种不同的意义或两个不同的角度，即认识论的角度和本体论的角度。在认识论意义上，说主客体不可分，那是对的；在本体论意义上，说主客体不可分，那就错了。

因此，在注重一般认识论原理对科学认识论的普遍性、指导性作用的同时，又要注重科学认识论本身的特殊性，要对科学认识论的主客体关系做出详细考察，否则要把握科学认识论是不可能的。

概括起来说，科学认识论是一般认识论的下一层次，它具有自身的特点。主客体的关系问题是解决认识论问题的一对主要矛盾。在科学认识论中,主客体关系成为科学认识的来源和发展的依据,是科学认识论的基本问题。

第二节 科学认识论的基本关系

科学认识论的基本关系是主体和客体相互制约、相互生成和相互转化。为了深入分析这种相互作用,还须探讨科学认识的客观性、科学认识的主观性。

一、科学认识的客观性

客观性是指科学主体自身的实在性,是科学主体对客体反映的真实性和正确性,亦即主体经验符合客体而不附加任何外来的成分。客观性是一切科学认识的本质。

首先,从科学认识的目的来看。科学认识的目的是为揭示自然界的运动规律和本质属性,从科学认识的对象来说,客观性是它的本质特性。作为认识客体的事物都是客观存在着的,它们内在的本质及运动规律都是不依人的意志为转移的,人们只能通过科学实践和科学认识反映它、认识它,即人类进行科学认识是主观对客观的反映,这种反映形式是主观的,是用主观的形式去反映具体的、客观的内容。科学认识来自主—客体的相互作用,不仅包含客观存在的客体的作用,而且包含有能动性的主体的作用。因此,科学认识不是纯客观的,因为相关的不只是客体。所以,科学认识的对象(即客体)的客观性要求科学认识中应该尽量排除主观性,坚持客观性。

其次,从科学认识的具体过程来看。科学认识主体通过科学实践从自然界中获取信息,然后对它进行加工处理,上升为科学认识,无论是科学观察还是科学实验均以客观性为基本要求。科学观察在自然发生的条件下对自然对象进行考察,并力求改进观测手段,使摄取对象信息的范围扩大、精度提高。科学实验是在自然过程表现得最确实、最少干扰的地方考察自然过程的,或者如有可能是在保证过程的纯粹形态进行的条件下从事实验的。可见科学实践的过程具有客观性,同样要求科学认识必须坚持客观性。

再次,从科学认识的成果——科学理论来看,客观真理性是科学理论的最根本的特征。科学理论必须正确地反映客观事物及其运动规律,这是科学理论的基本要求,离开了客观性就没有了科学。只有正确地反映了客观事物的本质及规律的知识才是客观真理——科学理论,即科学认识的成果——科学理论的客观真理性,要求科学认识必须坚持客观性。

在科学认识中,必须不断消除主观性,坚持客观性,主体应该不带偏见,排除理论结构的消极影响,在认识的结果中,使主体与客体相一致。贝尔纳曾说:"构成我们学习的最大障碍是已知的东西,而不是未知的东西。"①因此,为了获得对客体的正确认识,就必须在由实践到认识,再由认识到实践的多次反复过程中,不断排除主观性,坚持客观性。正如赫胥黎所说:"我要做的是叫我的愿望符合事实,而不是试图让事实与我的愿望调和。你们要像一个小学生那样坐在事实面前,准备放弃一切先入之见,恭恭敬敬地照着大自然指的路走;否则将一无所得。"②按照客观事物的本来面目办事,就能最终获得对客体的正确认识。因此,不断排除主观性达到客观性是可能的。

在科学认识中,达到客观性的途径是曲折复杂的。被认识客体的复杂性决定了主体对它的认识的多次性、反复性。这种多次性和反复性的过程,就是主观性的带入和排除的矛盾运动过程,解决矛盾的方

①见弗里奇:《科学研究的艺术》,科学出版社,1984年版,第3页。
②见弗里奇:《科学研究的艺术》,科学出版社,1984年版,第53页。

法和途径就是科学实践的检验和修正。科学认识主体的主观性必然影响科学认识的成果——科学理论。因为人们总是根据自己的实践经验和知识背景对自然界的各种事实做出自己的概括和解释,总是凭借思维活动将具体经验上升为一般规律性的认识而形成科学理论。这样通过思维活动而构成的理论学说并不总是正确或完全正确的,它包含主观性的因素。因此,每一种科学理论产生以后都必须接受实践对它的修正和检验。科学的概念、原理在科学实践的基础上产生,又在科学实践的基础上不断向前发展,主观性在科学实践中得到逐步修正消除,真理性在科学实践中不断得到补充和发展,从而使主观性的带入和排除的矛盾不断解决,使科学认识不断趋近客观真理。正如列宁指出:"认识是思维对客体的永远的、没有止境的接近。自然界在人的思想中的反映,应当了解为不是'做死的',不是'抽象的',不是没有运动的,不是没有矛盾的,而是处在运动的永恒过程中,处在矛盾的产生和解决的永恒过程中的。"①

科学认识的客体决定科学认识的客观性,但是科学认识主体在实现对客体的认识中,使科学认识不可能是纯客观的,只有通过客观实践的不断检验和修正而达到客观真理性的认识。

二、科学认识的主观性

主观性是指主体经验偏离客体。在科学认识中,主体具有不同的理论结构(知识背景)和以往的实践经验。一个新的科学认识的形成是由两方面决定的,一方面是客体呈现的状态及本质规律,另一方面是主体经验对客体的判断、吸收、同化和解释。在科学认识的过程中,主体在反映被认识客体时带进主观性是不可避免的。但科学认识又

①《列宁全集》第 3 卷,第 208 页。

不是纯主观的,因为相关的不只是主体,它要以被认识客体为前提,受客体的客观性所规定和制约。在科学认识中,尽管反映的内容是客观的,但反映的形式总是主观的。因此,科学认识的主观性是不可避免的。

所谓主观性是指主体作用于客体的过程中,把主观因素带了进去,并由于主体的主观目的与客观实际相背离,以及主体以往经验和主体拥有手段的局限,对新的认识客体做出带有主观性的判断和解释。即由于科学认识主体的主观意图和知识背景限定了主体的认识能力,使主体对客体的反映不可避免地带有主观性。主观性在认识史中是常见的,例如 1932 年约里奥·居里从实验上发现用 α 粒子轰击轻元素铍时,铍放射出穿透力很强的中性粒子,这种辐射能使石蜡放出质子,他们把观察到的事实主观地解释为一种康普顿效应,而把新的辐射解释为 γ 射线。同年查德威克重复了这一实验。在此之前,他曾作过几次产生中子的尝试,对中子的概念早有精神上的准备,通过进一步分析,他证实这种辐射中含有一种质量接近质子质量的中性粒子,即中子。就这样,一次重大发现从约里奥·居里夫妇手里溜走了。科学认识中主观性的带入或产生主观性的原因是多方面的。

首先,认识主体的目的性,使认识产生主观性。认识主体的目的性是认识的本质因素。要认识客体的哪些方面以及怎样认识是由主体的目的和要求所决定的;而主体的目的则是由科学发展的程度和可能来决定的。例如,认识光的波粒二象性。如果做双缝实验,则观察到的只有波动性的一面,即表现出衍射现象,而粒子性的一面,没有很好地表现;同样,进行光电效应实验,则光所表现出的也只是粒子性的一面,波动性的一面没有很好地表现,这就是说,光的波粒二象性到底是哪一面表现出来,与选择的仪器是有关系的。

　　主体的目的并非凭空产生的,它是以一定的科学水平为基础的。科学技术的历史也雄辩地证明了这一点。例如,在美国阿波罗宇宙飞船登月之前,"嫦娥奔月"只不过是神话传说而已,然而只有在通讯技术、材料科学等许多相关学科高度发达的今天,人们才能对真正登上月球作周密的研究了,并最终变成了现实。现代科学的进一步发展,使得微观粒子、河外星系的探索已经作为科学认识主体的目的了。正如列宁所说:"人的目的是客观世界所产生的, 是以它为前提的——认定它是现存的、实有的。"①　"这些目的也支配认识过程。它决定对认识和实践活动的客体的选择, 它们对认识形象的内容有很大的影响。"②主体的目的受以前的实践和理论活动的制约。合于客观实际的目的,促进主体在认识过程中发挥主观能动性,以便全面深入地认识客体;违背客观实际的目的,则是主观性的初源,导致歪曲客体,甚至走向谬误。例如,以永动机作为研究目的,违背了已有的基本经验事实和科学理论,在认识中必然犯主观性的错误。

　　其次,认识主体的理论背景使科学认识带有主观性。许多现代科学哲学家在这方面都有过论述。波普尔认为:"我们总是按照一种预想的理论去看待一切。"③费耶阿本德认为,经验总是根据我们的理论而被重新解释,中性的经验是不存在的。库恩说:"一个人所看到的不仅依赖于他在看什么, 而且也依赖于他以前的视觉概念已经教会他去看什么。"④例如,在表明今天科学技术水平的最常见画面上,常有电子绕原子核作椭圆轨道运动的部分。这对于一个具有有关原子知

①《列宁全集》第 38 卷,第 201 页。
②科普宁:《马克思主义认识论导论》,第 133 页。
③《常规科学极其危险》,转引自《自然科学哲学问题丛刊》,1980 年第 8 期。
④库恩:《科学革命的结构》,上海科技出版社,1980 年版,第 93 页。

识的观察者来说,它的意义是很清楚的,相反,一个没有这方面知识的观察者的理解,绝不会是它所代表的本意。

因为每一个新的科学认识都总结为知识体系,形成范式,而客体的固有属性和本质规律又是不可穷尽的,主体的认识范围需要不断扩大,因而在不断地趋近客体本质的新的认识进程中,总是存在着主体对客体的偏离。例如,十九世纪末以前,原子不可分的观念还普遍被人们接受,但到了十九世纪末,一系列新的实验现象,如 X 射线、放射性等的发现,动摇了原子不可分的观念,人们还渐认识到原子是由质子、电子组成的。随着实验和理论的进一步发展,人们又认识到了中子,中子也是原子的成员。中子、质子组成原子核,而电子绕原子核高速旋转,这样就构成了原子。这就是人们对原子的认识由不太正确的认识到比较正确的认识的过程。又如,在科学观察中主体理论结构的作用是双重的:一方面,它能帮助主体认清、理解客体,起积极作用;另一方面,理论结构又会束缚主体对客体的观察,起消极的作用。恩格斯曾经指出:"普里斯特列和舍勒析出了氧气,但不知道他们析出的是什么。他们为'既有的'燃素说'范畴所束缚'。这种本来可以推翻全部燃素说观点并使化学发生革命的元素,在他们手中没有能结出果实。"①在建立科学理论和学说中,同样的情况也是存在的,道尔顿 1803 年提出的原子论是以事实为基础的设想和构思中得来的,他还受到两方面的思想影响,其一是受古希腊的以及牛顿、波义耳原子论和微粒说的影响;其二是受相同的元素相互排斥,相异的元素相互吸引的观点的影响。同性相斥、异性相吸的观点不是道尔顿由经验事实做出的结论,而是他的哲学思想。这种理论结构对原子学说的提供起了积极的作用,同时也造成了不良的结果。道尔顿把同性相斥、异

①《马克思恩格斯选集》第 2 卷,第 278 页。

性相吸的观点绝对化,他片面强调只有二元化合物最稳定,把水说成 $HO(H_2O)$,而且认为同一种元素的原子由于只有相斥而不能结合,即不能形成 H_2, O_2 等。这种理论结构导致道尔顿拒绝接受盖吕萨克的气体实验事实,并反对阿佛加德罗的分子概念。

可见,科学认识主体的理论结构、经验知识对科学认识有着重要的影响,科学认识客体的本质及规律必须靠主体来把握,对认识客体做出科学结论靠主体理论结构,由于主体具有不同的理论结构,因而对同一客体会做出不同科学结论,而主体具有的理论结构往往使其在新的科学认识中偏离客观状态及规律,即主体在科学认识中带有主观性。

再次,科学认识的主体要认识客体还要受到主体认识手段的限制。在量子力学中,主体运用的实验手段对测量结果有着重要而无法排除的影响。在现代科学认识中,由于有了高能加速器、电子计算机等设备,依靠它们发现了许多不同性质的基本粒子。二十世纪以来,人们探索了原子、原子核甚至基本粒子,建立了量子力学。量子力学的测不准关系告诉我们:坐标与动量有不确定关系,即为了精确地测出原子粒子的动量,我们需要尽可能减小对它的干扰,但是这样就希望有一个相互作用的测量工具,具有尽可能最低的频率,因而具有较长的波长,然而使用这样的波我们就不能以任意精度测出粒子所处的位置,其不准确性可以用位移的宽度 $\triangle X$ 标记。海森堡由这些条件导出测不准关系的公式表达式是 $\triangle P \cdot \triangle X \geqslant h$。这种测不准关系是微观客体同宏观客体仪器相互作用的结果。即在量子力学的观测实验中,观测主体运用的实验手段对观测结果有着重要而无法排除的影响。大量科学事实证明,推动现代科学发展的一个重要因素是科学认识手段的大大提高。这说明,科学认识的主体要认识客体,不仅要受到主体理论结构的影响,还要受到手段的限制,而且,理论结构是否对主体所认识的客体结构有科学价值的现实影响，也有赖于认识手段的改进和提高。因为具有一定理论结构的主体是借助认识手段来认识客体的，所以认识手段会限定主体对客体的正确认识，不能达到对客体本质及其规律的阐发。

总之，在科学认识中必然要带进主观性，这种主观性是由于主体的主观目的、理论结构和以往经验以及认识手段的局限产生的，但是，科学认识的主观性是主体对客体认识的过程中产生的，它总是受客体客观性的制约，所以科学认识的主观性不是纯主观的。因此，减少、消除主观性，坚持客观性是可能的、必须的。

三、科学认识的基本关系

在科学认识中主体和客体的关系是基本的关系，主、客体的相互制约、相互生成和相互转化是科学认识的实际内容。

1. 主体对客体的制约

科学认识的主体是能动的社会存在物，人的能动性，首先表现在他的活动的有目的性。如科学实验是在人为的特定条件下研究对象，它不是盲目的，而是在一定的理性指导下的有目的的活动。其次表现在主—客体关系的工具化结构中。在科学实验和科学认识中主体直接掌握的就是工具，其中包括科学仪器和科学方法。以手段为中介是主体和客体关系结构的特点，物质手段是人的体外器官，它作为物化的智力本质上是人的社会器官。主体正是运用这种社会器官使客体听命于人的目的。

自然界作用于人类的方式和人类认识自然界的途径是多种多样的，其最本质的方面则是人们在能动的活动中反映和揭示自然现象和自然规律。这种能动性表现在认识的经验阶段，经验材料的搜集、发掘和采集的主要方法是进行观察和实验。变革现实的实验是在有目的、有计划的条件下实现的活动,是按一定目标主动进行的自觉活动。科学认识必须变革经验,即对感性经验进行加工、提炼、总结,才能得出观点、原理和学说来,而对经验材料的加工要在特定的理性思维指导下进行,在获得理论知识之后,要由此能动地发展到真理性的认识。科学理论还要回到实验中去经受检验,并应用于指导实践,改造自然主体的能动性在认识中对客体的制约表现为两个方面:一是主体可以借助各种科学仪器和实验设备,造成种种特殊条件排除干扰因素,并强迫客体把自己的内在本质规律暴露出来,像超高压、超高温、超真空等实验,可以使被认识客体朝着特定的方向发生强化,暴露其本质规律;二是在揭露出客体的本质规律以后,可以利用它、驾驭它,使客体沿着有利于主体的方向发展。例如,微观领域的科学研究揭示了原子的运动规律,从而使人类可以利用和驾驭原子,原子能的利用和应用范围的扩展,使原子能成为新技术革命的能源之一。利用物质制约客体在现代科学认识中表现得尤为突出,由于智能机及工程技术的飞速发展,使主体拥有了高精尖的科学观察和科学实验的仪器设备。科学认识的物质手段的重要性在于:把远离我们生活环境的自然状态呈现出来(如从地球上宏观环境向宇观和微观两个方向发展),扩展认识对象,从而改造它、利用它。近代自然科学是以有系统的实验研究为基础,由实验工具武装起来的科学。科学研究中的可观察性,有许多是实验的产物。人们本来看不到紫外线、红外线,听不到次声波、超声波,但是,借助科学仪器延伸人的认识官能,就可把它们转变成可感知的。随着认识能力的不断提高,主体对客体的作用愈主动,认识的结果就越深入、越正确。

2. 客体对主体的制约

主体的能动性并不是绝对的,人作为对象性的存在物,其活动总要受到对象的属性和规律的制约。物质及其运动规律的不可创造、不可消灭是人的能动性无法逾越的界碑。在科学实践中,不仅表现为主体按一定的目的改造对象,赋予对象以新的形式,而且表现为对象以自身的属性和规律规定着主体的活动性质和方式。科学实践既是改造对象的一种活动,又是依赖于和从属于对象固有规律的一种活动。

客体对主体的制约主要表现在两个方面:一是客体的属性要求主体有相当的知识积累,否则它摆在你的面前也不能被你认识。例如,中子的发现、望远镜的发明都说明了不具备相当的知识就会错过发现和技术发明的机会;二是客体的本质规律对主体的制约。主体首先要服从客体,然后才能认识和改造客体。不认识客体的本质和规律不行,认识了而不具备一定的手段和条件也不行,盲目行动就会受到客体本质规律的惩罚,这是客体对主体的制约。

3. 主、客体的相互生成和相互转化

主、客体在科学实践关系和科学认识关系中是相互推动、相互生成和相互转化的。马克思说:"生产不仅为主体生产对象,而且也为对象生产主体。"①这说明,主、客体都是实践中造成的,在实践关系中才有主、客体的关系,而在实践的过程中主、客体之间又是相互推动、相互生成的。主体的知识水平、操纵的技术手段和所能驾驭的自然力,决定着对客体改造的广度和深度。在被连续改造着的客体中便凝聚着人类世世代代的智慧,这又反过来对主体不断地提出更高的要求。随着实践领域的不断扩展和层次的日益深入,不仅促进人的大脑结构和反应机能在缓慢进化,而且迫使人们发明和应用工具系统以延伸肢体器官,发明和应用动力系统以放大自然体力,并进而发明和应用智能机以延伸思维器官,放大智力功能,而这又反过来推动实践系统的整体化和科学化,推动对客体从整体出发进行系统改造。由此可

---

①《马克思恩格斯选集》第 2 卷,第 95 页。

见,实践中的主、客体是相互生成、相互推动的。

在科学认识和科学实践中,主、客体在一定条件下还可以相互转化。科学认识是科学劳动者在科学认识活动中借助一定的物质手段,改造自然客体将自己的需要和目的对象化,产生出科学理论知识,即精神客体。并使这种客体变为主体的认识对象。思想工具——科学理论和物质工具——智能机等,是主、客体的相互转化和相互渗透。在智能机的研究中,智能机是客体化的,当智能机作为主体的认识手段开始操作时,智能机是主体化的。科学实践和科学认识总是通过认识自然和改造自然而创造出一定的成果,并由技术使之转化为物质存在形式,即固定、物化在对象之中,因而也就是主体的能动的本质力量的客体化。这种主体客体化,是主、客体相互转化的一个方面。

4. 从层次上把握主、客体的关系

科学认识论中的主、客体的关系从总体上可以分为两个大的方面:即物质的关系和意识的关系。物质的关系在科学实践中产生、展开和解决。意识的关系在科学认识中产生、展开和解决。后者在前者的基础上又可表现出主体对客体观念把握的三个不同的层次的关系,即认识的关系、价值的关系和观念改造的关系。

主体对客体的认识关系,是主体力求排除自身主观因素的干扰,按照事物的本来面貌及其产生情况来理解事物,如实反映客体,搞清楚客体的属性和规律;价值关系是在认识关系的基础上,客体的一定属性、功能同主体自身的一定需要、利益之间的一种肯定或否定的关系,它表现为主体对客体的一种评价和选择,是以主体自身的特定需要和利益作为评价的标准、权衡的尺度,力求将主体自身的因素和内容附于和赋予客体,力求从外界客体中挖掘出主体的因素,把自身的内在价值尺度运用到客体上去,所以主、客体价值关系是一种功利性关系;观念改造的关系是在认识和价值关系之后,主体对客体将要进行实践改造的条件、方法、步骤。途径、过程和实践结果的观念规划，是对客体实践改造的"超前反映"，即按主体自身的要求、利益、意志、感望、目的改造客体的实践性模型，观念中的实践性活动，是一种在观念范围内主体对客体的实践关系。上述主体对客体观念把握的三个不同层次的关系，从一个动态过程来看，就是主体适应客体——客体适应主体——主体观念地改造客体的辩证发展过程。

在科学认识论中，人与自然的关系是最基本的关系，但也同时存在人与人的关系，主观精神和客观精神的关系。解决好这三层关系，可以使社会与自然协调发展。人们认识和改造自然，向自然索取，又要保护自然，使自然界有一个更能满足人类需要的生态系统，使之更好地发展。同时也需要处理好人与技术的关系，人为了认识和改造自然，不断发展科学技术，操纵着越来越强大的物质力量。但是，人们创造的技术力量也有可能反过来危害人自身。所以，科学认识论要注意从层次上把握主、客体的关系。

第三节　科学认识的基本内容

科学认识的基本内容是：科学认识源于主客体的相互作用；主客体的相互作用构成科学认识过程；主客体的相互作用是科学认识的基本作用。

一、主客体的相互作用

科学认识的源泉问题，必须从主、客体的相互关系去探讨，这个关系有两个方面：一是自然界对人的作用；二是人对自然界的改造作用。前者是科学认识起源的自然基础，后者是科学认识起源的社会实践基础。它们构成了人类科学认识源泉的不可缺少的两个方面。

为什么要从主体与客体的相互作用关系来探求科学认识的源泉

呢？因为科学认识是主体对客体的反映，这种反映只有在主体与客体的相互作用中才能进行，在这种作用中客观外界物及其本质规律才能反映到人的头脑中来。实践是认识的根本源泉，人们经过主观见之于客观的实践，就会得到由客观见之于主观的反映。反映的途径是多种多样的，某些农作物的性质是通过能动的反映得到的，天圆地方说是直观地反映获得的，对地震的认识则是被动的反映的结果，都是源于主客观的种种相互作用。

从科学认识的具体发生来看，客体的本来面目和固有属性，是在客体直接作用于人或是在人对客体进行改造的情况下得到表现的。客体的这种表现作用是认识发生的前提，但这并不等于主体的反映，要反映还必须发挥主体的认识能动作用。这一点在现代科学认识中表现更为明显。一方面是主体操纵仪器对客体的干扰和对认识结果的影响；另一方面是理性思维方法对科学认识的过程和结果的影响。随着科学研究的进一步深入，人类在很大程度上必须借助理性思维方法才能获得科学认识，如通过科学抽象形成科学概念，运用逻辑方法、数学方法、类比方法等思维方法提出科学假说，建立科学理论。比如狄拉克在建立相对论量子波动方程的过程中，正是巧妙地运用了逻辑分析方法和数学方法。鉴于当时的状况，狄拉克作了如下分析，爱因斯坦创立的广义相对论是与引力场相联系的，而引力场在原子世界中完全是不重要的，因而可以略去引力场。牛顿力学仅适用于运动速度远小于光速的粒子，当涉及高速运动粒子时，就需要有狭义相对论理论，因此，要创立适应高速运动粒子的量子理论则必须把原来的非相对论量子理论与狭义相对论相结合，由薛定谔方程入手，考察到相对论的质能关系以及这个理论所要求的时空对称性和粒子出现的几率必须是正定的。考虑到泡利关于电子自旋理论的 2×2 矩阵还不能满足要求，他大胆引入 4×4 矩阵和相应的 4 分量波函数，建立了正确的相对论量子波动方程,解一波动方程,可自动得到关于电子的半量子数自旋和固有磁矩,但这一方程引入负解的困难,而在经典力学中,总认为没有意义,而不加考虑,而从这样一个优美的理论中得到负能态必定有着更深刻的内涵,经过认真的分析,最终大胆地预言了正电子的存在,改变了物理学上真空一无所有的观点,推动了物理学的发展。正电子的存在于1932年被美国物理学家安德逊所证实。

现代科学认识论中尤为突出的是公理化方法。十九世纪热力学的奠基人之一克劳修斯使用公理化方法,写成了热力学著作《热的机械运动理论》。量子力学是由海森堡运用了矩阵数学以后诞生的,力学规律由矩阵方程表达。之后薛定谔又创立了以偏微分方程表示微观粒子运动的波动方程。面临现代科学认识中种种复杂的情况,究竟怎样理解科学认识在来源和内容上的客观性?在崭新的认识条件下所获得的认识结果是某种实在的反映还是主体的思维构造出的主观结构或主观约定?怎样充分估计日益增长的主动性而又不流于唯心主义?解决这些问题的关键在于弄清主、客体的关系,特别是科学认识对于主体活动、状态和属性的依赖关系。现代科学认识不仅要考虑主、客体的认识关系,还要考虑实践装置、参照系统、初始条件的作用。科学对象是客观存在的,但是作为认识客体的现实显现及其性质的表征方式又取决于主体采用的科学仪器和方法,取决于主体的科学创造。

现代科学还在于有了相当的知识积累,推出客体的结果。

二、科学认识过程的构成

认识的过程是实践——认识——再实践——再认识的过程,科学认识的过程也仍然是实践和认识的过程。但是,对科学认识的具体过程并没有找出一般的统一模式,对特殊的过程也未得到详尽的阐发,而从科学发展的宏观模式论述也没有得到一致的解释。因此,这里主要是从科学认识过程链条上的一些必要环节论述主、客体的相互关系。

主、客体的实际相互作用是科学认识过程的物质基础。在科学认识过程中,主、客体的关系是相互依赖、相互联系的。科学认识论体现了新型客体——知识性客体(精神客体),以知识性客体为中介进行科学研究。主体对知识性客体的研究是对物化的人类思维的认识成果的研究,这是科学劳动者创造科学理论的重要来源,是主体对新型客体的新型关系。知识性客体对于研究它的主体讲,同样具有不依赖研究者的客观性。

通过分析现代科学认识中主体认识手段、方法对客体影响以及对知识性客体的研究获取科学知识问题,说明主、客体的多层次关系和相互转化,产生出新的科学认识。

科学认识既不是单纯自然界客体给予的, 也不是主体自然发生的, 而是在科学实践中客体的表现作用和主体的探求作用相结合的产物, 是主体的实践能动性和认识能动性共同作用于主客体之间的相互依赖、相互联系的结果,是主体以他的能动性作用于客体,客体作为主体的对象物以它的自然属性及规律作用于主体, 科学认识论中主、客体的相互关系就是科学认识的对象性的两极的相互作用。可从以下几方面分析:

首先,科学观察是主体对客体的反映。观察主体与观察客体的关系是科学观察的基本关系。观察作为认识的一种形式也是主体能动地作用于客体的过程。观察起源于主体力图解决问题的愿望,问题的存在是观察活动的前提。在观察中观察主体并非对客体的一切方面都感兴趣,而是聚焦于问题所涉及的主体或客体的某个方面。观察是主体带着问题主动作用于客体的过程。在科学观察中,与主体紧密联系的有三个问题:观察中看到的是否是客观事实本身? 如何去看? 看到的是什么? 观察主体有不同的理论结构,带着不同的问题,因而会得出不同的结论,即观察主体对客体存在影响。

但是,我们必须注意到观察中主、客体是相互影响的。从科学认识过程来看,观察中主、客体的关系是相互关联的,观察中主、客体的相互作用具体表现在两个方面,一方面客体是不依赖于观察主体的客观存在,是观察主体进行观察活动的客观对象,观察主体要受到客体本身的限制。因为主体在观察中所获得的信息来源于客体本身。观察主体与观察客体的一致是科学观察的客观要求。观察客体的复杂性决定了观察主体对客体认识的多次性、反复性。另一方面,观察主体影响着观察主体与客体的一致,即观察主体的理论结构和观察手段影响主体的观察。由于主体是带着问题观察,他就只注意和问题有关的客体的方面,并且对客体信息的接收也是经过问题的过滤。观察因其受问题的支配而置身于理论结构的限制之中。任何问题都因同一定的理论结构有关,主体的理论结构和客体的不协调是问题产生的根源。在这方面,观察主体对观察中主体与客体的一致发生重大影响。

在近代和现代科学这两个不同时期,有两种大相径庭的观点。一派是以近代哲学家培根为代表提出的所谓"纯观察"命题以及与此相关的归纳法。培根主张在观察中排除主体的主观能动作用,观察主体只是被动地接受客体的信息,观察中主体与客体的关系只是由客体到达主体的单线式的不可逆的关系。

在现代科学发展中崛起的科学哲学家大都同上述派持相反意见。他们都程度不同地提出了"一切观察陈述都渗透着理论或不存在中性的不受理论约束的观察语言"这一命题。主张观察渗透理论这一流派的科学哲学家强调观察中主体对客体的决定作用,反对由客体到主体的单线式不可逆的认识过程。

从自然科学自身发展的历史看，近代科学是从神学和经院哲学以及自然科学研究中的纯思辨传统的罗网中冲决出来的，当时的科学认识还处于对自然的表面形态和个别现象研究的水平上，人们对自然界只能进行直观观察，因此，纯观察方法似乎就是确切无疑的。

但是，随着科学研究的深入，人类对自然界的探索已经从表面形态深入到事物的内部结构，从单一的事物研究发展到研究事物的整体及其内在与外在的相互联系，科学认识超越了直观观察，纯观察的弱点暴露了。观察渗透理论命题说明观察是观察主体对客体的主动探索行为，阐明了科学观察是观察主体对客体的作用，从而阐明了观察中主观能动性的重要作用，否定了由客体到主体的单线式的不可逆过程。观察作为主体反映客体的认识活动是一个由简单到复杂、由表面到本质、由具体到抽象、由形态到结构的过程，因而不能排除主观因素的干扰。观察主体的理论抽象取决于主体的理论结构。在现代科学中要把握观察客体的本质规律就必须在观察中始终发挥主动性。主、客体的相互作用是实际的科学观察过程。

在现代科学实践过程中科学实验占有更突出的地位。二十世纪物理学的进展是以科学实验为转机的。在实验和观察中，科学劳动者越来越突出的能动性表现为：实验和观察过程中科学劳动者总是积极使用和改进科学仪器以及运用科学理论。科学认识过程中的主、客体关系表明，科学劳动者对自然界的认识不再是消极的、被动的、照镜子式的反映，而是积极的、主动的辩证反映过程。科学实践的客观性，不是局限于实例、枝节，而是在于能动的相互作用中与客体一致。

其次，科学实践客体的多样性，决定主体对客体认识的曲折性。科学实践中主体对客体的认识的发展代表了科学认识的发展。科学实践的过程是主体与客体一致与不一致的统一的过程。客观上科学实践是受主体理论结构的影响，主观上又要求在科学实践中排除这种影响，这两者在具体的科学实践过程中结合与相互作用，则表征了真实的认识运动发展过程。

从人类科学认识发展的历史角度来看，二十世纪以来，人类的认识界限已经达到了 100 多亿光年范围的总星系，像脉冲星、X 射线等都逐渐成为人类认识的科学对象，对微观领域的认识已经深入到了基本粒子层次。随着科学实践的发展，科学认识主体的认识能力不断提高，科学实践的手段日益完善，知识积累愈加丰富，客观世界将不断进入人类的认识领域而转化为现实的科学对象，只要人类存在着，这个历史过程是永远不会完结的。现实的科学对象是由主体的科学实践和科学认识水平决定的，当人类与纯粹的外在的自然物建立一定的信息联系时，它们才能转化为现实的科学对象，离开了主体的科学实践和科学认识，就没有科学对象，就没有科学。

再次，科学认识要求达到建立科学理论体系。按照苏联哲学家科普宁的看法，阐述科学研究主要阶段的范畴是问题、事实、体系。

问题是从先前的成果中产生出来，作为独特的逻辑结果，科学研究的第一阶段就是提出问题，把问题从先前的知识中引出。

事实是可靠的知识。事实的可靠性决定了它的不变性，建立理论体系所依据的事实，即使理论破产了，事实还永远是事实，并转入另一体系。科学认识的主体根据所提问题的目的从一开始就搜集事实。

科学问题的解答一旦形成一个系统命题，就是知识理论体系的建立。

探讨科学研究这一过程的内在机制，我们会发现这一过程正是主体与客体的相互作用的过程。科学研究过程中主、客体的相互作用可以从科学研究所采取的形式——假说来说明。提出假说的过程就是主体与客体的相互作用的过程，即科学家运用类比、幻想、直觉以及其他一切可能的推理形式,作用于知识客体,达到研究的目的。

科学认识活动有一个从经验上升到理论的过程。这是认识过程中的现实矛盾——经验与理论的矛盾。前面我们已经分别论述过经验阶段的实验和观察是主、客体的相互作用。因此,经验上升到理论的认识过程是主、客体的相互作用的过程。把科学认识的过程划分为搜集材料为主的经验阶段和以整理材料为主的理论阶段,无论就个别学科或就自然科学的全面来看都是切合实际的。在积累经验材料为主的阶段,中心任务是揭示事实,取得实际材料,这要经过反复的实验和多次的观察。当某一问题某一领域内的材料十分丰富时,这就要求由认识的经验阶段过渡到理论阶段。牛顿力学和十九世纪的许多科学原理、学说就是这种过渡的产物。门捷列夫指出:"科学的威力和力量在于无数的事实中;而科学的目的在于概括这些事实,并把它们提高到原理的高度。这些原理发源于我们智力活动的简单基础;但它们在同等程度上,也起源于实验的世界和观察的领域。……搜集事实和假说还不是科学,它仅只是科学的初阶,但不通过这个初阶就无法直接进入科学的展堂。在这些初阶上写着:观察、假说和实验。"①科学认识的发展由经验上升到理论阶段,相应于人们的认识由反映事物的现象过渡到揭示事物的本质。从经验上升到理论时的总特点在于:不论形成科学理论的过程和方法怎样错综复杂,其根本点和共同点就是要能动地改造制作经验材料,造成概念和理论的系统,从感性认识跃进到理性认识。对经验材料的整理或改造制作是人们在认识过程中进行的能动的、变革性的活动。在实验中所变革的是自然事物,改变事物的原状态,使事物的本质暴露出来;在思考中变革的是

---

①转引自札布罗茨基:《门得列耶夫的世界观》,三联书店,1959年版,第87页。

经验材料,改变经验的原状态,使事物的本质规律暴露出来。

由经验上升到理论,是人们由必然王国向自由王国的迈进,为人的主观能动性的充分发挥创造了有利条件。但是,由加工经验材料而获得的理性认识更加远离客观现实现象,具有更大的抽象性,然而却更接近真理。正如列宁所说:"物质的抽象,自然规律的抽象,价值的抽象等等,一句话,即一切科学的(正确的、郑重的,不是荒唐的)抽象,都更深刻、更正确、更完全地反映着自然。"①

三、科学认识中的基本的作用

科学认识中主体与客体的矛盾不断产生、不断解决。在科学实践中,主体不断地改变客体,达到人的目的。但是,人类社会在不断发展,所以对客体也不断产生出新的要求和新的实践关系。科学认识则是解决主、客体之间矛盾的一种理论形式。因此,我们从发展来看,科学认识中主、客体的不同相互作用,阐明它们的相互作用是科学认识的基本的相互作用。

首先,科学对象的形态不同,决定了主、客体相互作用和联系方式不同。通过科学实验可以对它进行干预和改造的自然对象,只有通过科学实验才能揭示出它们的性质和规律,如电子、DNA,主体对这类客体的认识依赖于主体的理论结构以及所设计的实验的水平的高低。精神客体或知识客体尽管它们表面上具有抽象的理论化的主观形态,但其内容仍然是客观的,是对客观世界规律性的反映。在科学认识中把牛顿力学、量子力学作为研究对象从而进一步认识物质运动的规律性,人们以它为中介,其目的仍然是为了达到认识客观世界。即人类作用于知识客体得到的新的科学认识必须再回到自然中

①《列宁全集》第38卷,第181页。

去,所以其主、客体的关系不是简单的关系。获得真理性认识必须经过主体——知识客体——自然客体的过程，否则就不能使科学认识具有客观自然的属性。

不同物质层次的研究有不同的主、客体相互作用。古代人们提出的朴素的原子论靠的是对自然事物的整体直观和对自然奥妙的思辨猜测,主、客体并没有真正进入实践关系。现代科学,特别是以相对论和量子力学为基础的现代物理学中对微观高速粒子的研究，出现了对物理量进行测量的原则性限制，这就突出地显示了新科学认识主体与科学认识客体之间联系的特点。科学认识主体在科学认识中有着巨大的能动性。对客体的认识,不仅要考虑其环境、研究的物质手段，而且要考虑描述的语言和被观察事件的信息以及指导实验的理论基础。

其次,从科学实践和科学认识的主体因素来看主、客体相互作用的不同情况。十九世纪以前科学认识主体虽然以个体较为突出,但也存在集体协作。十九世纪以后科学的发展突出了集体协作。英国卡文迪许实验室是个体与集体协作的典型，费米发现慢中子就是个体与集体协作相结合的结果,主体的形式是由客体决定的。由于现代科学研究课题复杂、高难度、大规模,不是个人单枪匹马所能胜任的,许多现代科学研究项目必须以国家规模来组织，发挥科学共同体的研究力量才能获得成功。科学共同体(主体)与难度高、规模大等特点的客体的作用,其主、客体作用过程与科学劳动者个体对客体的作用的机制和内容基本上是相同的,而这种新的认识主体形式,使主体和客体的相互作用带来了一种新的协调，不同的客体要求有不同的主体相适应,从而使主、客体之间存在新的相互作用。

再次,从科学自身发展来看主、客体相互作用。原始社会,没有专门从事科学活动的人,获得的自然知识都是经验性的。古代自然知识包括三种形态：实用经验、概括性知识和自然哲学。这时期的自然知识是通过多种反映方式获得的，一种是能动的反映，即在变革自然物、自然条件的实践中认识自然界，如制造陶器和驯化兽类。一种是直观的反映，主体消极地反映客体，如天圆地方说。还有一种是能动地反映，即客体"能动地"作用于人而产生的认识。

近代自然科学是实验的科学，科学实验最本质的特点就是变革对象。在科学实验中主体通过改变被认识的客体从而认识客体科学认识发生于近代，它得以独立分化的根本原因在于科学实验的特征。实验科学增强了定量分析的精确性。同时也破坏了主、客体关系的简单同一性和明晰性。为此，科学认识的基本问题和核心任务必须在更高的水平上恢复主、客体关系的明晰性。我们必须认真研究具有新特点的主、客体相互作用，以适应科学的发展。

科学认识发展的和谐律①

在科学认识发展的过程中，和谐是科学认识主体所始终追求的目标。科学认识的发展也就是由科学认识的和谐到和谐的突破再到新的更高层次上的和谐来实现的。从一定意义上可以说，科学认识发展史就是科学认识主体不断地追求科学认识和谐统一的历史。这里就渗透着科学认识发展的一条重要规律——科学认识发展的和谐律。揭示和阐发科学认识发展的这种和谐律以及它在科学认识发展中的作用，对于科学认识发展论的研究，对于揭示整个科学认识发展的机制与规律具有重要意义。

第一节　科学认识发展和谐律的涵义

什么是和谐，什么是科学认识的和谐，什么是科学认识发展的和谐律，它在科学认识发展中作用的机制及其客观普遍性等问题，必须首先加以讨论和明确。

一、和谐的涵义

和谐就它的本义来讲：是指事物各方面的配合与融洽、协调差异而求得一致。"和谐一方面是本质的差异面的主体，另一方面也消除

---

① 原载于《科学认识论》第 4 卷《科学认识发展论》，吉林人民出版社，1990年，第 303—332 页。

了这些差异面的纯然对立。因此,它们的互相依存和内在联系就显现为它们的统一。"①黑格尔这段话的意思是说,和谐是矛盾中的统一、差异中的一致,是消除了事物的纯然对立与差异,是达到事物内部因素协调与统一,因而它突出地表现了事物美的特征。在美学中和谐是美的一个最基本的范畴。在音乐中,是把高低、长短、轻重等各种不同的音响按一定的数量节奏组合在一起,造成声音的和谐,给人以美的享受。在绘画中,是讲构图上布局合理、疏密有致、色彩协调构成颜色的和谐,给人以美的启迪。而高尚的道德、丰富的知识、健壮的体魄三者的和谐统一,构成了人的完美。古希腊哲学家柏拉图就说过:"心灵美和身体美的和谐一致是最完美的境界。"因此,我们说:和谐就是美。我们这里所讨论的和谐就是指的和谐美。

二、科学认识和谐的涵义

在科学认识的系统中,认识主体与客体是两个最基本的要素。科学认识的过程就是认识主体对于客体不断探索,认识的动态发展过程。因此,我们对于科学认识和谐的分析应以认识的主体与客体以及主客体的相互关系来进行。

从科学认识的客体来看:科学认识的客体——自然界不仅是多样的,而且又是统一的。各种物质客体运动、变化和发展又遵循着一定的规律,规律就是一种多样性的统一,杂乱中的秩序。形形色色、千差万别的各种物质客体的存在、运动、发展都是受存在于内部的本质的、统一的规律所制约,这就表现出客观物质世界的本质与现象、杂多与统一的齐一性,这种齐一性就体现着自然界所固有的和谐。因此,揭示出存在于各种纷繁复杂事物现象背后起支配作用的规律性

①黑格尔:《美学》第 1 卷,第 180—181 页。

的东西,也就是达到了某种多样性的统一,在混乱与杂多建立了一种秩序,也就会呈现出某种和谐。事物的本质和规律是有层次性的,本质与规律越深刻,就越是协调了更大范围的多样性,也就达到了更高层次上的和谐。

从科学认识的主体来看:在科学认识的系统中,科学认识的主体始终是积极、主动的,是矛盾的主要方面。科学认识的目的,就在于科学认识主体能够揭示存在于各种物质运动形式背后的本质和规律性的东西,也就是得到自然界某种统一性的东西。在没有得到这种知识以前,无限多样的自然界在主体的意识中所呈现的是杂多与无序,甚至充满了种种神秘感。认识主体通过协调各种差异,反映和把握了客体的多层次、多向度的某种统一性,也就是认识到了存在于客观物质背后的某种规律性,在混乱与杂多中把握到了自然的秩序与统一。而一旦自然的秩序与统一为主体的意识所领悟,原先在主体意识中所呈现的混乱与无序以及种种神秘感都会转化为和谐的美感。这就是认识主体得到了科学认识的某种和谐。并且,主体所反映和认识的物质客体统一性的层次越深,认识所得到的成果越完美、简练,所得到的认识和谐程度也越高。

综上所述,从科学认识的主客体关系来看,科学认识的和谐,就是在一定条件下科学认识的主体和客体之间消除差异而达到的协调一致和统一。这种一致和统一主要体现为:客观自然界本身所固有的和谐反映在主体的意识中,并由主体的意识加工、创造出的科学理论的和谐与优美。简单地说,就是自然界本身所固有的和谐在科学理论上的显现。

在这里,科学认识的和谐就其载体和主要表现形式来看,就是科学理论的和谐与优美。但是,科学理论的这种和谐与优美的根据是在于它真实地反映和概括了客观自然界的固有秩序、统一与和谐。当然,这种反映不是平直的、照镜子式的直观反映。事实上科学认识的和谐是美与真的统一。真与美缺少哪一个方面,就都不可能达到科学认识中的和谐。就这点来讲,我们这里所讲的科学认识的和谐与"唯美主义"是有根本区别的。

在科学认识史上,古希腊毕达哥拉斯学派最初把数与和谐的原则用于天文学的研究,形成了所谓"宇宙和谐"的概念,并用"数学的和谐"来揭示整个自然的和谐。此后,追求认识的和谐与统一就形成一种科学认识的传统。虽然,毕达哥拉斯学派所提出的宇宙和谐的观念对于后来的天文学和其他自然科学的发展都有很大的影响。但是毕达哥拉斯学派的宇宙和谐观念不是把和谐看作是对客观自然界本身所固有的秩序与和谐的反映和认识。而是认为:数是一切事物的本质,整个有规则的宇宙的和谐,就是数以及数的关系的和谐。这里就渗透了许多神秘主义与唯心主义的因素。这也是使得毕达哥拉斯学派对于宇宙结构的描述更多的是出于唯美主义的思辨与猜测,不可避免地会出现很多谬误。诸如:星体必须沿着绝对完美的路径——圆的轨迹运行。天体的数目必须对应于"十"这个完美的和谐数目,等等。毕达哥拉斯学派这种脱离客观自然固有次序与和谐的内容,单纯地追求认识形式的优美,并不是我们所讲的科学认识的和谐。

开普勒揭示天体运行规律的认识过程则鲜明地体现了我们所讲的科学认识的和谐。开普勒从早期的研究就坚持了从毕达哥拉斯到哥白尼许多天文学家一直所坚持的宇宙和谐的信念。1596年,他出版了一本名为《宇宙的神秘》的著作。运用毕达哥拉斯的方法试图找出哥白尼体系中行星轨道数学上的和谐关系,提出了五种安置得很好的规则正多面体,把当时已知的水、火、金、木、土和地球这六个行星的轨道联系起来,并与哥白尼的数据获得了粗糙的一致。这使得开普勒异常的兴奋,并骄傲地宣称自己洞察到了上帝的创世计划。后来开普勒又从第谷·布拉赫那里得到了较精确的观察数据,经过潜心研究,他发现正多面体的宇宙结构理论与事实并不一致。过去认为行星作匀速圆周运动的概念必须修改。这种基于唯美主义的假设不得不放弃。但是,开普勒仍然坚信"宇宙和谐"的观念,只是他开始从新的事实出发,从新的广度去探寻这种宇宙的和谐。在这种思想指导下,他用新的几何轨道对应于正确的观察数据进行反复的尝试与计算,最终提出了行星的椭圆轨道概念,并在此基础上总结出了行星运行的三定律。其中,第三定律把行星运转周期(T)和行星与其环绕的中心天体的距离(D)这两个以前被认为是毫无关联的因素联系在一起:$T^2=D^3$。展现在人们面前的是杂乱中突然产生了秩序,孤立的因素间突然出现了令人惊异的联系。简单、和谐令人赞叹。开普勒这种对于天体运行规律的科学认识达到了真与美的统一。这就是我们所讲的科学认识的和谐。因此,科学认识的和谐就是真与美的统一。

三、科学认识发展和谐律的涵义

科学认识的和谐是一种多样化的统一,是真与美的统一。然而,这种统一不是静态的,而是一种动态的发展过程,是由其不和谐到和谐再到新的更高层次上的和谐来实现其多样性与真和美的不断统一。因此,和谐是一种空间展开和时间延续进化上升的恒定过程和趋势,它表现为主体把握客体,协调主客体间的多种作用关系并使之达到真与美的统一的优化过程和结果。在这种动态的发展过程中,渗透着一条科学认识发展的重要机制和规律:这就是在科学认识的发展中,科学认识的主体不仅求其对客体的认识的真,而且求其认识的美,并且是以美的追求为先导与契机,来探求认识的真与美的统一,以此来推进科学认识的深化与发展。科学认识发展的这种机制与规律,我们称之为科学认识与发展的和谐律。

诚然，科学认识的目的是在于求得对于自然界真实反映的知识体系，只有真理性的知识才能称得上是科学的认识。实际上，我们通常在谈到科学认识的时候，往往都暗含着它必须是一种真理性的认识。所以，科学认识的真是基础的，是第一位的，一个失真的科学理论其表现形式无论多么完美，也是没有意义的。但是人类对于自己的求真过程是错综复杂的，是一个充满创造性的能动过程。马克思曾说过："动物只按照它所属的那个物种的标准和需要去制造，而人却知道怎样按照每个物种的标准来生产，而且知道怎样把本身所固有的（内在的）标准运用到对象上来制造。因此，人还按照美的规律来制造。"①应当说，马克思这里所说的"生产""制造"不仅包括物质生产，而且也包括科学理论等精神生产。科学理论"按照美的规律来制造，就是在科学认识过程中，认识主体从理论本身的美的要求（如理论逻辑基础的简单性、自洽性，理论形式的对称性，理论内容的统一性）出发，构造新的科学理论，导引科学认识的纵深发展。这正是科学认识发展和谐律表现之所在"。

科学认识中的这种"美的导引"，科学理论"按照美的规律来制造"的基础仍在于科学认识中所固有的和谐，即：科学认识的真与美的内在统一性。但是这种统一不是绝对的，而是相对的。在科学认识的实际发展过程中，科学理论形式的美与理论内容的真往往是分离的。我们在上面已经论述过：开普勒在与第谷合作之前所建立的太阳系的正多面体模型，从形式上看，这个假说是统一、自洽的、对称的，因而显得很优美，以至于使开普勒兴奋地感到他洞察到了上帝的创世计划。但是，开普勒并没由此得到天体运行的真正规律，没有认识到宇宙的和谐。只是在他得出了与第谷观察资料十分符合的行星运

①马克思：《经济学哲学手稿》。

动定律时,他才真正认识到了自然的和谐,达到了科学认识的真与美的统一。我们可清楚地看出,开普勒对宇宙和谐的追求,对于天体运行规律的认识过程是通过和谐的局部破缺,而达到了更高层次上和更大范围内的和谐统一来实现的。由此,更深刻地揭示了天体运动的秩序性。所以,科学认识内容的真与形式的美的和谐统一,是一种矛盾的统一:真理的内容往往得不到美的表达,而美的形式又不一定都反映着真的内容。这种矛盾就推动着科学认识主体不断地进行新的探索与努力,使矛盾双方在更高层次上达到新的统一。矛盾双方的这种不断对立和在更高层次上的不断统一,就推动着科学认识的不断深化。这也正是科学认识发展和谐律存在之根据。

四、和谐律的客观性与普遍性

科学认识发展的和谐律所揭示的是在科学认识的发展中,认识的主体不仅求真,而且求美,并以美的追求为先导,导引科学认识达到真与美的统一,推动科学认识的向前发展这样一种科学认识发展的机制与规律。显然,这里所强调的是以"美"的追求作为科学认识发展的巨大杠杆,突出的是科学认识主体的能动作用。那么,这条认识发展规律的客观性何在呢?它是不是一条普遍的认识规律呢?这是需要加以分析论证的。

1. 自然界本身的和谐统一为科学认识和谐性提供了客观依据

和谐是美的,而任何美又是一种主客观相互作用的产物。如果客观自然本身不存在秩序、对称与和谐,主体也就不可能获得审美的信息,也就不可能产生和谐美这种观念。所以,美是客观存在的美的信息作用于人的感官,而唤起主体内心中的和谐共鸣。科学认识的和谐美是一种理性的美,一种抽象的美,但是这种美仍然是要通过感官接受外来的信息。与一般外在的形象美所不同的是,这种理性的美是外部信息输入主体的大脑中,经过一系列的变换、加工、整合而得到的美的观念与意识。因此,对这种理性美的感觉与意识就不是为每一个人所能领会到的。这正如彭加勒所说的:"我们的意思是说那种深奥的美,这种美在于各部分的和谐秩序,并且纯理智能够把握它。"[①]和谐与美本是客观的,是自然界呈现于人类面前的品格。

自然界中无穷质和无穷量的物质运动之间存在着广泛而深刻的联系,构成了和谐统一的有机整体。自然界的这种品格反映到人脑中,经过一系列的加工制作,使认识主体形成了自然和谐与美的观念。既然自然界本身存在着和谐与美,那么描写和反映自然界的规律也必然是和谐的、优美的。所以,人类按照科学的规律去创造、去实践,本身就包含着按照美的规律去创造。

既然和谐与美是自然界本身所固有的,并能为人们所揭示、所感受,相应地在人类的灵魂深处也就不断地产生着一种对自然界的和谐与美的渴望与追求,使人们坚信对自然界真实的、深刻的描述也必然是美的。这就构成了科学认识发展的一种内在的深层动力,成为导引科学认识向前发展的机制。

2. 科学认识的不断深化是和谐律产生的客观基础

人类对于自然的认识是经历了一个漫长的历史过程。在对自然认识的初级阶段,人们一般是以大量的观察事实中做出归纳、总结,然后上升到对于自然系统认识的科学理论。所以,在科学的发展史中,这种认识的程序曾被总结为科学认识的一般规律与模式,如弗兰西斯·培根的科学认识方法论。但是,随着科学认识的不断深化,随着科学自身的不断成长和完善,理性的成分就逐渐占据重要地位,科学认识的深入与发展也就不再完全依赖于对经验事实的总结与归纳,

①彭加勒:《科学的基础》,引自《科学与哲学》,1983 年第 1 期,第 186 页。

而较多地以理论自身的逻辑一致性、自洽性、简单性，也就是以理论自身的和谐完美性出发去构造理论、发展理论、完善理论。这里就表现出科学认识主体意识的巨大能动作用，其中就包括科学家们对于科学美的追求，对科学理论内在结构和谐的追求，并以这种美的追求为先导，导致科学认识向前发展。也就是说，把美作为真理的光辉，以这种光辉来照耀认识真理的道路。这就构成了科学认识发展和谐律产生与存在的一种客观基础。

3. 科学认识中真与美的内在统一性为和谐律的作用提供了客观基础

科学认识的真与美的统一是科学认识发展和谐律的基础与保障。显然，如果科学认识中真与美不存在一种内在的统一，那就不可能由美的追求而导引真的认识，以促进科学认识向前发展。若此，科学认识发展的和谐律也就成了杜撰，是虚无的。那么，在科学认识中究竟是否存在一种真与美的内在统一性呢？我们的回答是肯定的。因为，在科学认识的发展中，主体的认识只有深入到了自然界的更深层次，协调了更多的差异性，把握了更多的内在统一性，才可能使认识的成果更深刻、简练、自洽与完美。科学认识所反映的自然规律越普遍、越深刻，认识理论本身的和谐性也就越好。反过来说，在科学认识中，深刻、简练、自洽与完美的认识成果往往就揭示了更深刻的自然联系与统一。一个内在矛盾重重，逻辑不能自洽的理论不可能是真理性的理论。正如希尔伯特所说：你只要承认 2×2=5，我就能向你证明女巫飞出烟囱。所以，在科学认识中，理论的真与美是统一的，而且这种统一是一种内在的客观统一。但是，正如我们上面已指出过的，这种统一不是绝对的，而是相对的，是一种包含矛盾的不断产生与不断解决的动态发展的统一。

对于科学认识的真与美的统一，许多科学家们也有过深刻的论述。

量子力学的创始人之一海森堡就量子力学的哲学背景在同爱因斯坦的谈话中就曾说过："正像你一样，我相信自然规律的简单性具有一种客观的特征，它并非只是思维经济的结果。如果自然界把我们引向极其简单而美丽的数学形式——我所说的形式是指假设、公理等等的贯彻一致的体系——引向前人所未见的形式，我们就不得不认为这些形式是真的。""它们是显示出自然界的真正特征。"著名法国数学家笛卡尔更是明确地指出：唯有真理才是美的。①

著名的物理学家狄拉克非常推崇科学美在科学认识中的作用与意义。他也认为美与真是统一的，美的理论必然是真的，而正确的理论应当是美的。如果物理学方程在数学上不美，那就说明它的理论有缺陷，需要改进。②

物理学家魏尔也曾说过：我们的工作总是力求把真实和美统一起来，但当我们必须两者择一时，我通常选择美。他在《空间——时间——物质》一书中做出的引力规范理论，从表面上看，他像是承认这个理论作为引力理论是不真实的。但总觉得它是如此之美而舍不得抛弃它，并保存了下来。后来，当将规范不变性的体系纳入量子电动力学时，结果证明了，魏尔的直觉终究是对的。

正因为真和美是一致的，也正因为人的心灵在他的最深处感受到美的东西，在外部自然界得到了实现，因此，在科学的发展过程中，科学家们追求真知，也表现在追求科学美上，并往往是以美的追求为先导，最终达到了真与美的统一，达到了认识的和谐，而科学认识成

①转引自李醒民：《科学发展和科学革命的内在动力》，《求索》，1986 年第 1 期，第 54—59 页。

②引自林德宏：《科学思想史》，第 331 页。

果一旦达到这种真与美的高度统一,就表征着科学认识的重大进展。这恰好就体现着科学认识发展和谐律的存在与作用。

在科学认识的发展史中,每一个里程碑式的重大科学认识成果,可以说都是达到了这种真与美相统一的和谐理论。我们在哥白尼提出日心说,开普勒发现天体运行规律,牛顿创立经典力学,门捷列夫提出化学元素周期律,麦克斯韦建立电磁理论以及爱因斯坦创立相对论等重大的科学认识发展过程中都可以找到科学的佐证。如果我们追溯考察一下这些伟大理论的创立过程,我们就可看到这些科学大师们对于科学认识的和谐与美的执著追求以及他们所取得的认识成果的确具备真与美的统一。

第二节 科学认识发展和谐律的特征与表现

科学认识发展的和谐律就其表现形式来讲,则主要表现为科学认识主体对于科学认识理论的和谐美的不断探索与追求。而科学认识理论的和谐美是具有多方面指标的综合。一般来讲,一个达到和谐美的科学理论,在理论内容上应体现出自洽与统一,在逻辑基础上应体现出清晰与简单,在理论形式上应体现出守恒与对称。这种理论内容的统一性、逻辑前提的简单性与理论形式的对称性就从不同的方面共同体现出了科学理论的和谐美。因此,在科学认识的发展中,认识主体对于科学认识理论和谐美的不断追求,也就表现为对于科学理论的内容统一性、逻辑前提的简单性与理论形式的对称性的不断追求。这就构成了科学认识发展和谐律的主要特征。这种科学理论内容的统一性、逻辑的简单性与形式的对称性不断地破缺,又在更高层次上恢复与重建,由此构成了科学认识发展和谐律的特征表现。我们从以下三个方面来讨论。

一、科学认识理论的不断统一性

任何一种和谐的科学理论，首先要求在其理论内容上达到无矛盾与自洽性。如果一种理论内在结构矛盾重重，各部分互不协调，无论如何不能认为是和谐的科学理论。只有消除了理论内部的矛盾对立，协调了理论内在的各种差异，建立一种自洽、统一的科学理论，才可能达到科学理论的内在和谐。换句话说，任何统一的科学理论都必须在其统一的范围内达到其内容的自洽，各部分协调与结构的完美。当然，科学认识的这种统一也是一种动态的、发展的统一，统一总是伴随着统一的破缺。任何统一的科学理论只能是在其统一的范围内是自洽的、协调的，如果扩大到新的更大范围的领域就会出现新的矛盾、差异与不协调，这就需要在更高的层次上建立更为普遍的统一理论，来消除矛盾与差异，达到新的协调与自洽。这种动态的不断发展过程就表征着科学认识的不断向前发展。因此，科学认识的统一、追求科学理论统一的趋势是科学认识和谐律的一种表现特征。

在科学认识的实际发展过程中，追求科学理论统一的趋势是十分显著的。古希腊毕达哥拉斯学派就认为"万物皆数"，德谟克利特提出"原子论"。中国古代出现了"阴阳五行说"和元气说，其实质都在于揭示无限多样性的现象背后的统一本质，试图用一种本原的东西对于世上的万事万物给予一种统一的解释。在现代科学的发展中，建立系统、完整的统一理论已成为时代的特点：不仅追求各门科学理论自身更大的统一性，而且也追求各门学科之间的统一性，可以说这是现代科学发展的总趋势。

在数学中，数学家们在努力寻求数学理论的统一基础。希尔伯特所倡导的公理化运动、布尔巴基学派的结构方法，都是建立统一的数学体系的尝试。数学家们的这些尝试和努力，都是试图扩大整个数学理论体系的和谐结构,这预示了数学发展的一种新的趋势。在地学的发展中,现正出现大统一的发展趋势,像板块构造学说这一类新兴的地质构造理论由于能够统一地说明许多原来是互不相关的事实,并能解释传统理论不能解释的现象,对矿产资源的勘探、火山地震活动也做了有希望的预测工作,因此获得了迅速的发展,并渗透到地学的各个分支领域,显示了进一步发展的巨大潜力。

在生物学的发展中,十九世纪达尔文提出的生物进化论,实现了近代生物学的一次大统一。而现代生物学的发展,特别是 DNA 双螺旋结构模型的建立和遗传密码的破译,便为建立层次更为深刻的、大统一的生物学理论奠定了基础,当代生物学正面临着新的统一。

理论物理学的发展史,从一定意义上来说,就是一个不断追求物理学理论不断统一的历史。物理学发展史上有所谓五次理论大综合,即牛顿经典力学,能量守恒与转化定律,法拉第—麦克斯韦电磁理论,狭义和广义相对论,量子力学。实质上都是范围广大、层次深邃的统一理论。今天,寻求新的统一的物理理论已成为当代物理学家的共同使命,并获得了极有希望的进展(如自然界四种力的大统一研究等)。

追求科学认识理论的和谐统一不仅在各门自然科学发展中是一种非常强烈的趋势,而且在科学家个体的思想中也体现得非常鲜明。例如,在爱因斯坦的科学思想中,追求物理学理论的不断统一是他整个科学思想的核心。他认为,在自然界各种纷繁复杂、千变万化的现象背后,必具内在的统一性。爱因斯坦在物理学领域中的创造性研究过程,正如他自己所概括的,就是"为统一性而斗争的过程。"

爱因斯坦一生最伟大的科学创造就是狭义相对论与广义相对论的建立。相对论的建立过程正是爱因斯坦追求物理学统一思想的实现过程。1932 年他在美国哥伦比亚大学的一次讲演中,曾明确说过:

"十分有力地吸引住我的特殊目标,是物理学领域中的逻辑统一。开头使我烦恼的是电动力学必须挑选一种比别种运动状态都优越的运动状态,而这种优先选择在实验上却没有任何根据,这样就出现了狭义相对论。而且,它还能把电场和磁力融合成一个可理解的统一体,对于质量和能量以及动量和能量也都如此。后来,由于力求理解惯性和引力统一性质而产生了广义相对论,它避免了那些在表述基本定律的过程中使用了特殊坐标系而掩蔽着的暗含的公理。"这段话极好地表达了爱因斯坦建立相对论的思想过程,这就是要追求趋于完善的、统一的物理学理论。狭义相对论的建立把由伽利略变换表示的低速物体运动规律和由洛伦兹变换表示的高速物体运动规律统一起来。而广义相对论的建立则把物体的惯性质量与引力质量统一了起来,从而把空间、时间、运动和质量统一在一个新物理理论中了。然而,爱因斯坦却仍不满足,受统一性思想的支配,他认为广义相对论的缺陷在于还没有把电磁场包括在内。为此,又坚持不懈地探索了近40年,试图建立把电磁场也包括其中的统一场论。这一努力虽然在爱因斯坦生前未能完成,但却为今天的统一场论的研究指明了方向,奠定了基础,由此看来,他后半生奋斗的大方向还是正确的。

二、科学认识理论的逻辑简单性

对于什么是科学理论的逻辑简单性,爱因斯坦曾有一段明确的论述:"我们在寻求一个能把观察到的事实联结在一起的思想体系,它将具有最大可能的简单性。我们所谓的简单性,并不是指学生在精通这种体系时困难最小,而是指这体系包含的彼此独立的假设或公理最少。"[1]这段话清晰地告诉我们,所谓理论的逻辑简单性既不是要

---

①《爱因斯坦文集》第 1 卷,第 393—399 页。

求理论本身简单易学、内容浅显,也不是理论数学形式的简单。事实上,相对论的内容是深奥的,而广义相对论所用的绝对微分和张量分析连爱因斯坦本人也不熟悉,而不得不经过几年的学习才掌握。这种理论的逻辑简单性是指,科学理论的逻辑前提、基本概念应简单清晰、并尽可能的少。按照爱因斯坦的科学思想来说,就是"一切科学的伟大目标,既要从尽可能少的假设或公理出发,通过逻辑的演绎概括尽可能多的经验事实。"①这就意味着,逻辑前提越简单的理论,它所包含的信息量反而越大,理论的覆盖面反而更大,被它说明的现象反而更多。这就体现了一种简单与深刻的和谐统一。从科学认识的角度来讲,这种科学理论的逻辑简单性,与科学理论内容的深刻性,以及理论结构的内在完备性也就达到了一种和谐统一,因为理论前提的逻辑简单性,要求并保证了理论体系内部概念范畴的明确与清晰,逻辑推理的严密与深刻,概括内容的博大与精深。这样所得到的理论结果必然就具有高度的和谐与完美。譬如:爱因斯坦的狭义相对论与洛伦兹的固定以太收缩理论相比,前者只用了两个公设以及关于同时性的定义,就解释了高速运动的全部物理现象(不包括量子效应)。而固定以太收缩理论却用了 11 个假设才解释了部分高速运动物理现象而且矛盾重重,难以自圆其说。

所以,科学理论的逻辑简单性体现了科学认识的和谐性。科学认识的主体追求科学理论的逻辑前提的简单性也就表征了科学认识发展和谐律的一种特征。

在科学的发展史上,确有很多的科学家都致力于追求科学理论的逻辑简单性,把更为简单明了的逻辑体系用来说明、概括极为复杂的自然现象作为自己的任务。比如近代哥白尼"日心说"取代"地心

---

① 《爱因斯坦文集》第 1 卷,第 262 页。

说"，一条很重要的合理性就在于："日心说"比起不得不借助于79个本轮和均轮的"地心说"来得更简单、更深刻。事实上，当时哥白尼所着重考虑的问题也是："行星应该有怎样的运动，才会产生最简单而最谐和的天体几何学"。①正是从这种宇宙结构的简单与和谐出发，哥白尼最终建立了"太阳中心说"的天文理论。

　　牛顿经典力学概括了开普勒与伽利略等其他科学家的研究成果，把原属于"天堂"的天体运动规律与属于"世俗"的地面物体运动规律全部概括在自己的力学体系中，完成了物理学发展的、也是整个自然科学发展的第一次理论大综合。牛顿经典力学的逻辑基础十分简单清晰，基本规律只有力学三定律和万有引力定律，但是，却可以解释整个宏观低速运动物体的各种运动现象。事实上，牛顿在建立经典力学的过程中，数学化、统一性和简单性正是他构造理论的指导方针和目标。在牛顿的科学思想中，他的归纳方法的第一条法则就认为"自然界喜欢简单性，从不用多余的原因夸耀自己，所以，自然科学就要从真实的现象中找出简单而普遍的法则，科学知识应有简单性与真实性。"②牛顿力学是达到了逻辑的简单性与内容深广性的和谐统一。

　　麦克斯韦建立电磁理论，把库仑定律、高斯定律、欧姆定律、安培定律、毕奥—萨伐尔定律、法拉第定律和他本人的电流倍移理论全部概括于其中，建立了能够解释各种宏观电磁过程的统一理论。然而，麦克斯韦的电磁理论的逻辑前提非常简单，概念十分清晰，因此，只用了一组微分方程就概括了全部内容。而且，从方程中还推出了"光也是一种电磁波的正确认识"。"麦克斯韦方程组"其形式之简洁和优

①丹皮尔：《科学史》，第172页。
②引自林德宏：《科学思想史》，第152页。

美，一直为科学家们所称赞，为此，波尔兹曼曾重复浮士德的话说："这种符号难道不是出自上帝之手吗？"①

本世纪初，爱因斯坦则在更高的层次上，以两个简单的基本原理（光速不变和相对性原理）为基础，建立了狭义相对论，把牛顿力学作为一种宏观低速状态下的特例而包括其中。之后，爱因斯坦又把相对性原理进一步推广，建立了广义相对论。但是，他整个相对论理论的基本前提也有三个：相对性原理、光速不变原理与等效原理，而得出的结论却是如此丰富。充分体现了爱因斯坦在《物理学和实在》一文中所论述的科学思想："科学的目的，一方面是尽可能完备地理解全部感觉经验之间的关系，另一方面，是通过最少个数的原始概念和原理关系的使用来达到这个目的的。"②因为，在爱因斯坦看来，"逻辑简单的东西，当然就不一定是物理学上真实的东西。但是，物理上真实的东西一定是逻辑上简单的东西"。③所以，爱因斯坦对于简单性客观真实性与和谐优美性有着深刻的理解和诚挚的感情。与爱因斯坦共同工作过的物理学家霍夫曼曾回忆说："爱因斯坦信仰宇宙中有一种最终的简单性和美。"④英费尔德也认为，"当爱因斯坦讲起上帝的时候，他想到的总是自然规律的内在一致性和逻辑简单性。"⑤正是在爱因斯坦的简单性真美的信念的影响下，无数的自然科学家都试图着通过简单性的桥梁去发现自然界深藏的奥秘。这恰好就从一个方面体现了我们现在所讨论的科学认识发展和谐律的作用与表现。

①林德宏：《科学思想史》第 248 页。
②《爱因斯坦文集》第 1 卷，第 344 页。
③引自林德宏：《科学思想史》，第 380 页。
④《纪念爱因斯坦译文集》，上海科技出版社，1979 年版，第 97 页。
⑤《纪念爱因斯坦译文集》，上海科技出版社，1979 年版，第 220 页。

三、科学认识理论形式的对称性

所谓对称性，是指事物或运动以一定的中介进行某种变换后保持不变。这是客观自然界物质运动与存在的一种普遍形态，大至宇宙，小至基本粒子其存在和运动都具有某种变换不变性。对称同时也是自然界和谐与秩序的一种显著表现特征，是美的一种表现。正是由于自然界客观物质运动存在着普遍的对称性，因此，作为对自然界反映与描述的高级形态的科学认识也存在着普遍的认识对称性，这种认识的对称着重体现为理论形式的对称性。科学理论形式的对称性不仅可使理论的表达十分优美，如：力学中的哈密顿正则方程，电磁学中的麦克斯韦方程组，量子论中的波粒二象性的表述等，都是由于很好的对称形式而受到人们的赞赏与推崇。而且，科学理论形式的对称往往还保证了理论内容的统一性与逻辑的简单性。或者说，科学理论的对称性与理论内容的统一性、理论逻辑的简单性是一致的、统一的。因此，理论形式的对称性体现了科学认识的和谐，相应也就成了科学认识和谐的一个指标。

对称性赋予自然界以统一的共性，使整个自然和谐而有秩序。然而，任何对称又都是相对的、变化的。如果没有对称性，世界将是杂乱无章、没有规律的。而如果没有对称性的破缺，世界将是沉寂、呆板和没有生气的。因而，真实的世界应当是对称性与对称破坏的统一。这反映到科学认识中，科学认识中的对称性也必然是相对的、有层次的、从动态的观点来看，对称总是伴随着对称的破缺与不对称，要消除这种不对称，就要求探索、建立更为普遍和统一的理论体系，以达到新的更高层次上的对称。这种由对称——不对称——新的对称的认识发展过程，就体现着科学认识的向前发展，这也就从一个方面体现了科学认识发展和谐律的作用与表现。因此，对称从另一个方面体现了和谐与美，科学认识中对理论形式对称的追求导引科学认识的进化与发展，就是科学认识发展和谐律的一个重要表现特征。

在自然科学的实际发展过程中，也确有很多的科学家是把对科学认识对称性的追求作为科学进展的巨大杠杆。沿着扩大理论形式的对称性的路途扩大和发展新理论，这在爱因斯坦相对论的创立过程中体现得尤为鲜明。

爱因斯坦在创立相对论的过程中，就是沿着改造物理学体系内部存在的不对称、扩大对称性方面来深入自己的研究工作的。我们知道，牛顿力学的方程对于伽利略变换是不变的、对称的，但是麦克斯韦方程对于伽利略变换就不再保持形式不变，就是不对称的。这就产生了对称性的破缺。爱因斯坦在 1905 年发表的第一篇论文《论动体的电动力学》中，一开头就指出经典物理学中理论体系的这种内在不对称性："麦克斯韦电动力学……应用到运动的物体上时，就要引起一些不对称，而这种不对称似乎不是现象所固有的。"[1]为了解决理论体系内部的这种不对称性，爱因斯坦提出了具有对称性的那两个假设——相对性原理和光速不变原理，用洛伦兹变换代替伽利略变换，在更高层次上恢复了理论体系的对称性，从而创立了狭义相对论。而狭义相对论的创立，又进一步暴露了惯性系和非惯性系在物理学理论体系中的不对称地位。"为什么惯性系在物理上比其他坐标系都特殊；这是怎么回事？"[2]马赫所提出的这一著名问题是爱因斯坦建立广义相对论的最早动因之一。这促使爱因斯坦又进一步认识到："狭义相对论的基本要求（定律对于洛伦兹变换的不变性）是太狭窄了，也就是说：我们必须假设，定律对于四维连续区中的坐标的非线性变换

---

[1]《爱因斯坦文集》第 2 卷，第 83 页。
[2]《爱因斯坦文集》第 1 卷，第 28 页。

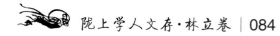

也是不变的"。①通过这一步扩大理论的对称性,爱因斯坦成功地创立广义相对论。在提出广义相对论之后,爱因斯坦仍然沿着扩大对称性的方向,为追求统一场论的建立而奋斗了大半生。虽然这种努力没有获得成功,但沿着扩大对称性的方向却取得了许多重大进展。"如70年代对玻色子和费米子进行统一的描述,通过超对称变换,产生了一种新的超引力理论。近年来,科学家们还准备把描写强相互作用的量子色动力学的弱电统一理论,统一在一个更大的对称体系之中"。②

在当今的科学发展中,对称性已成为科学研究中的重要指导思想。著名物理学家狄拉克也非常推崇物理学理论的对称美,他认为:对称性方法是物理学新方法中的精华,并富有远见地指出,扩大理论对称性的方向,也就是理论物理学理论前进的方向。并且狄拉克在自己的科学实践中正是沿着这一方向发现或预言了正电子的存在。1928年,狄拉克在解释自由电子相对波动方程时,由于开平方根而提出了电子的能量有正负两个解,这就是负能困难。按照通常的观念,负能应当舍去,如同不能设想同一个房子有$\pm 15 m^2$两个面积一样。但狄拉克宁可保持数学上的对称美,并提出"空穴假说"来解决负能困难。如果设想有一种质量和电子相同而电荷和电子相反的粒子,那么在同样的电磁力作用下,它会沿着和电子相反的运动。而负能在量子说中意味着"束缚态"。处在这种状态的粒子就是电子在"镜子"中的映象。如果所有空穴都没有电子占据,这就是真空状态。因为根据所谓"不相容"原理,每一能态中只能有一个电子,而空穴就表现为具有正的能量,带正电荷的"反电子"。这个问题在当时看来似乎很

①《爱医斯坦文集》第1卷,第30页。
②转引自官鸣:《论科学创造中的理论导引》,《福建论坛》,1985年第5期。

玄,很多人都不相信它。但是狄拉克以数学上的对称美为导引独特地提出并坚持这一假说。1932年美国物理学家安德逊在探测宇宙射线的乳胶片上发现了一个同电子的轨迹对称的粒子。这个未知的粒子具有同电子相等的质量,但在磁场中却沿相反方向偏转,它和电子轨迹就像从一点上分离出来一样,这证明它的电荷和电子电荷相反。这正是狄拉克描绘过的能量"空穴",安德逊就取名为"正电子"。①

在量子力学发展中,德布罗意的物质波的提出,使人们认识到了光既有波动性,又有粒子性,德布罗意在此基础上进一步设想自然界在许多方面都表现出对称性。现在,我们观察到的宇宙基本是由光和实物组成的,根据光量电子理论,既然光具有粒子和波动二重性,那光对称的实物也应该具有这种性质。所以, 德布罗意完全是基于和谐、对称的观念作了这种推理,提出一切微观物质客体都具有波粒二象性。而波粒二象性的揭示,使人们可能从根本上超出经典物理学的规范, 开创出一门专门研究微观世界运动规律的统一理论——量子力学。在科学认识中科学家们还通过追求和恢复理论外形的对称美,对理论发展起过导引的积极作用。麦克斯韦在建立电磁理论的过程中,一方面出于电和磁的对称性考虑,同时也出于电磁理论方程组形式上的对称美的考虑便没有任何实验根据地写下了完全不同的第二个方程组"$\gamma 0 \pm 1 - 1 = 1/c - E/t$"②从而正确预言了电磁波的存在,在科学史上做出了划时代的贡献。

随着现代科学的发展,许多科学理论日益高度抽象化、形式化,科学认识中的对称美对于科学认识深化的作用日益强烈,已被许多

---

①[美]I·阿西摩夫:《从元素到基本粒子》,科学出版社,1978年版,第96页。

②见[苏]M·奥米里扬夫斯基:《物理学中实验观察理论和辩证法》,载《现代物理学参考资料》第3集,第51页。

科学家所认识和推崇，这就从一个方面预示着科学认识发展的和谐律的表现与作用将更为鲜明和突出。

第三节　科学认识发展和谐律的意义

科学认识发展的和谐律揭示了在科学认识发展中，认识主体的科学创造活动不仅要遵循其他认识规律，而且还要按照美的规律进行创造。它始终都体现着科学认识主体的能动作用。因此，和谐律在科学认识发展中的作用与意义主要体现在科学认识主体方面：它是科学认识主体进行科学探索的一种潜动力；为科学认识主体进一步深化对科学认识提供一种理论导引；并且是科学认识主体对科学认识成果进行选择与评价的一种标准。

一、和谐律为科学认识主体的科学创造提供内在动力

关于科学认识与科学发展的动力问题，长期以来，人们主要研究的是社会的需要和生产的需要对科学发展的推动作用，这是非常正确和必要的。但是，如果仅仅强调这一个方面，或是把社会需要和生产需要作为科学认识发展的唯一推动力，那还不是事情的全部。科学发展的历史已充分证明了：不仅社会需要、生产需要是促进科学发展的强大动力，人们的精神也是推动与促进科学认识发展的强大动力。人类对自然的和谐、统一的美的追求是科学发展中一种深层动力。对此我们不能低估，更不能忽视。从某种意义上来讲，这种潜在的深层动力较之于其他要来得更深刻、更持久，因而对科学认识发展的推动作用也就更大。

古希腊的科学是近、现代科学发展的基础，或者说，我们今天的科学发展仍然是古希腊科学传统的延续。如果仔细地考察一下古希腊的科学精神就会发现，古希腊的科学始终是以科学的美学特征为其

发展的原因与目的的,散发着浓郁的美学色彩。无论是毕达哥拉斯的天文学理论,还是欧几里得的几何学体系都鲜明地体现了这一点。

中国的庄子也曾说过:"圣人者,原天地之美而达万物之理"。①表达了通过对自然之美而认识自然的信念。只是他所谓的"圣人"我们需要重新解释。

认识自然的和谐与美,对这种自然的和谐与美的探求一直是古代人们认识自然的内在动力和认识的导引。科学发展到今天,这种内在的潜动力的作用不是削弱了而是更加突出了。尤其是那些进行伟大的科学综合,创立高度抽象化、形式化的理论体系的科学创造,这种潜动力就起着更大的作用,与此相对应,往往又是那些最伟大的科学家,如欧几里得、哥白尼、牛顿、彭加勒、爱因斯坦等主要依靠这种动力进行研究。彭加勒就认为:科学家研究自然并不是因为这样做有用处,而是因为自然界美,研究它可以从中得到乐趣。"如果自然界不美,就不值得去了解它,生命也就没有存在的价值。"②爱因斯坦非常赞同彭加勒的这种观点。他说:"科学家的目的是要得到关于自然界的一个逻辑上前后一致的摹写,逻辑之对于他,有如比例和透视规则之对画家一样,我同意昂利·彭加勒相信科学是值得追求的,因为它揭示了自然界的美。"③爱因斯坦还进一步指出,"要是不相信我们的理论构造能够掌握实在,要是不相信我们世界的内在和谐,那就不可能有科学,这种信念是并且永远是一切科学创造的根本动力"。④这种以科学美作为科学发展的最深层动力也是人类文明的最宝贵的财富。

---

① 转引自张祖贵:《论作为科学发展动力的科学美》,载《科学学研究》,1987年第 1 期,第 25—34 页。

② 引自林德宏:《科学思想史》,第 374 页。

③ 引自林德宏:《科学思想史》,第 374 页。

④《爱因斯坦文集》第 1 卷,第 204 页。

哥白尼"日心说"的创立是近代自然科学发展的开端。而哥白尼创立日心说的最初动机就是探寻宇宙的和谐。哥白尼研究过毕达哥拉斯的和谐说和阿里斯塔恰斯的日心说，并根据新的天文观测资料审查了托勒密地心说体系的种种矛盾。他认为托勒密的地心说已不符合天体和谐的秩序和宇宙的和谐。为此，他要建立一种最简单、最和谐的天体几何学。因此，追求天体的和谐美既是哥白尼进行科学创造的动力，也是他提出新假说的指导思想。正是这种追求宇宙和谐的美学动机，最终导致了人们自然观的变革。

探寻宇宙的和谐，更是开普勒研究宇宙问题的内在动力。他将自己在 1619 年出版的表述行星运动第三定律的著作就叫作《宇宙谐和论》以说明他是以研究宇宙的和谐为己任的。并且，他在《宇宙谐和论》一书中清楚地表白了自己的探索动机："和谐！22 年前当我发现天体轨道与五个正多面体具有相同的数目就预言过，远在我看到托勒密的有关这方面的论著以前，我就充分相信过；在十六岁以前我就以本身的这一命名的名义向我的朋友许诺过；我坚持要把它作为探索的目标。为了它，我曾同第谷·布拉赫相会，为了它我曾在布拉格定居，为了它我已把我的毕生用于天文计算事业。"①所以，当开普勒发现了行星运动第三定律后，他感到自己洞察到了宇宙惊人的和谐。这种大自然固有的美激发了他的情感和力量，使他几乎处于狂喜之中。

在现代科学发展中，许多科学家更是把追求科学理论的和谐与美的观念发展成了一种深厚的哲学信仰，并且，这种信仰已成为他们自然观的一个重要组成部分。爱因斯坦科学思想的核心就是坚信宇宙的和谐，把探究宇宙的统一与和谐作为一生的崇高目标。在他看

①转引自张相轮、凌继光：《科学技术之光》，第 102 页。

来，如果能找到总场的总方程"那该是最美的了"①。他把对宇宙和谐的渴望和对科学美的追求称之为神圣的宇宙宗教感情。由此可见，把对自然的和谐和科学美的追求当作科学认识发展中深层次的动力，具有多么巨大的作用和深刻的意义啊！

并且，这种内在推动力是无穷的，这种源泉是不竭的。这是因为人们对于追求科学认识的和谐与美的历程是永无止境的。任何和谐统一的认识总是有限度的，而科学认识的无限发展总会超出这种限度，从而就会出现新的矛盾、新的不和谐。这就会促使并导引科学家们去探寻新的和谐与美的认识。这种和谐与不和谐完美与不完美的矛盾永无完结之日，由此也就为科学认识主体追求科学认识的新的和谐提供了永远的动力。犹如人们登山一样，攀登得越高，就越能看到更美、更壮丽的图景。尽管继续向前攀登的道路更险峻、更困难，但是人们继续攀登的愿望却更强烈，渴望看到更美、更壮丽的图景的愿望就成为他们继续攀登的永远动力。

二、和谐律为科学认识主体进一步深化认识提供导引

科学认识的发展过程，是科学认识主体对于客体积极主动的探索过程。它需要科学认识主体极大地发挥自身的主观能动性。但是，这种主观能动性的发挥并不是盲目的，它需要有一定的理论导引。这种理论导引为科学认识主体进行科学创造不仅提供了科学认识的逻辑范畴和方法，而且还提供了一种思维的原则和框架，为科学认识的深化指出了一个大致的方向，从而使科学探索减少盲目性。尤其是科学高度发展的今天，科学研究对象的本质差别越来越大，而获得的经验材料却越来越少，再单靠经验材料使用归纳法建立理论体系更加

①《爱因斯坦文集》第 1 卷，第 40 页。

困难,这时理论的导引尤为重要。在这种理论导引中,包含了科学理论和谐美的导引作用。这正是和谐律所揭示的科学认识发展的机制与规律。

三、和谐律为科学认识主体对科学认识进行评价与选择提供一种标准

在科学认识的发展中,对于科学认识的成果如何进行评价与选择是一个非常重要的问题。实践是检验真理的标准,科学理论真理性的检验与评价也就在于它是否与经验事实相符合。这无疑是正确的,也是最根本的。但是,科学认识作为一种高级的复杂的认识系统,实践检验是一种从"外部的证实",不是自身内在完备性的评价,是一种对认识结果的选择与评价。随着现代科学的深入发展,许多基本的概念与公理距离直接可观察的现象愈来愈远,以至于用事实来验证理论变得越来越困难,有时不可能就实践加以检验,这时就需要有实践以外的形式和手段来对科学认识的过程、形式及其成果——科学理论进行评价与选择。

爱因斯坦就曾明确地提出过评价科学理论有两种标准:第一,"外部的证实",即"理论不应当同经验事实相矛盾";第二,理论的"内在完备",理论本身的"前提的""自然性"或者"逻辑简单性"。[①]爱因斯坦提出这种评价科学理论的"内在完备"的标准内涵是丰富的,但其基本点是"逻辑简单性"。按照爱因斯坦的一贯科学思想,这种"逻辑简单性"显然是对科学理论体系的基本要求。科学理论基础的逻辑简单性正是科学认识和谐美的一个重要指标。因此,许多人都把爱因斯坦提出的这种标准称之为美学标准。事实上,在科学认识的发展中,

①《爱因斯坦文集》第1卷,第10—11页。

这种美学标准是非常重要的,"并且是外部证实"标准所不能代替的。反过来它也不能代替"外部证实"的客观标准。这种美学标准可以看作是实践标准的一种补充,这样就使得科学真理中的真与美这两个方面密切地结合起来了。

事实上,美的标准在科学认识发展过程中一直作为科学认识发展过程中形式和理论的选择条件和检验标准。哥白尼提出的日心说,有美学色彩。一批天文学家接受了日心说,为此而遭受宗教的残酷迫害,甚至献出了生命。为了一个仅仅具有数学优越性的理论,坚持推翻已上千年的天文学理论及其宗教的信仰,这足以说明美学的评价标准在人们心灵和思想中是多么根深蒂固啊!

当代著名美国科学哲学家库恩在总结科学的历史事实时也论述过科学革命过程中审美价值的重要性。他指出,在新的科学规范代替旧的规范时,"新理论被说成比旧理论""更美""更适合"或者"更简单",在新理论中"美的考虑的重要性有时可以是决定性的"。[1]在现代科学的发展中,越是高度抽象化、高度形式化的科学,科学理论和谐美的评价标准就越占据着重要的地位。"一个科学理论的被认可、一个科学方法的被证明是在于它的美学价值。因为,没有规律的事实是索然无味的,而没有理论的规律至多只有实用意义。我们看到引导科学家的动力,归根到底是美学冲动的表示。""一个科学理论成就的大小,事实上就是它的美学价值的大小。"[2]这一点在数学、物理学中已反映得十分突出,而且,也日益渗入到了科学家们的科学意识之中。

科学认识发展和谐律的实质就在于揭示科学美与和谐在科学认

①库恩:《科学革命的结构》,第 129 页。
②[美]S·钱德拉萨克:《美与科学对美的追求》,载《科学与哲学》,1980 年第 4 辑。

识发展中的巨大作用。人们过去在科学认识论的研究中对此有所忽略,现在,它已被越来越多的人所注意和重视。我们在此总结和叙述的和谐律,力图较系统地论述这种科学的和谐与美在科学认识发展中的作用,分析科学认识发展中美的导引这种深层次的机制和规律。可以预料,随着科学认识的不断深入,美的动力与导引将会日益鲜明与重要,它的理论与方法也将逐步深化和完善。

科学认识发展的优化律①

在科学认识系统的运动中，优化是科学认识系统发展的必然趋势，是科学认识系统每一个发展周期的成果，是和谐的集中体现，并且预示着科学认识系统的发展所趋向的新目标。优化表明科学认识系统发展的阶段性完善，同时矛盾的暴露又指出了再完善的可能性及其途径，不断发展不断完善，科学认识的发展过程就是优化的过程。优化律揭示了科学认识发展完善过程的运动形态及其规律。本文分三部分阐述优化律：优化律的基本涵义；优化律的表现；优化律的作用和意义。

第一节 科学认识发展优化律的涵义

一、优化律的涵义

优化可以说是进化或进步。优化就是向最佳转化。我们这里所谈的优化，是针对科学认识系统的，是用系统优化的观点来看待科学认识的发展。因此，此处的优化概念最直接的是源自系统工程。优化，在系统工程中，广义上是指系统通过决策、设计尽量完善，有效地完成预定功能的过程。狭义上是指一种专门的方法论、技术和步骤，用来

①原载《科学认识论》第 4 卷《科学认识发展论》，吉林人民出版社，1990 年，第 333—358 页。

在一组可能的方案中确定一个特殊解，这个解能最好地满足所选定的准则。

系统工程中优化的概念，说明了优化就是趋向系统的一个特定目标的过程，这个过程的实现是在多种可能的方案中选择最优方案的结果，而选择需要满足系统所确定的标准。所以，明确优化目标，确定选择标准，以选择为途径完成优化过程也是一般系统优化的核心内容。

研究科学认识发展的优化，离不开自然界发展的优化，但是二者又是有本质区别的。自然界的优化，是指自然界的各种物质系统由于其内部根据和条件的相互作用，总可以在一定的条件下，使得自然系统的某个方面最大限度地接近或适合某种一定的客观标准，实现优化。这就是说，对自然界中各种各样的客观实在，由于其存在和发展的内在矛盾及其规律性，处于和周围事物错综复杂的联系之中，因此，总有一些条件和内部根据最相适应，从而使该系统达到最优标准或处于最佳状态。客观自然界的各种物质系统，在它们的运动发展中，分别按照所处的最适条件，或者趋向结构形态的优化，比如，各种生物的体型结构是大自然长期选择进化的结果；或者运动过程最优，物质系统自发地沿着一条最简捷、最顺利、最迅速的途径运动，或者趋向性质最优，或者趋向功能最优。

自然界的进化与科学认识的优化都是一种发展，都存在优与不优的问题，都是优胜劣汰的过程。按照达尔文的观点，生物进化的核心问题就是自然选择，选择的手段是生存竞争，亦即适者生存，优胜劣汰。例如，一切物种都可以繁殖很多，可是自然界只能允许其中一部分保存下来，要解决这个矛盾就要有淘汰，淘汰哪一部分呢？这就要选择，有繁殖过剩，就必然有选择，过剩的数目越多，选择的范围就越大，选择的余地就越大，自然界是通过生存斗争来淘汰大批生物而保存一小部分生物，从而实现对生物的选择。自然选择把坏的、不利的变异排斥掉，把好的、有利的变异积累起来。它通过种间斗争挑选出较好的物种，通过种内斗争，在同一种内挑选出较好的个体，通过生物同环境的斗争，挑选出能适于生活环境的种与个体，再通过遗传，把有利变异不断地保留、积累起来，偶然的变异通过不断的选择成为必然属性。这就是生物不断进化的过程。

客观自然界的存在是丰富多彩的，物质的存在有多种属性，多种形式，这就决定了人们不可能一下子认识物质的本质规律。因此，对物质本质规律的认识是从片面的或错误的认识中逐渐达到全面的、正确的认识。比如，对光的本质的认识经历过粒子说、波动说；对热的认识有过热质说和热动说；对燃烧的认识经历过燃素说和氧化说，但它们并不能永远共存，并行发展，而是一种理论取代另一种理论的过程，是科学认识的主体选择一种理论放弃另一种理论的过程。在关于燃烧的研究中，瑞典的舍勒、英国的普里斯特利都已经从实验上发现了氧，只是没有进行理论概括，普里斯特利搜集到了一种气体，它能使物体燃烧得更旺，这实际上就是氧。拉瓦锡总结前人的实践成果，1775年5月宣布物体燃烧时与空气中的一部分相化合，后来命名为氧。燃素说终于被氧化学说代替了，实现了化学史上的革命。

所以，科学认识发展的优化的实现，是在两个或多个可供选择的目标结果、方法手段中选取最佳者，使最优得以实现。科学认识发展的优化律可以表述为：在科学认识的发展中，科学认识的主体根据一定的标准对科学认识的多种成果、方法、过程以及多种发展趋势，在比较中选择最优的成果、方法、过程和最优的发展趋势，从而促进科学认识的发展。

我们看到科学认识发展的优化的实现关键是选择，这是优化律的核心。与选择密不可分的是选择的标准。这个标准的准绳是要与客观自然界的规律相符合,或者符合客观自然界所限定的某种条件,或者满足认识主体的某种需要。同时,选择的标准并不意味着满足此标准的被选择对象的一切都是最优的,而只是相对于一定标准某一个或两个方面最优。比如,选择一个理论,它的可证伪性很高,但并不一定最简单。并且,优化不是固定不变的,只是在一定阶段上、一定条件下的优化,一次优化的完结,预示着新的优化的开始。这就是优化标准的相对性和条件性。

最优是对科学认识发展的特定系统各要素的相互调节,使系统状态达到最优化。比如,对于科学理论来讲,当针对理论的普遍性提出要求时,它的概括性越高、理论综合性越强为最优;当对于科学理论关于物质客体揭示的程度提出要求时,则表现为微观层次的深入为最优等等。最优的标准随科学认识的发展而有所不同。

在科学认识的发展中,科学认识主体按照优化的标准进行选择达到优化的目标。优化的结果表现为科学认识的理论成果的优化、科学方法的优化以及科学结构的优化等方面。优化是一个过程,是不优向优的转化。科学认识发展的优化律就在于揭示在科学认识的发展中,优化的过程是如何实现的。即科学认识主体是如何制定优化的目标,依据什么标准,怎样做出选择,科学认识发展的优化是如何实现的。科学认识的优化律是科学认识发展的规律、进步的规律。优化律说明科学认识的发展,是通过选择实现科学认识系统的目标的。优化是科学认识进步的一种方式,在科学认识的发展中会出现多种多样的成果和多种多样的发展趋势,只有其中的某些成果或趋势是标志科学认识进步的,如果科学认识的主体选择了代表科学认识进步的成果或趋势,科学认识就实现了优化。这就需要科学认识的主体掌握一定的标准,由此做出正确的判断和选择。可见,科学认识的优化在于科学认识中多样性的前提条件,在于以一定标准为依据,在于以选择作为实现的手段。

二、优化律的内容

关于科学认识发展的优化律应该分析优化的前提，优化的机制以及优化的标准。

（一）优化的前提

优化的前提或根据是科学认识发展中的多样性。科学认识多样性的前提决定了主体的选择不可避免地要在多样性中求得统一，即实现优化。

统一，是多样性的统一。一个统一体中表现出多样性，把多样性综合起来就是统一。多样性来源于统一，存在于统一，在多样性中求得统一，目的则在于形成新质。科学认识统一的客观基础在于物质的不同运动形式和侧面的统一，是自然运动形式的层次性、历史性以及各种运动形式的相互联系和相互转化，是客观多样性的统一。因此，优化的前提是科学认识中的多样性，多样性的统一的客观基础在于自然物质的统一性。

科学认识的多样性表现为理论表述的多样性，即对一定客观事实来说，存在着表达形式上的多样性。比如，对微观粒子运动的描述就有波动力学和矩阵力学这两种表述。波动力学是薛定谔在爱因斯坦思想的影响下，从光量子假说到物质波理论，于1926年提出波动力学理论的。矩阵力学是海森堡等人在波学思想的影响下，于1925年提出矩阵力学理论的。薛定谔证明两种力学是等价的，狄拉克提出了普遍变换理论，可以通过数学变换使一种理论转化为另一种理论。

当然，在科学认识发展中当出现两种或几种对立的发展趋势时，科学认识的主体就要对有前途的趋势做出选择，或综合各自的优点而发展，从而使科学认识实现最优化。

总之，科学认识中存在着多样性的种种表现，多样性是科学认识的发展实现优化的前提条件。

(二)优化的机制

科学认识是一个动态的有机系统，科学认识的发展是科学认识系统的各要素(主体、客体以及仪器和方法)的有机联系、相互作用的过程，是一个自我规定、自我分化、在时空中扩展着的进化系列，是一个日益复杂化和多样化的不可逆的进步过程。科学认识的发展是多维的、多层次的，科学认识发展的多种可能过程、条件和结果总是优的战胜不优的，从而不断向深度和广度发展，这是科学认识发展的客观规律。其中起主导作用的是主体能动的比较选择和永不满足的追求。因此，选择是优化律的机制。

科学认识是作为主体的人的认识，人类是具有自我意识的认识主体和实践主体，具有自觉的选择能力，人类的认识和实践活动本质上都是主体的选择过程。

选择，是要在要素的多种可能关系、组合中选择某一种关系或组合，使科学认识系统能够协调，成为有机的整体，自我保持，不断增强认识的功能和发展。

决定论要求过去直线地、唯一地决定未来，唯物辩证法则肯定事物的发展是有规律的，但发展的方向和前途并不由过去唯一地决定。发展演化服从于选择的关系。

科学认识已发展到一定的阶段，成为一个相对独立的目的性系统，具有自我选择的能力。这种自我选择正是科学认识能动性和自我规定性的典型表现，也是科学认识自我发展的基本机制。

科学认识自身具有很多可能的发展趋势，在一定的条件下它可以从实现不了的"目的"的第一种趋势跳跃到第二种、第三种……直至达到最优化。在科学认识发展的不同阶段形成不同的目标，在选择的作用下,标志进步的得到优化,否则就被淘汰掉。

比如,在近代光学史上,人们开始了对光的本质的研究,光的本质不是一下子暴露出来的, 人们也就不能一下子就认识到光的本质规律,通过假说的途径,逐步选择正确的,摒弃不那么正确的理论。光的理论经历了从牛顿的微粒说到麦克斯韦的波动说,再到爱因斯坦创立的光量子假说,由此统一了光的波动性和微粒性的长期争论,建立了光的波粒二象性的完整理论。可见科学理论是对科学假说的不断修正、不断选择而得到的。

科学认识和科学实践本质上是主体能动的选择过程,而主体和客体都是在相互作用的过程中不断协调而显示其功能的。就客体来说,在科学认识中它表现为信息源的功能。但是信息只能在主体可以进行识别并进行选择的时候才有意义。这就决定了客体在两方面受到主体的制约,一是客体在原则上是可以观察的,二是它受制于主体的认识目的和认识结构。就主体来说,他一方面要具有接受客体发出的信息的能力,另一方面具有对复杂模型的解释能力。所以,科学认识优化的选择机制要求客体是可认识的, 主体具有一定的知识结构和认识目标。

所以,对科学认识系统来讲,优化的机制在于选择,选择使科学认识系统各要素构成有机的、特殊的联系,实现科学认识发展的优化。

(三)优化的标准

科学认识优化的标准就是度量科学认识是否优化的准则, 也即选择的标准。科学认识的优化是比较选择和追求目标的过程,优化具有相对和绝对两个方面,具体的发展过程是相对的,总的发展趋势是绝对的。因此,具体的优化标准是相对的,标准的制定是主观性和客观性的统一。

科学认识标准的主客观统一性以及它的相对性，是科学认识系统的目的性决定的。科学认识发展优化的机制是选择，没有选择就没有优化。选择过程是合乎规律性和目的性相统一的过程。

哈肯在协同学中指出，如果系统自己要走向一种有序的结构，那就是说代表那种有序结构的点就是系统的目标。在给定的环境中，系统只有在目的点上才是稳定的，这就是系统自动趋向目的的这种"内在原则"的秘密。

科学认识是主体和客体的相互作用构成的系统，作为主体的科学劳动者，与科学对象通过科学仪器和科学方法有机地结合在一起。科学认识是由主体和客体在一定的组合方式中产生的合目的性的有机联系。

科学认识系统是合目的性的系统，科学认识主体、客体和工具可以通过反馈自我调节。在科学认识的发展中，由于科学认识主体、客体以及仪器和方法，乃至整个文化背景、历史和现状的复杂的相互作用，根据合理性和必要性形成科学目标，通过反馈调节使科学认识系统选择一种作用方式，实现科学认识的优化。

目的范畴是和价值相联系的。任何有目的的活动都表现出一定的必要性，表现为一定的需要，即价值。价值是客体满足主体一定需要的客观态势，也就是以主体的一定需要为标准来度量客体的效用。它体现在主体追求的目标、选择的标准之中。从能动的主体方面进行考察，价值是系统自我调节、自我组织的重要源泉，是主体发挥能动作用，并在客体中映现自己、实现自己的一种表现，是使客体转化为主体、借以增强主体组织程度的尺度。它扬弃客体的自在性、潜在性、必然性，而赋予认识对象以对象性、现实性、必然性。这样价值要求就成为科学认识系统固有的一种规定性，成为系统自我保持的必要性。价值提供了选择的标准，价值要求提供了选择的动力。价值评价是作为主体的科学劳动者的理性的活动。

由于科学认识的机制是选择，而选择在于科学认识的合目的性。所以，科学认识优化的标准就在于目的的客观必然性及合理的规定性两个方面。也就是说，科学认识优化的标准是双重的，进行比较和选择的标准是主观和客观这两方面因素所决定的，而评价则完全由作为主体的科学劳动者来实现。

衡量科学认识的发展，何者为优，何者为不优，最终的根据在于客观必然性，在于能否更深刻、更准确、更普遍地揭示自然界的客观规律。当客观自然界自身还不能提供充分证据以前，主体的评价则要依靠由历史和现实构成的合理性作为标准。这个标准就包含着主体的目的、需要的价值标准。

由合目的性产生的优化的标准，随着科学认识的发展，这个标准将是相对的、变化的。在科学认识的每一发展阶段，科学认识系统各要素的相互组合，形成一定的、特有的终极目标，当目标实现时，科学认识系统就实现一次优化。同时，科学认识系统各要素又产生一种新结合方式，形成新的目标，预示着再一次的优化。比如，当牛顿理论确立之后，科学认识的发展实现了一次优化，科学劳动者又用不同于归纳的新的科学方法，对高速运动客体和微观粒子进行考察，量子力学和相对论的建立就实现了科学认识发展的新的优化。所以，科学认识优化的标准是相对的、变化的。

基于科学认识标准的这种性质，并不存在一套规范的准则可以明确衡量科学认识中的优化，只能对科学认识中的某些方面找出相对的优化标准。比如，对科学理论的内容和形式可以从它的普遍性、从它对自然本质认识的深度来衡量，也可以用具有高度的可证伪性、高度的似真性以及尽可能大的简单性来评价。又如，关于科学的划分和结合方式可以由它的综合程度、统一程度来衡量。关于科学方法，可以由它对新的领域探索的有效性来衡量。

总之,科学认识优化的标准是由科学认识的目的性决定的,目的范畴在于其客观必然性和合理的规律性两个方面,因此,优化的标准既是主观的,又是客观的,其中包含着价值因素。并且,优化的标准是相对的、变化的,而且科学认识发展优化的标准也是多维的、互补的。

第二节　科学认识发展优化律的表现

科学认识发展的历史,是不断进化的历史,是认识不断完善的历史,是不断优化的历史,科学认识发展的优化律主要表现在以下几个方面:首先,表现在科学认识的理论成果的不断优化;其次表现在科学认识的方法的不断优化;再次表现在科学认识中学科结构的不断优化。

一、科学认识中理论成果的优化

科学认识优化的表现之一,在于科学认识的理论成果的不断优化,并表现特有的发展逻辑。一般来讲,科学理论的优化是通过科学中的理论概括和升华,从经验到理论,从特殊到普遍,从现象到本质,从宏观到微观。

在科学认识中,总是要有一个从经验上升到理论的过程。科学认识的发展经过以搜集材料为主的经验阶段达到以整理材料为主的理论阶段。在经验阶段主要是揭示事实,进行科学发现,取得实际材料。从个别的观察、个别的实验所得到的经验还远远不能做出恰当的理论分析和概括,必须进行反复的实验和多次的观察,当感觉的材料十分丰富和合乎实际,才能根据这样的材料创立正确的概念和理论。而且,从经验上升到理论也是科学认识发展的必然道路。当在科学的某个领域中的材料增加到一定的程度时,就势必要求由认识的经验阶段过渡到理论阶段。比如,从开普勒行星运动定律到万有引力定律,在某种意义上是从经验的认识过渡到理论的认识。开普勒的三条定律还只是对行星运动状况的描述,而不是对这种状况的解释,因此,开普勒行星运动定律具有经验的性质。万有引力定律则从根本上解释了行星运动三定律,而且有了理论的性质。牛顿力学以及其后的许多原理和学说都是从经验过渡到理论的产物。

科学认识的发展从经验阶段过渡到理论阶段,由对现象的认识深入到对自然事物本质的认识,科学认识中理论的优化就反映在从科学认识的经验阶段上升到理论阶段之中。

科学认识中理论的优化还在于从特殊性的理论到普遍性的理论。经典自然科学显然有它的普遍性和整体性,但就对整个自然事物的反映来说,经典自然科学理论基本上是针对特殊的、局部的自然领域的知识,现代自然科学具有更高程度的普遍性和全面性。比如,牛顿力学近似地适用于低速、宏观过程,相对论和量子力学既能精确地适用于高速运动过程及微观对象, 又能精确地适用于低速运动过程及宏观对象。牛顿力学是相对论力学的极限情况 (当 V 远远小于 C 时),经典物理学是量子物理学的极限情况(在 h 不起显著作用时),这说明相对论和量子力学反映了自然界的普遍规律,牛顿力学和经典物理学反映的是特殊的自然过程和自然领域中的规律。

较之十七世纪的牛顿力学,十九世纪的自然科学理论具有更大的普遍性,它不仅在个别学科中创立了理论,而且是在各个自然科学领域中都有了较大的理论创建, 从而形成了贯通若干自然科学领域的全面性的理论。所以说,十九世纪的自然科学理论具有全面性和普遍性。比如,细胞学说、能量守恒和转化定律以及生物进化论,它们指出了自然界各个领域中和过程间的联系,成为比较系统的、对整个自然科学具有普遍意义的原理和学说。

现代自然科学更加深入到具有更高普遍性的理论，科学认识的发展通过普遍性的提高而不断深化。通过比较经典自然科学和现代自然科学也可以发现，经典自然科学在很大程度上是关于自然事物、自然属性、自然过程及自然界规律性的知识，而不是对自然事物、自然属性、自然过程及自然规律的机制从因果性上做出解释。现代自然科学通过微观过程的机制说明了宏观过程的因果性。比如，经典物理学指出铁在 1528℃时会熔化，铜是良导体，但没有说明为什么铁的熔点是 1528℃，也没有说明为什么铜的导电性比别的金属好。现代自然科学通过自由电子说明了金属的导电和导热。经典自然科学说明了元素性质随原子量发生周期性变化，但没有说明元素性质为什么会有周期性变化。现代自然科学通过核外电子的分布和活动情况的改变，通过原子序数阐明了元素周期律本质。所以，科学理论从对现象的说明过渡到对机制的阐述也是科学认识优化的一个方面。

科学认识在科学理论方面的优化还在于从对宏观现象的探索到对微观现象的探索。牛顿力学还只是关于宏观、低速领域的理论，现代自然科学则超出了宏观低速范围，揭示微观领域的规律。

深入到微观领域的研究之所以是科学认识的优化，是因为现代自然科学中的宏观领域的研究必须以微观研究作为基础。宏观对象是由微观客体组成的体系，只有弄清基元的状况才能了解整体，研究微观现象是深入把握宏观现象的条件。因此，进行微观探索也是科学认识在科学理论方面优化的一个标志。

理论基础对理论的决定作用在于任何理论的建立必须首先确立它的基础，而且理论基础根植于经验事实的土壤中，是科学理论与科学事实相联系的中介。理论基础一旦形成，就能由此建立理论，不仅能描述和解释已知的科学事实，并且可以通过逻辑关系推演出未知的现象。因此，理论基础决定了理论的解释力和预见功能。理论基础是科学理论体系的核心,科学理论进化的关键就是理论基础。

"物理学是从概念上掌握实在的一种努力","为了科学,就必须反反复复地批判传统的基本概念"。[1]一些经典物理学的分支是在新概念引导下产生的,量子力学和相对论也是通过创立新概念来把握自然界更深层次本质的。同时,对基本原理的审查和批判,也是科学进步的关键。因为理论探索必须寻找可以作为理论演绎出发点的基本原理,由此出发才能建立科学理论。也就是说,要建立一种公理化的科学理论体系,首先必须得到基本概念,发现基本原理即确立理论基础,然后由理论基础推出一系列较为具体的结论。因此,建立新理论的过程最关键的是确立理论基础。

精确性和统一性是对科学理论的最基本的要求。但是,任何一个具体的实际的科学理论都是相对完成的体系,是经受了所有严峻的考验幸存下来的理论。如果后继理论是由很强硬的准则来评判,而且这些准则至少部分地是世界客观性的产物,那么我们就能得出科学在不断进步的判断,并使用选择作为解释它的手段。

科学理论选择的标准应该是,理论具有高度的可证伪性、高度的似真性和尽可能大的简单性。对一个理论能解释广泛的经验事实并能预见新现象来说,一个理论所假定的基本实体和过程的机制是似真的。一个理论的似真性由于支持证据的增加而增加;由于证据的精确度以及它与假说的符合精确度的提高而增加;而反例的出现将影响或降低一个假说(或理论)的似真程度,从而影响一个假说的可接受性,等等。仅仅考虑可证伪性和似真性是不够的,科学追求着理论的统一性和逻辑简单性的目标,所以,人们对理论进化的选择是经受了严峻的检验具有高度可证伪的理论,也是理论的解释力和预言力

---

[1]《爱因斯坦文集》第 1 卷,第 386,36 页。

与广泛的经验证据精确地符合的理论。

总之，科学认识的发展在科学理论方面的优化在于理论自然科学的内容和过程表现出从经验阶段过渡到理论阶段，从特殊过渡到普遍，从现象的说明到机制的阐发，从宏观领域到微观领域。而理论进化的关键在于理论基础的突破，理论进化的选择标准在于理论的高度可证伪性、高度的似真性以及逻辑的简单性。

二、科学认识中科学方法的优化

科学认识优化的另一表现是科学方法的优化。在科学认识体系中，主体、工具和客体交互作用，推动科学认识的发展。现代科学认识的发展愈来愈明显地取决于认识主体把握科学方法的程度，因此，科学方法的优化可以集中体现科学认识发展的优化。

自然科学理论最重要的意义在于，以理论为基础形成关于科学研究的方法。科学方法是科学的活力，科学研究最重要的是提出用什么手段和方式去解决科学问题。物理学推动了实验和观察方法的发展以及关于认识的数学表现形式的研究和运用。

自然科学发展的不同阶段的区别不仅在于研究什么，而且在于以什么方式去研究。现代物理学和经典物理学的区别，不仅在于现代物理学揭示了新型客体，而且在于现代物理学以新的方法去发现、提出和解决新的科学问题，新的科学方法使现代物理学比经典物理学具有更大的普遍性和深刻性。

科学方法是科学活动的最重要的特征，因为科学方法体现了一整套规范和原则，在科学方法的基础上，科学活动才能有序化，有目的地探索自然规律。因此科学方法是科学认识发展中最有活力的因素，是科学认识发展优化的一个重要方面。方法的优化，改进了整个科学思维的概念系统，使科学世界的图景发生改进与更替。方法的完善,使科学认识不断创造出新的成果,深入自然界更深层次的本质规律。

在科学认识中科学劳动者的目的能否实现,在很大程度上取决于科学仪器的制造和使用。科学仪器是与科学观察和科学实验不可分割的,是科学认识系统不可缺少的一个要素。科学仪器的优化帮助科学认识主体更好地接收科学对象的各类信息,而且能够迫使有些自然客体及其信息发生形态改变,把它们变为人类认识器官能够直接观测的形态。

在现代科学认识中,科学仪器的优化更直接地促进科学认识的优化。例如,射电望远镜、电子显微镜、电子计算机、人工智能以及高能加速器才使宇观研究和微观研究成为可能,高、精、尖的科学仪器是现代科学实验和科学观察不可或缺的工具。

在科学认识的理性方法中很重要的是数学方法。数学方法就是在撇开研究客体其他一切特性的情况下,利用数学工具,对研究客体进行一系列的处理,从而做出正确的说明和判断,得到以数学形式所表述的成果。这种精密的数学公式代表了庞杂的经验事实的普遍特征。数学方法把复杂的科学问题抽象成数学模型。数学模型将研究对象表现为"数学对象"的抽象形式,然后求出数学问题的解,进而对解的实际意义进行判断并阐释实际科学问题。在科学认识中探求不同的数学表述形式,标志着科学认识的进步。

在科学认识中人们逐渐地概括出更加抽象的、容量大的数学表现形式。这种表现形式形成以后,一方面使我们有可能更深刻地揭示所研究的这一类现象的性质,另一方面又导致创立新的表述形式。由于确立了一些强有力的数学方法,使对热系统、电磁系统、统计系统及量子过程进行更精密、更完善的分析。数学表述的重要性在于,它们蕴含着极其丰富的内在可能性,更好地反映整个自然界和各个局部对象及过程。

数学方法决定了科学认识的基本认识形式。物理学的发展表明，物理理论是以概率论方式体现其内部结构的统计性理论。由此表明，各个新物理理论在形式和内容上会极不相同，十九世纪，人们普遍认为理解某个物理系统就意味着建立它的力学模型。二十世纪物理学的发展表明，只有在某种具有独立意义的，即不能归结为其他理论的理论范围内，才可能最充分地认识某种物理过程。因此，理解物理学中原则上全新的东西，就意味着要用新的概念系统的语言去表示它。这就是数学表现形式的作用。每当数学表现形式内部暗示出关于物质客体的某些性质，而它们的物理内容在后来进一步的理论性和实验性研究中被揭示出来时，就使数学假设方法获得发展。尤其重要的是，如果转向分析新的物质系统，那就要探索新的数学工具。例如，经典统计物理学的深入研究曾借助于概率论的方法和观念，这种情况进一步提出了在统计性规律方面的理论概率论方法在科学认识中的作用。相对论和量子力学的创立也是运用新的数学方法。在现代科学认识中，数学方法是一系列新学科诞生的催化剂，许多重大的科学理论突破，直接得力于相应的数学方法。数学方法的发展为科学认识的更大进步准备了工具。

综合方法的发展又是促进科学认识优化的一个因素。新的综合方法遵循整体性原则，从系统观点出发，对系统和要素，结构和功能等等，进行综合的、立体式的考察。新的综合方法突破传统的分析和综合那种静态的、立体的思维，强调多学科、多因素、非线性的"全科学方法"，这种方法扩大了科学认识的深度和广度。同时，新的综合方法是分析和综合相互反馈，是双向的思维方式，并且定量地解决多因素的动态系统的问题。无疑，新的综合方法是解决现代复杂的科学认识系统的有效工具，因此，科学认识达到优化，必须运用新的综合方法。

可见,科学方法的优化是科学认识发展的优化的一个重要方面。

三、科学认识中学科结构的优化

科学认识发展的优化的另一表现是自然科学中学科结构的优化。科学学科的分化和综合,构成学科结构的整体运动,导致科学认识的加深和扩展,实现科学认识的优化。

自然科学发展中的理论综合是科学学科分化和综合的基础。在近代自然科学发展史上有两次大的理论综合,一次在十七世纪,以牛顿力学的形成为标志;一次在十九世纪,主要表现为能量守恒和转化定律、电磁感应理论和生物进化论的确立。牛顿在十七世纪发现的万有引力定律和他所总结的运动三定律,把天上和地上的物理学统一起来了,奠定了经典力学的理论基础,是人类自然知识的第一次大综合。牛顿的《自然哲学的数学原理》奠定了经典力学的基础。牛顿力学的意义已远远超出个别学科,对整个自然科学及人类思维都发生了广泛深刻的影响。

十九世纪的理论综合不仅是在个别学科中有了理论上的创造,而且是对整个自然科学的发展有重大的影响,是在各个自然科学领域内部出现了划时代的理论突破,还形成了贯通若干自然科学领域的全局性原理,主要有细胞学说、能量守恒和转化定律以及生物进化论。十九世纪的理论综合,使各门自然科学本身形成了比较系统的理论,既指出了自然界中各个领域内的过程之间的联系,同时也出现了对整个自然科学有普遍意义的原理和学说,即指出了自然界各个领域之间的联系。这种全局性、普遍性的理论综合,构成了科学认识的进步。

从十九世纪末开始,自然科学发展史上又出现了一次伟大变革,人类开始了对微观领域的认识，实现了以相对论和量子力学为标志的现代自然科学的一次大的理论综合。电子、X射线、天然放射性的发现动摇了自然科学中的传统观念，对整个自然科学发生了深刻的影响，相对论和量子力学是现代自然科学革命的两大理论创见。现代自然科学的理论综合推进了科学认识向更深的本质探索下去。

科学的分化和综合是科学发展所经历的一般过程。现代科学中的分化和综合，使整个科学向前发展，是现代科学发展的特征之一。现代科学的分化和综合的相互关系中，主导的方面是综合。首先是边缘学科的研究，多种形态和各种类型的边缘学科已经建立，进而从各种边缘学科中又建立起二级边缘科学，表明科学也在进行着分化。而且通过各种边缘科学的分化，造成了原有不同科学的结合。因此，现代自然科学的发展与各学科间的边缘学科的研究相联系，与各分支学科的综合程度相联系，反过来，综合的程度又依存在于科学的发展。自然科学根据各种学科的开发程度来填补各学科间的空白，使各个分科相互结合，合并为整体。所以，由各种学科分化、分裂的结果而形成的边缘学科，同时也是那些学科综合的表现。

由系统论、控制论、信息论等学科所建构起来的系统科学，是一组全新的综合性的学科体系，它们研究跨越若干领域的共同的运动形式及其规律性。比如，信息论研究各种物质运动形式的信息的产生、传递、处理等的共同性质和规律，而舍去了与信息有关的具体的物质运动状态和过程。系统科学是研究和解决复杂客体的有力工具，它的兴起和发展，是当代科学综合发展的重大成果之一。

科学认识理论成果的优化、科学方法的优化、学科结构的优化诸方面的共同作用和协调发展，或者说，有效的科学方法、雄厚的理论基础、合理的学科结构，必将促使科学认识成果的更新周期大大缩短，从而极大地加速了科学认识发展的最优化。

第三节 科学认识发展优化律的作用和意义

研究科学认识发展的优化律不仅对科学认识的发展有推动作用,而且对科学认识的研究具有认识论和方法论的意义。

一、优化律的作用

科学认识发展的优化律是科学进化的规律,科学认识的发展是按照一定的标准,通过选择来达到它的特定目标的。科学认识发展的优化律的作用在于使科学认识的主体建立自觉的选择意识,明确把握优化目标,有效促进最优化的实现。

1. 建立自觉的选择意识

在科学认识的发展中,它的方法手段、过程和结果总存在优与不优两个方面,优胜劣汰就是以选择为机制。把握优化律的作用之一就要求主体建立自觉的选择意识。

在科学认识发展的优化中,时而出现优劣杂陈的理论成果,时而有效、失效的方法同时出现等状况,这种情况要求主体时时具有选择意识并正确地做出选择。

比如,自然科学对客观规律认识的发展,表现为从决定性到或然性。现代科学思想可以概括为或然性空间中选择的思想,它所建立的基础是由量子论确立的或然性思维方式和由系统科学确立的机体论思维方式的两次科学思维方式的重要的规范变换。以牛顿力学为代表的近代自然科学使严格的决定论成为近代科学对客观世界认识和理解的基础和框架。十九世纪中叶以后,科学研究已触及由大量元素组成的无穷多自由度的体系以及复杂的生命系统。统计的思想和方法冲破了牛顿力学形成的科学世界观和方法论的基础,确立了对复杂系统进行整体研究的方法,用高的概率代替了自然界规律的严格确定性。

总之,在科学认识发展过程中,对于优化的理论成果和方法等等要大胆选择,放弃不优,实现最优化。

2. 明确把握优化目标

科学认识发展的优化律告诉我们,科学认识的发展在主体能动的选择下朝最优的方向发展。优化律揭示了科学认识的发展总具有一个优化目标,一个目标实现又确定一个新的目标,这样就可以使科学认识主体自觉地明确目标,把握趋势,加速优化的进程,促进科学认识的发展。

现代自然科学发展的趋势就是"微观化"和"综合化"。因此,在科学研究中就要自觉运用微观化思维方法和综合性思维方法。

现代自然科学是以微观研究为重心,以微观研究来推动和促进宏观、宇观的研究。现代自然科学知识沿着两个相互结合的方向发展。其一是不断深入地揭示各个自然领域中的微观过程,各基础学科日益微观化。其二是继续致力于诸多宏观现象的研究,各门基础学科之间广泛渗透和互相交叉。本世纪初,物理学、化学、生物学、天文学各学科各自发展,毫不相干,但到了本世纪中叶,各学科的发展先后形成了一种以微观研究为基础和前提的研究模式。比如,研究电磁运动一般规律的电动力学同量子理论结合产生了量子电动力学;在场论研究中运用量子化的方法,建立了考虑到场的量子效应的量子场论,也就是说原来研究大尺度或连续性现象的物理学科也量子化了;还有用量子力学的原理和方法研究分子的微观结构的量子化学。

科学认识朝着整体化方向发展,追求科学统一。早在 1883 年马赫在《力学及其发展的历史概况》一书中,提出了两个原理:一是思维经济原理,二是连续性原理,这正是科学统一运动所追求的两个目标。马赫对科学发展的整体化趋势做出了精辟的预见,他认为各门科学相互合作甚至合并的时期，同各种科学领域再次分离的时期是更替进行的，明确地提出了科学中分化和综合的辩证运动。

因此，加强学科之间的相互作用是当代科学的主要趋势之一，而科学之间相互作用的最优化则是解决提高研究效益的手段。科学之间的相互作用是科学实践的要求决定的，也是科学发展的内在逻辑决定的。

科学认识发展的优化律告诉科学工作者，要对科学认识的发展做出种种预测，确定最优目标，站在科学认识的前沿，寻找科学研究的突破口。在现代科学认识中要善于运用系统思维方法，在微观领域和综合领域积极探索，促进科学认识实现新的优化。

3. 有效促进优化实现

优化律不仅告诉我们要建立自觉的选择意识，明确优化目标，而且，优化律的表现向我们表明，在优化律表现突出的方面，也是促进优化的有利方面。所以着力促进科学认识的理论成果的优化、科学认识方法的优化以及学科结构等方面的优化，将有效地推动整个科学认识发展的优化。

在科学认识中，科学认识发展的基本机制是主客体的相互作用，主体达到对客体的认识依靠科学方法，客体对主体展示的内容也依靠科学方法，所以科学方法的优化是科学认识进步的关键。

科学研究方法的发展与科学整体的发展是同步的。科学发展的水平决定着科学研究方法，而与科学发展水平相适应的研究方法又对科学的发展起着巨大的推动作用。因此，科学发展的每一次优化，同时优化出与之相适应的科学研究方法，方法的优化意味着科学认识的进步。

综合有机体的系统思维在现代科学研究中居支配地位，综合有机体的系统思维观是以信息论、控制论和系统论为方法论前提、以生命机体自我调节、有序演化的特征为系统模式的新的思维观。它反映了生物学日渐上升为带头学科,科学发展整体化、综合化的趋势。普利高津研究热力学远离平衡态的"耗散结构"理论,哈肯研究的协同学等都是综合有机的系统思维观在现代科学中构成的对传统思维模式的挑战,表明科学认识发展中的进步。

科学方法作为科学认识中的一个重要方面,方法的优化使科学认识不断进步。由此可见,科学认识发展的优化律的这一作用,就在于通过科学认识的优化实现科学认识的进步。

二、优化律的意义

科学认识发展的优化律蕴含着科学认识的研究方法的深刻意义。优化律为科学认识的发展提供了微观化研究方法,丰富了系统分析方法,从而为科学认识的发展指出了道路。

1. 优化律提供了微观化研究方法

研究科学认识的发展规律,必须从科学认识自身的发展及提供的方法出发。随着量子力学和相对论的确立,科学认识从低速、宏观领域,进入到高速、微观领域,由此获得的新的科学方法和形成的认识模式,最基本的微观化研究方法也是研究科学认识发展规律的重要方法。

本世纪 50 年代以后,从各个学科看,物理学、化学、生物学等都以微观理论研究为基础。现代物理学的特点就是揭示微观粒子的结构及其运动规律,现代化学也是适用量子理论分析物质微观结构的。量子化的微观分析方法推动了边缘学科的研究和建立。

科学认识中的微观化研究方法,要求揭示科学认识发现的现实过程及基本机制。以往的科学认识研究,注重主体及客体的相互作用的科学实践和认识活动。主体、客体及工具三要素的相互联系和相互制约构成科学认识的系统运动,达到科学认识的理论成果。科学劳动者运用科学仪器和科学方法,作用于科学对象,获得关于自然界的信息,然后进行加工、处理,上升为科学理论成果。这只表明科学认识系统的三要素的宏观作用过程,没有深入到科学认识发展的内在机制。而实际的科学认识发展过程,主体的认知结构是与价值、审美等评价结构相联系的,是自我调节的过程,实际的科学认识过程也展示了这一特征。

科学认识发展的优化律,揭示了科学认识向优转化的基本机制——选择。选择体现了科学认识中自我调节、自我完善的功能,是包括了认知价值、审美在内的对结果的评价和选择的过程。科学认识发展的优化律指出,在科学认识的发展中,会出现多种理论成果,多种科学研究方法等等,何者为最优,如何实现最优,是主体选择的结果,它是根据系统目标反馈调节,自我实现的过程,选择把实践决定认识的理论延伸转换到认识过程的内部机制之中。选择是主体的功能特性之一,优化律是结构功能分析方法的科学认识论的研究。所以,科学认识发展的优化律的微观化方法,对于科学认识的深入研究是极有意义的尝试。

2. 优化律丰富了系统分析方法

科学认识发展的优化律的研究最基本的方法是系统方法,把科学认识的发展作为自组织系统加以剖析,才得以揭示出科学认识这个自组织系统运动发展的机制,即通过选择实现系统目标。所以,系统分析方法是研究科学认识发展的有效方法。

把科学认识的发展过程运用系统分析方法加以动态考察,探讨它的发展演化规律即优化规律,就会发现,在科学认识系统的演化过程中,并不是单一的稳定模式,会出现多种理论成果,多种发展趋势,究竟选择哪一种模式,科学认识系统需要进行必要的自我调节和自我组织,这种自我选择正是科学认识系统主体所具有的能动性特点,

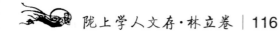

正是由于这种很强的自我选择能力使科学认识成为相对独立的发展系统。

量子力学的规律提出的新的认识模式要求必须考虑主体的因素以及仪器的作用，量子世界自身并不预先有什么确定的答案，"所得的答案依据于所提的问题，所安排的实验以及所选的仪器，我们自身将不可避免地介入'什么将发生'这一问题"。①它表明了科学认识中的选择的基本思想。

在科学认识发展的任一阶段，主体是能动的因素。主体不但能接收客体发出的信息，还具有解释模型的复杂系统，主体的知识结构、认识目的和任务，在科学认识的发展中有很大的决定作用。着眼科学认识系统主体的能动性的分析，深入到主体的需要和目的，得到科学认识的基本机制是选择的结论。深刻地揭示了科学认识的能动性和创造性的本质在于选择而不在于反映，科学认识优化的过程正是由于主体能动的选择而实现优化目标的，这是实际的科学认识发展的优化的道路。

科学认识发展的优化律开辟了科学认识发展的途径。科学认识的发展通过选择达到自己的目标，实现一次优化，每一个优化目标的实现是科学认识发展的相对终点又是科学认识进一步发展的新的起点。科学认识的发展过程就是科学认识系统经过选择实现的对优化目标的永不满足的追求过程，是优化的不断实现的过程。

①惠勒:《物理学和质朴性》,第6页。

第二编
经济社会理论与实践问题研究

科学能力学的研究

——试论甘肃省的科学能力 *①

一、社会的科学能力的物理模型

马克思曾经指出,科学劳动是社会的"一般劳动",是一种"生产的特殊方式"。因此,社会的科学能力实质上是一种特殊的生产力,科研领域中人与人之间的关系是一种特殊的生产关系,它们在通常意义下仍然遵从生产力和生产关系的相互作用原则。由此,我们把社会的科学能力综合表征为下面的球模型(如图)。

从图中可以看到,社会的科学能力 S 处于科技队伍 Q,仪器设备 M,图书情报 I 所确定的圆的圆心,它们间的关系用粗线联结,表明社会的科学能力包括三个要素,即科技队伍,仪器设备,图书情报。它们构成社会的科学能力的第一

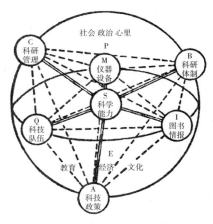

社会的科学能力的物理模型

---

* 这里的科学能力指自然科学领域里的科学能力。

① 与王芸生、熊先树合作,原载《兰州大学学报》(社会科学版),1980 年第 4 期。

层次，或第一系统。科学能力 S 也处于 A，B，C 所确定的圆的圆心，它们间的关系用双线联结，表明社会的科学能力还要受科技政策、科研体制和科研管理的制约，这三因素构成社会的科学能力的第二层次，这两个圆平面相交，构成以 S 为球心的球面，Q，M，I 和 A，B，C 都处在球面上，都对 S 产生作用，共同构成社会的科学能力的第二系统。作为社会、政治、心理因素的 P 和作为教育、经济、文化因素的 E 分别分布在上半球和下半球，而对球心——社会的科学能力产生影响。它们构成社会的科学能力的第三层次。由 Q，M，I，A，B，C，P，E 构成的完整球体（以 S 为球心）构成社会的科学能力的第三系统。这个球就综合表征一个国家或地区的社会的科学能力。下面我们就根据这个模型来讨论甘肃省的科学能力。

二、甘肃省的科学能力分析

1. 科技队伍、仪器设备和图书情报是我省的科学能力的决定性要素

在社会的科学能力的三要素中，首要的是人，是科技队伍。古往今来，世界上任何一个国家科学的兴起，除了社会、政治因素外，就是造就了一支优秀的科技队伍。随着现代科学技术的迅猛发展，科学研究的难度越来越大，依靠个人的力量取得重大科研成果的可能性越来越小。所以，科研人员必须形成一种社会集团，采取大规模的协作形式，从而汇集成一股集团的研究力量，把科学推向前进。根据赵红洲同志的研究，一人获取几项重大科学成果的多产科学家的比例越来越小。因而，建立一支宏大的科技队伍是发展一个国家或地区科学技术的首要任务。科技队伍的数量和在人口总数中所占的比例是衡量社会的科学能力的重要指标。

甘肃省的科研人员占全省总人口的 0.06%，也就是说，每一万人

中科技人员只有 6 人,而北京市(不包括中央在京科研单位)每万人中科技人员有 200 人,相差 30 多倍。与全国科技人员占人口总数的百分之零点五到零点六相比,也相差十倍。因此,从科技队伍的数量来看,甘肃省在国内是偏下的。

分析社会的科学能力,既要看科技队伍的数量,还要看这个队伍的质量。其质量指标最重要的有两点:一是高级科研人员的比例,二是这个队伍的平均年龄和年龄构成。

全省高等院校的助教、讲师(包括兰大、师大文科助教、讲师)占科研单位总人数的 17.6%,副研、副教授以上占总人数的 1.1%,占科技人员总数的 0.3%, 低于全国的 0.4%(1978 年统计数), 与苏联的 29.3%更不能相比。中、高级科研人员(助研、讲师以上)也只占全部科技人员的 51.4%。

根据 1979 年甘肃省独立科研机构基本情况卡片测算,全省科技人员的平均年龄为 39 岁,尚处在当代科学发明的最佳年龄区 25~45 岁,偏离峰值年龄 37 岁也还不远。倘若除去一时还不能胜任科研工作,即 67 年以后大学毕业的科技人员,平均年龄高到 42 岁以上。这比苏联科学院博士、副博士高级科研人员的平均年龄 38 岁还高 4 岁,我省高级科研人员的平均年龄比国外的高二十多岁,老化现象十分严重,这对集团研究能力产生了极大影响。为了全面地看问题,我们再来做进一步的分析。

我省科技人员基本上由三部分人构成:

(1)新中国成立前和五十年代初毕业的大学生。他们差不多都已是研究员、副研究员或教授、副教授,受过良好的教育,具有丰富的科研经验,在科学上都做出过一定贡献,是各个学科领域的带头人,是我省科技队伍的核心。但他们人数较少,只有千人左右,占科技人员的 10%,占科研单位总人数的 3.3%。他们已是 60 岁左右的人了,目前,需要他们起指导性的作用。

（2）一九五七年到一九六六年毕业的大学生和研究生。这批人在校受到过较为系统的训练,又经过二十年左右的实际锻炼,有较好的科研素质,科学研究的基础已经奠定。他们中的一些人,已经成了科学研究的骨干,是推进科学技术现代化的中坚。在我省,这批人约占科技人员的一半。因此,在科技队伍这个最活跃的因素中,这部分人的情况如何,是决定甘肃省的科学能力的关键。他们中被提升为研究员、副研究员和教授、副教授的极少。他们的工作、生活条件都很差,工资比同年龄其他工种的人低很多。改变他们的地位,充分调动他们的积极性已刻不容缓。他们现在四十岁左右,正值科学研究的抢收时节。目前,需要他们发挥主力军的作用。

（3）一九六七年以后毕业的大学生。在校没有受到严格训练,基础较差,多数人一时还难以胜任科研工作。在我省,这部分人约占科技人员的40%。他们现在是25~35岁的人,到本世纪末,他们正处在科学发明的最佳年龄区的末端,是实现我国科技现代化的重要力量。现在,他们中的多数人在自己的岗位上还没有站稳脚跟,因此,最紧要的莫过于对他们进行职业再教育,任何企图回避这一实际,而以现在培养的大学毕业生来替换这批科技人员的想法都是不切实际的,甚至是错误的。这样做,必将给科技发展造成损失。目前,需要的是采取具体措施,帮助他们,逐步发挥他们的潜在作用。

在讨论了科技队伍的数量和质量之后,还必须对这支队伍的构成情况进行分析。因为现代科学的分科越来越细,重大科研项目越来越需要多学科、多部门之间的协作和配合。科技队伍合理的学科构成才能形成集团研究能力。反之,虽然有人,也不能取得成果。总的来看,我省科技队伍的构成具有如下特点:

（1）科研人员的比率低,在科研单位的总人数中,科技人员仅占

36.3%,中、高级科技人员占 18.7%,与国外相比,这一比率太低。

(2)科研人员质量的分布极不平衡。中央在兰州的科研单位和高校的科技人员占全省科技人员的74%。其中,中高级科研人员占全省总数的94.6%,是一支较为成熟的科技队伍;而地方只占5.4%,力量极其薄弱,很多单位没有学术上的带头人,有二十五个科研单位没有一个一九六五年前的大学毕业生(据 1977 年资料)。

(3)学科构成高度集中,专业组合不配套。在我省,在全国同类工作中具有较高水平的基础理论、石油化工、有色金属、畜牧兽医和高校等五方面科研单位的科技人员占全省科技人员的三分之二以上,这种科技人员的高度集中,使得我省科技工作内部比例失调。从专业组合来看,有些专业科技人员相对过剩,有些专业则严重不足。如农业科研人员多是育种的,而植保、土壤、农机等科技人员较少,严重影响成果质量和科研周期,这种专业组合上的不合理是造成我省农业与轻工业落后的主要原因之一。

我省科技队伍的构成不合理,大大降低了实际的科学能力,这是不可忽视的。

从以上分析可以看出,我省科技队伍总的状况是数量少,而质量不是很高。他们的平均年龄虽处于最佳年龄区,但有近半数科研人员还不能适应科研需要,亟待提高。队伍内部的构成也不合理,所以,这支队伍在全国来说是中等偏下的。

仪器设备是社会的科学能力的第二个要素。前面已经指出,科学劳动是一种"生产的特殊方式",仪器设备正是这种特殊种类生产的特殊劳动工具,它和图书情报一起构成科学劳动资料。仪器设备可以给科学劳动提供劳动的对象,可以给科学劳动提供尽可能多的研究手段和工具;还可以给科学研究提供各种各样巧妙的实验方法,一句话,仪器设备是科学研究的物质基础。所以,人们把它作为不同时期不同国家或地区科学能力的重要标志之一。

据统计,全省大型仪器设备(包括 23 种大型仪器和其他高级专用仪器)约四五十种,150 台左右,除电子探针等少数仪器外,门类、品种基本齐全。一般地说,这些仪器设备可以保证全省科研需要。从我省的实际科研情况来看,仪器设备是相对过剩的,而维修与使用力量却相对不足。如某研究所有大型仪器八台,因技术力量严重不足而长期闲置不用。又如正在兴建的甘肃省计算中心,计算机的运算速度为每秒五十万次,外容二百万次,已可满足全省需要,但我省又先后购进 130,108,IBM4330 等各类性能(运算速度均为二十万次以上)的计算机二十七台。由于这种大型仪器设备仍实行落后的单位所有制,各单位都因维修和使用人员不足,而使计算机带病运转或闲置待用,或损坏待修。个别单位连搞软件的人都没有,就引进了昂贵的计算机。由于性能不清楚而盲目进口或重复购进大型仪器设备所造成的浪费都是很惊人的。在我省,红外光谱仪和紫外光谱仪就有五六十台之多,显然是不必要的。色—质联用仪、X 射线衍射仪、高倍电子显微镜等都显过剩。在国家经济还困难的时候,尤其应当学习国外的做法,把有限的科研经费来购置最急需的仪器设备,并实行大型仪器设备集中管理的做法。

从仪器设备在科研单位的分布来看,兰州以外的地方科研单位的大型仪器设备不足,约为全省的 7%,显然,地方科研的手段落后,必将影响成果的获得。

总的来说,我省所具有的实验技术装置不差,不管从数量还是从质量来看,基本上是和科学能力的提高协调发展的,但由于管理的落后,利用率很低,仍不能适应科学研究的需要,没有发挥出仪器设备的能力。

图书情报是社会的科学能力的第三个要素。马克思曾经指出:科学劳动"部分地以今人的协作为条件,部分地又以对前人劳动的利用为条件",这里所说的"前人劳动的利用"正是指的图书刊物中科学知识的利用。"今人的协作"最常采用的方式是情报的交流。现在,科学研究的难度越来越大,科学劳动离开了图书情报就无法进行,在某种意义上讲,图书情报比仪器设备更为重要。

甘肃省图书馆藏书 180 万册,加上兰大、师大藏书近 400 万册,从数量上看,在西北地区不算是少的,但使用效率太低。以省馆为例,科技图书流动率不到 10%,即一年内,每十册书中只有一册被读者借阅过一次,低于全国 15%~20% 的平均水平,国外一些国家图书流动率达 1000%,仅为人家的百分之一。由于投资少,全省统一图书目录至今没有付印。目前,省馆藏书面积仅 4000m²,尚有六七十万册书上不了架。阅览室只有 92 个座位。由于图书情报工作的落后在不同程度上影响了科研与生产。如中央在兰州某厂,因进口大型仪器的零件损坏,专程派人到北京查了近二个月的资料没有结果,返兰后,在兰大却找到了所需要的资料。据估计,由于情报不灵和管理失误,我省各地方科研单位的重复科研远远超过 40%,造成的损失很大。国外先进的图书检索系统,平均 10 分钟就可以完成一个课题的调研,而我省科技人员一般花在图书情报检索上的时间约占科研时间的 30%~50%。所以,图书情报效率的高低直接影响着一个国家或地区的科学能力,如果把图书情报资料的检索效率提高一倍,即减少资料检索的时间 15%~25%,就相当于增加科研人员 15%~25%。这在全省、全国来说,是一个多么惊人的数字啊!所以,日本曾把图书情报工作誉为国家发展的第三资源。

学术交流是图书情报交流的特殊而重要的形式。目前,我省有省属自然科学学会 7 个,会员 11000 余人。仅 1979 年全省开展了大、中型学术活动 48 次,参加会员 4500 人次,论文 1700 余篇,国内外专家七八十人先后来兰讲学，举办各类报告会 600 余次，有七万人次参加，各类科技刊物和情报的交流也不断增加，各研究所、学会分别出版了核物理、真空、冰川冻土等十余种杂志，促进了科学研究的开展。

总的来看，我省图书情报的储量还不够多，检索手段落后，效率太低，与现代化科学研究的发展不相适应，阻碍着科学能力的提高。

从前面对科学能力的三要素进行的具体分析可以看到，我省的科学能力在国内是属中间偏下的。

2. 科技政策、科研体制及科研管理落后，对我省科学能力的提高产生反作用

一般地说，社会的科学能力决定社会的科技政策、科研体制及科研管理，但在一定条件下，社会的科技政策、科研体制及科研管理又对科学能力起着十分重要的反作用，特别是在无产阶级专政的社会主义国家里，这种反作用表现得更为突出。正确的科技政策、科学的科研体制及先进的科研管理，会大大促进科学能力的发展，反之则阻碍科学能力的提高。

长期以来，由于各种干扰，我省一直未能制定出一个适合本省实际的科技政策。首先表现在多年来没有一个科学规划。一个省的科学规划是其科技政策的缩影。1978 年虽然制定了一个，现在看来没有制定好，在当时的情况下也不可能制定好。其次表现在我省的地方科研得不到重视，在三年困难时期和十年动乱期间先后两次下马，使得科学事业大伤元气。第三表现在我省的科研重点及科研方向一直未能确定好，老是摇摆不定。我们认为，应发挥我省石油化工、有色金属、畜牧兽医、基础理论等方面科研力量的优势，大力引进国内外的适宜技术，加速应用研究和研制，尽快缩短科学——技术——生产的循环周期，不断促进生产的发展，迅速满足人民的生活需要。这样做，就必须在国家总的科技政策的前提下，制定适合于本地特点的科技

政策,这一点特别重要。例如,我省科技人员长期存在着倒流问题。省科委系统仅 1978 和 1979 年调出省的科技人员就占该系统总人数的 10%,目前倒流情况仍很严重。要改变这种状况,只利用行政力量的阻止,不制定相应良策,并非上计。甘肃地处西北,地理条件较内地为差,经济文化落后,科技人员中又多为内地人,有的夫妻分居长期不能解决。造成不少科技人员精力分散,后顾多端,人心思迁,不能安心工作,此种情况互相影响,大有恶性循环之势。因此,给科技人员创造一个适宜的工作条件和较好的环境气氛,加上优越的工资与福利待遇,科技人员就不但不会倒流,反而会源源不断地流向甘肃。苏联、加拿大等国北极地区的工作,由于有优厚的待遇,人才并不缺乏。甘肃的条件比北极总好得多,为什么吸引不住人呢? 这只能说政策有问题。美国的人才政策较为开放,所以科技人员就不缺乏。据苏联文献估计,在六十年代,美国的优秀科学家中将近一半是外国人,仅 1952—1975 年,由于引进外国专家,而使美国的教育投资和有关费用至少节省 100 亿~200 亿美元。据统计,1949—1975 年,先后移居美国的科学家和工程师约 24 万人,他们对美国所做的贡献是不可估量的。美国、苏联、加拿大等国的做法我们是否可以借鉴呢?

科研体制的确定原则应该是有利于科研工作的开展,科研单位的建立应当是根据实际的科学能力和需要。我省的地方科研就不是这样,目前的四级农科网,是按行政区划建立的,多半是徒有虚名。从全省来看,农业科研力量薄弱,研究人员的学科构成又不平衡,仅有的一点力量又分布在省、地、县属的众多研究机构中,不少单位的科研人员不到五人。现有地方科研单位 134 个,真正符合建所条件的独立科研单位只有 38 个,不到现有机构总数的三分之一。这就造成了各科研单位的仪器设备和图书情报的严重不足,故科研效率低,形不成集团研究能力。据了解,在农业科研上,有成果的,可以结转的和中止下马的各占三分之一，这种不正常现象，是导致我省农业生产长期上不去的原因之一。

目前，国外科研的一个显著特点是科研与生产的紧密结合，努力缩短科学——技术——生产的循环周期，加速科研成果的转化过程。六十年代以来，美国推广了"科研公园"和科学工业综合体，苏联建立起了科学——生产综合体和科学——生产联合公司，促进了科学与生产的结合，效果十分显著。我省至今实行的是科研与生产相分离的科研体制，导致许多应用科学研究成果长期停留在"样品、展品、礼品"阶段，不能投入工厂生产，严重阻碍了科学技术的发展和生产力水平的提高。学习国际上的成功经验，迅速改变我们的科研体制，以适应四化建设的需要，是刻不容缓的。

随着科学技术的高速度发展，科研规模越来越大，复杂的科学研究需要有人来进行计划、组织、协调和指导，这就是科研管理。不少人把科研管理比作乐队指挥、电影导演，用以说明科研管理的重要地位和作用。今天，科研管理已渗透到科研领域的一切方面。它已由一种指挥艺术发展成为一门科学，理论和实践都需要我们根据管理科学来进行科学的管理。而我省现在实行的是落后的小生产方式的行政管理，太不适应现代化科研的发展。这种管理实质上是实行人、财、物的单位所有制，即扩大了的个体所有制。这样做，大部分科研单位都不能充分发挥人和物的能力。如果对科研实行当前美国较为成功的集中与分散相结合的管理方式，给独立科研单位以人、财、物、科研选题等方面的自由权，实行"科研协作组"制（见甘肃《社会科学》1980年第2期《甘肃省科技工作改革刍议》），在一个省或全国范围内让人和物为整个社会服务，并相互调剂，其使用效率将大为提高。我们估计，如果在兰州地区改单位所有制为"科研协作组"制，科研效率可以提高百分之二三十，相当于在兰州增加五千至七千名科技人员和高校教师,增加数量可观的设备与条件。

对科研领域实行科学的管理,就要有一支专门的管理人才队伍。因此,培养一支懂得管理科学的科研管理队伍是科技战线的一个重要任务。目前,我省这支科技管理队伍还很不适应,替代的办法是迅速选择那些相对的内行来管理,并对他们进行职业培训。

上面的分析使我们清楚地看到,科技政策、科研体制与科研管理对科学能力的提高产生了极大的反作用,阻碍了我省科学能力的发挥。因此,科技战线的调整,首先是要调整科技政策、科研体制与科研管理,使之与科学能力的发展相适应。

3. 社会政治心理、教育经济文化与科学发展的不平衡,对我省科学能力的发挥产生消极影响

一个地区的社会政治心理、教育经济文化诸因素对从事科学劳动的人和物都发生着密切的联系,从而对社会的科学能力的发挥产生重要影响。科学教育已被作为一种潜在的科学能力,它可以源源不断地向科技队伍输送人才,使其保证一定的规模,并不致发生“非常老化”现象,同时还可以改变科技队伍的质量构成,增加高级研究人员的比例。

在我省,教育十分落后,科学教育更不用说。目前,儿童入学率仅88.57%,比全国的94%低很多。小学教师中民办教员占68.88%,中等教育结构严重失调,中学教师70%不合格,他们只有中专或高中水平。因此,中小学质量短期内难以提高。高等教育在各级教育学生数中的比率太小,还不及缅甸,我省每万人中在校大学生只有7人,而印度也有37人,美国则高达511人。此外科技人员的增长也是无法和苏联的年平均增长9.6%、美国的63%相比的。如按全国知识分子平均比例3%计,我省尚缺很多,要是到2000年达到这一比例,高校招生人数必须扩大四倍多才行。按常规,这无论如何是办不到的。这

充分说明我省教育的落后。国内外的实践反复证明,教育落后是实现四个现代化的严重障碍。

我省的教育落后直接影响经济的发展,由于劳动者受教育少,文化水平低,推广新工艺采用新技术慢,劳动生产率提不高。虽然五十年代国家就在我省投资办了一批厂,建了一批科研所,但因群众教育水平没有明显提高,所以我省经济仍较落后。这就反过来又影响对科学研究经费的支持。1979年,我省科研经费(不包括中央在兰科研单位,但包括承担省以上任务的经费),占全省国民收入的0.24%,不到全国平均水平的一半,比英国的2%(最高时达2.7%)、苏联的4.5%(1978年)低很多。

教育、经济的不发达,造成群众文化水平低下,社会进步变慢,社会对科学发展的要求减缓。"文化大革命"期间,绝大多数科技人员横遭打击迫害,不少科研单位被撤销,整个科研处于停顿或半停顿状态,在这种情况下,由于与内地在生活、工作、地理条件方面差距悬殊,不少人还乡心切。与此同时,科技队伍中的一些人不再把科学劳动作为为人类谋福利和探索真理去追求,而是作为一种谋生的手段。这就在心理上失去了强大的动力,使全省的实际科学能力显著下降。由此可见,我省的教育经济文化、社会政治心理诸因素对构成社会的科学能力的人和物产生的消极影响,直接妨碍了科学能力的发挥。

通过上面三个层次的研究,使我们看到,第一系统的三要素是构成科学能力的主要内容。但由此而得到的对科学能力的评估是指我省具备的而不是实际发挥出来的科学能力。当我们考虑到第二层次的三因素,把科学能力放到更大的第二系统中进行动态分析时,就使得对我省实际发挥出来的科学能力的评价更接近实际。当我们考虑到第三层次的诸因素,把科学能力放到更大的第三系统中进行动态考查以后,由此得到的结果,基本上反映了我省实际发挥出来的科学能力的真实。

上面我们对全省科学能力从质的方面进行了分析,下面再从量的方面进行讨论。

三、社会的科学能力的数学公式及甘肃省实际科学能力的测算

一个国家或地区科学能力的定量分析,现在并无一致看法,在上面对甘肃省科学能力定性分析的基础上,根据我们的切身体会,对我省实际发挥出来的科学能力的定量分析作些初步尝试。

衡量科学能力 S 最基本、最直接的因素是人,因此,科技人员的数量在一定程度上反映了这个国家或地区所具有的科学能力的大小,用 S_0 表示,称为这个国家或地区的科学能力基数。一般来说,不同国家或地区科技人员的质量 Q,仪器设备的数量、质量和利用率 M,图书情报的数量、质量和效率 I 以及科研管理水平 C 是不同的。科技政策、科研体制和教育经济文化、社会政治心理因素的影响也不同,所以科学能力的利用率 K 也不一样。科技政策、科研体制和教育经济文化、社会政治心理对科学能力利用率的影响必然会在 Q,M,I,C 等因素上体现出来,因此,为使数学结构简化,在分析科学能力利用率时,虽只对 Q,M,I,C 进行考查,也不致产生太大的误差,由此我们可以得到:

$$K=Q+M+I+C \quad (1)$$

当科学能力利用率 K 接近于 1 时。Q,M,I,C 分别取值 0.4,0.2,0.2,0.2。这种比值分配考虑到了现代科学的飞速发展,物和环境的因素变得越来越重要。但就各单个因素而言,人的因素仍然是最重要的,比值也最大。通常,由于各种因素的作用,Q,M,I,C 都达不到上述取值,即 K 总是小于 1 的。

我们把科学能力基数 S_0 与科学能力利用率 K 的乘积定义为这

个国家或地区实际发挥出来的科学能力,叫实际科学能力。所以就有

$$S=S_0K$$

即

$$S=S_0(Q+M+I+C)\quad(2)$$

同样,由于一个国家或地区内部发展的不平衡。在低一级的层次上,科学能力基数 S_0 和科学能力利用率 K^1 也是不一样的,次级系统可按(2)式分别计算,再求其和,故(2)式可改写为:

$$S=\sum_{i=1}^{n}S_{0i}(Q_i+M_i+I_i+C_i)\quad(3)$$

我们把(2),(3)式称为实际科学能力的经验公式。

甘肃省科研系统可分为中央在兰科研系统、高校科研系统和地方科研系统等三个子系统,取全省科学能力的基数 $S_0=1$,这三个子系统的 S_0,Q,M,I,C 的数值可由下表给出:

甘肃省各科研系统科学能力数值表

	S	S_0	K	Q	M	I	C
中央在兰科研系统	$\frac{301}{1000}$	$\frac{43}{100}$	$\frac{7}{10}$	$\frac{2.75}{10}$	$\frac{1.75}{10}$	$\frac{1.5}{10}$	$\frac{1.0}{10}$
高校科研系统	$\frac{93}{1000}$	$\frac{31}{100}$	$\frac{3}{10}$	$\frac{0.5}{10}$	$\frac{0.5}{10}$	$\frac{1.5}{10}$	$\frac{0.5}{10}$
地方科研系统	$\frac{52}{1000}$	$\frac{26}{100}$	$\frac{2}{10}$	$\frac{0.5}{10}$	$\frac{0.5}{10}$	$\frac{0.5}{10}$	$\frac{0.5}{10}$

表中子系统各数值是根据下列原则确定的:

S_0 据各子系统科研总人数计算;

Q 据中高级科研(教学)人员所占比例,参加科研的时间估算;

M 据大型仪器设备的数量、质量及利用率估算;

I 据图书情报的数量、质量及效率估算;

C 据独立科研单位的管理水平估算。

把上表中的数值分别代入(3)式,得全省的实际科学能力为:

$$S=\sum_{i=1}^{n} S_{0}i(Qi+Mi+Ii+Ci)$$

$$=\frac{43}{100}\times\frac{7}{10}+\frac{31}{100}\times\frac{3}{10}+\frac{26}{100}\times\frac{2}{10}$$

$$=\frac{301}{1000}+\frac{793}{1000}+\frac{52}{1000}$$

$$=\frac{45}{100}$$

$$=0.45$$

这就是说,甘肃省的实际科学能力为 0.45,即只发挥了所具有的科学能力的 45%。我们感到,这一结果与本省实际基本相符。中央在兰科研系统的 K 值最高,为 0.7,高校系统的 K 为 0.3,主要是由于科研时间较少,仪器设备较差造成的。就人员的数量、质量和图书情报而论,和中央在兰科研系统不相上下。地方科研系统 K 值最低,各方面条件都差,许多单位形不成集团研究能力,这是造成全省实际科学能力较低的原因所在。如果都达到中央在兰科研系统水平,全省科学能力的利用率就可提高到 70%。由此可见,发挥我省科学能力的潜力还很大。

四、结论

1. 一般地说,科研成果能够较好地反映一个国家或地区的实际科学能力,因而,科研成果可以作为评价社会的实际科学能力的综合指标。在 1978 年全国科学大会上获奖的项目中,我省有 204 项,在各省区中属中下,这和我们前面的分析是一致的。在这 204 项成果中,基础理论为 42 项,石油化工为 60 项,这两大部分就占了得奖数目的一半。中央在兰科研单位得奖 145 项,占总成果的 71%。这就表明,我省的科学能力主要集中在中央在兰科研单位。基础理论和石油化工的研究在我省占优势,我们应充分依靠中央在兰研究单位的科学能力,特别要发挥在石油化工与畜牧兽医方面的优势,进行有计划、有目的的技术扩散,加速科研成果在我省的转化速度,由此提高工农业产品的竞争能力,推进四化建设。这是通过以上分析所要引出的第一个结论。

2. 由 $S=S_0K$ 可以看到,要提高实际科学能力 S,一是增大 S_0,一是增大 K。增加科技人员的数量和提高他们的质量、提高实验技术装备的质量及利用率和图书情报系统的效率,就是增大 S_0,能直接提高我省的实际科学能力 S。但一要花钱,二要花时间,一时难以办到。若对科技政策、科研体制和科研管理这些科研生产关系进行合理的改革,就可以增大 K,也能直接提高我省的实际科学能力 S。这一不花钱,二是见效快。因此,调整、改革科研生产关系是当前我省科技战线的首要任务。这是通过以上分析所要引出的第二个结论。

3. 通过对甘肃省科学能力的分析和测算,并与我省的实际情况进行的比较说明,本文提出的社会的科学能力的物理、数学模式,可以用来分析和测算一个国家、一个地区或一个科研单位的科学能力,为各级领导贯彻执行"调整、改革、整顿、提高"八字方针提供科学依据。这是通过以上分析所要引出的第三个结论。

英国政府科研投资的分配和到 1983 年的预算

年份／投资	1979/80(单位:百万英镑)	1980/81(％)	1981/82(％)	1982/83(％)
农业研究委员会	49.1	+1.9	+1.1	+1.0
医学研究委员会	92.5	+1.6	+0.9	+1.0
自然环境研究委员会	61.9	+2.5	+1.5	+1.0
科学研究委员会	297.9	−1.0	−0.5	+1.0
社会科学研究委员会	29.4	0	0	0

黄卫摘自:《Science and Government Report: International Almanac 1978–1979》P.55

社会主义社会的根本任务是发展生产力
——笔谈生产力标准问题①

　　党的十三次代表大会总结了十一届三中全会以来改革和开放的丰富实践,确认生产力是社会发展的最终决定力量,系统地阐述了社会主义初级阶段的理论,认为社会主义社会的根本任务是发展生产力,把生产力标准提到第一位。十三大报告指出:"在初级阶段,为了摆脱贫穷和落后,尤其要把发展生产力作为全部工作的中心。是否有利于发展生产力,应当成为我们考虑一切问题的出发点和检验一切工作的根本标准"。目前生产力标准的理论和实践越来越深入人心,但是要正确理解和坚持生产力标准,还需要进一步解放思想,并在实践中加以不断探索和研究。

　　科学技术是生产力,这是马克思主义的一个最基本的观点。马克思在《资本论》中,论述生产力系统诸要素的关系时,对科学技术是生产力进行了深刻而且具体的分析,指出"生产力是随着科学和技术的不断进步而不断发展的"(《马克思恩格斯全集》第23卷第664页)。在现实生产力系统中,劳动资料(工具、机器和设备)是物化的科技,劳动者素质的高低是由通过教育而获得更多的科技知识而决定的,劳动对象的扩大、利用程度以致使废物变为有用之物越来越受科技发展程度的制约,劳动过程的社会结合即有效的经营管理,也是不断应用科技的结果。邓小平同志指出:"同样数量的劳动力,在同样的时

────────

　　①原载《甘肃社会科学》,1988年第2期。

间里,可以生产比过去多几十倍几百倍的产品","靠的是什么呢? 最主要的是靠科学的力量、技术的力量"(《邓小平文选》第 84 页)。并反复强调要"尊重知识,尊重人才"。

在世界新科学技术革命的高潮中,科学技术趋向生产的比重空前增大,科技工作者的实践活动与生产技术操作的联系日益紧密,科技成果从发明到应用的周期大大缩短,科技进步已成为整个生产力发展的决定因素,依靠科学技术提高劳动生产率已成为当代的主导趋势。

在科学技术的发展中,坚持生产力标准从总体看,就是要贯彻落实中央在六年前提出的"经济建设必须依靠科学技术,科学技术必须面向经济建设"这样一个战略方针,无论是"依靠"还是"面向",核心的问题是发展生产力。过去九年来的改革和开放,科学技术的作用,科技人员的地位,已为越来越多的人所认识,科技水平的提高,科技在经济建设中的效益也日益明显。但是从生产力标准来衡量,"依靠"和"面向"的问题都还没有得到基本的解决。我国的科学技术水平本来不是很高,但是已有的科技成果应用率却很低,大量的成果不能转化为现实的生产力。一方面生产中大量科技问题不能得到及时解决;另一方面大量的科技成果不能及时推广应用,生产和科技两张皮的现象还相当严重。这里既有观念上的问题,又有体制上的原因。就观念上的问题来看,小生产者传统思想表现为不大注意依靠科学技术,认识不到发展生产力关键在于发展科技和教育,所以生产和经济愈是落后的地方,就愈不重视科学技术,呈现着某些恶性循环的现象。而长期存在的"左"的僵化观念则不真正承认科学技术是生产力,"为科学而科学""为技术而技术"的思想还有相当的市场,把发展科学技术视为与生产和经济关系不大的精神事业,只能官办而不能民营等等。这些思想不破除,生产力标准就不能真正贯彻落实,科学技术和社会经济的进一步发展就会受到阻滞。

党的十三大把发展科技和教育放在经济发展战略的首位，是具有深远意义的。在发展科学技术中坚持生产力标准，当前应当怎样做呢？笔者认为：

第一、要坚决贯彻"依靠"和"面向"的战略方针，大力加强应用与开发研究，使更多的科技人员转向经济建设的主战场，选准研究的发展方向和重点，立足于适用，着眼于发展，努力缩短科技成果推广应用于生产的周期，不断提高科技成果的经济效益和社会发展效益。为了强化"依靠"和"面向"意识，国家应该通过立法，规定产业部门应从经营利润中拿出一定比例用于新技术、新产品、新工艺开发，如不这样做，国家将按规定比例加倍收取罚金；对于科研单位，应把为社会提供的新技术、新产品、新工艺的数量和产业部门采用后新创造的经济效益作为一个主要的考核标准。

第二、要正确理解和处理好科技发展内部层次比例关系。基础研究、应用研究和发展研究必须协调发展，要努力克服过去所常犯的那种片面性和极端化的弊病，尽快建立起包括传统技术和新技术、适用技术和高技术、不同水平技术在内的多层次并存的有特色的科技开发体系，使科学技术和生产力之间内在的双向互补作用得以更好地体现。为了促进科学技术和生产力内在的双向互补作用，产业部门应把采用新技术、新产品、新工艺所获产值占单位总产值的比例，科研单位应把推广应用成果占总研究成果数的比例和单位经费自给率作为衡量经营情况的标准。

第三、加快科技体制改革的进程，进一步发展横向联合。近几年来科研体制改革方面已经做了大量工作，从改革拨款制度、科研课题有偿占用承包、科研所自负盈亏、科技市场的建立、民办科研所如雨后春笋、生机盎然，到最近大力推行的放活科研机构、放活科技人员，开展科技教育的有偿服务,以及企业办科研所、科研所办企业,等等。这些改革实践和多种发展形式,不仅加速了科技本身的发展,而且大大推动了生产力的发展和经济效益、社会综合效益的提高,是在科技工作中坚持贯彻生产力标准的实际步骤和新生事物。我们应该进一步解放思想,在巩固改革已有成绩的基础上,积极探索和大胆尝试更多有利于生产力发展的具体制度和新的措施,千方百计地把经济搞上去。

第四、在当前,首先应该刺激各级各类多种所有制科研单位进入经济主战场的活力和产业部门采用新技术、新产品、新工艺的积极性,鼓励科技、生产、贸易单位联合,对研制、开发、引进、消化、吸收新技术、新产品、新工艺产生巨大经济效益的单位,国家和有关单位部门应给予重奖,并授予各级科技进步先进单位荣誉称号,同时在科研经费、贷款、原材料供应和人员工资诸方面给予优惠待遇。

总之,通过宏观控制和政策引导,坚持科学技术的生产力标准,就能加速科学技术向经济建设的主战场转移。

增强党性端正党风①

我们党的发展壮大和她的战无不胜及其所显示的越来越强大的生命力,是用无数共产党员的鲜血和生命凝结的,这要靠什么呢? 主要的或根本上是靠我们党坚强而纯洁的党性及其历史实践。党性是阶级性的集中体现,我们党是无产阶级的政党,是由中国工人阶级的先进分子所组成的,无产阶级的阶级性质和其历史使命,决定了我们立党为公。立党为公是中国共产党区别于一切剥削阶级政党的根本。党性原则的核心内容是全心全意为人民服务,为党和为人民的事业鞠躬尽瘁,个人利益无条件地服从党和人民的利益,就是我们党的根本宗旨,是每个共产党员的天职和人生观。

党性是具体的而不是抽象的,有其实践的形式和确定的内容,在党为中国人民的利益和社会主义事业奋斗的几十年实践中, 形成了理论联系实际、密切联系群众和批评与自我批评的一整套优良党风。坚强的党性和优良的党风是不可分割的,党性决定着党风,党风是党性的实现和具体表现,党性强,党风正;党性弱,党风歪;无党性,则腐败。

今天,我们正处在历史的新时期,党的地位和任务都有了根本的变化。党性原则成为我们党和国家政治生活的根本原则,党风也制约和导向着社风和民风。所以,纯洁党性、端正党风的意义和作用比任

---

①原载《兰州大学学报》(社会科学版),1991 年第 3 期。

何时候都重大。从这一点上看，我们党正经历着执政和改革开放的严峻考验。执政地位，握有权力，有可能淡化党性，容易产生以权谋私；搞经济建设，同物质金钱打交道，有可能丢掉党风，容易发生不廉洁和腐败的事。在帝国主义"和平演变"和资产阶级的糖弹袭击下，如果由微到著的发展，就会使党变质。毛泽东同志在党的七届二中全会上的报告，对这方面的问题进行了透彻而精辟的分析，他对全党的谆谆告诫，我们应当永志不忘并身体力行。

在社会主义新的历史实践中，淡化党性、败坏党风既是比较容易发生又是最危险的事情，"执政党的党风关系到党的生死存亡。"应当看到，当前确有极少数的党员，特别是其中担任一定领导工作的党员，他们对党的理想、信念、宗旨即党性发生了动摇。甚至丧失了党性原则，颠倒了权力与义务、奉献与索取、主人与公仆的关系，大搞"争名于朝，争利于市"的活动；理论和实际、知和行严重脱离甚至扭曲，其恶劣的影响和致命的危害，切切不可低估、等闲视之！

诚然，中国共产党是经过七十年千锤百炼的完全成熟的党，纯洁而坚强的党性原则和优良传统的党风，是她完全成熟的本质标志。当前发生丧失党性和败坏党风的事情，毕竟是少数、局部和暂时的现象，无损于党的整体光辉。党的十三届四中全会以来，在以江泽民同志为核心的党中央正确领导下，全党大力加强党的建设，着眼于党风、着力于党性，已经取得了显著的成效，改善和加强了党的领导。

历史和现实均已证明：增强党性、端正党风，是党的建设的永恒主题，是党的威望、党的力量、党的生命、党的前途之所系。

社会主义建设的伟大方略①
——学习邓小平同志在全国科学大会
开幕式上的讲话

一九七八年三月，全国科学大会胜利召开，迎来了我国科学事业的春天。邓小平同志在这次大会上作了振奋人心的讲话。这个讲话依据马克思主义关于科学技术的基本观点，深刻地阐明了我们党的发展科学技术的正确方针，提出了在科学技术战线拨乱反正的艰巨任务，为开创我国社会主义现代化建设新局面、制定经济振兴时期的科学技术新方针奠定了理论基础，为促进我国的科学、经济、社会的协调发展、建设有中国特色的社会主义指明了方向。

一

在现代社会中，科学技术以空前的规模和速度发展着，并广泛地渗入到人类经济社会的各种领域和各个方面，它们相互影响、相互制约和相互促进，结成了有机联系的统一整体。在我国社会主义制度条件下，如何看待科学技术与农业、工业、国防建设的相互关系，如何认识科学技术对于经济和整个社会的发展以及对于提高人民群众的物质和文化生活水平的巨大作用，这是摆在我们面前的新情况和新问题。发展科学技术，赶上和超过世界先进水平，成为关系到我国前途命运的大事。因此，在本世纪内，全面实现农业、工业、国防和科学技

①为本刊编辑部撰写，原载《科学·经济·社会》，1983年第3期。

术的现代化,把我们的国家建设成为社会主义的现代化强国,是我国人民的伟大历史使命。

围绕要不要四个现代化的问题,我们同"四人帮"进行了尖锐激烈的斗争,这场斗争的实质是要不要发展我国社会主义的物质基础,要不要建设社会主义强国并向共产主义的伟大理想前进的重大原则问题。粉碎"四人帮"并清除他们在政治、经济和思想文化领域中造成的恶劣影响,就为实现我国社会主义的四个现代化扫清了障碍。

邓小平同志说:"在无产阶级专政条件下,不搞现代化,科学技术水平不提高,社会生产力不发达,国家实力得不到加强,人民物质文化生活得不到改善,那么,我们的社会主义政治制度和经济制度就不能充分巩固,我们国家的安全就没有可靠的保障。"①这里是把科学技术、社会生产力、国家实力、人民生活和社会主义制度等等作为统一整体来加以论述的,明显地贯穿着科学技术和经济、社会协调发展的思想。科学技术随着近代生产的发展而发展,并逐步从生产中分化出来形成了相对独立的社会事业;而现代科学的发展又与经济和社会活动逐步融为一体。科学技术社会化和社会生活科学化是这种统一的基本特征和基本趋势。在现代社会中,不仅科学技术对于经济活动和社会生活的各个环节的影响越来越大,而且从总体上对于国情的精密估量、自然资源和社会资源的合理利用、生产力的合理布局、产业结构、产品结构和技术结构的调整以及经济、社会发展战略的确定,都要依赖于科学技术的作用,需要进行充分的科学论证;同时,科学技术的发展,也需要各种经济条件和社会条件提供必要的支持,并受其条件的影响和制约。因此,科学技术和经济社会的相互影响、互相制约的性质,从动态上讲它们之间必然是一种相互协调发展的关

①《邓小平文选》,人民出版社,1983年版,第83页。

系,有着客观的规律性。

"四个现代化,关键是科学技术的现代化"。这是邓小平同志对四个现代化之间辩证关系的高度概括,不仅包含深刻的道理,而且是对近百年来国内外经济建设经验的科学总结。生产关系及其上层建筑的进步,归根结底是由社会生产力的发展决定的。而现代科学技术的重大发现和突破,都会大大地促进生产力的发展,引起工业技术革命,对社会的各个领域产生深刻的影响。现代的微电子技术、光导纤维、遗传工程、合成材料、海洋开发等新技术的逐步应用,正在改变着传统的产业结构、经营管理、劳动方式,甚至也改变着人们的物质和文化生活的内容。一个国家的农业、工业、国防和科学技术是繁荣强盛的物质基础,是现代化建设的相互影响、相互制约的四个不可分割的方面,是衡量一个国家现代化建设水平的四标尺。这四个方面在国民经济结构中所起的作用各有特点,其发展优先顺序也不尽相同。农业、工业固然为现代化建设提供了物质基础,国防为国家的安全提供了可靠的保障,然而就现代化的进程来看,科学技术却处于关键的地位,成为整个国家现代化建设的突破口。"没有现代科学技术,就不可能建设现代农业、现代工业、现代国防。没有科学技术的高速度发展,就不可能有国民经济的高速度发展。"[1]这就切中了问题的要害,抓住了主要矛盾,它不仅完全符合马克思主义认识论,而且也是被现代世界经济发展的经验所证实了的。美国在第二次世界大战以前经济发展和科学技术同欧洲一些先进国家相比,并没有多大的优势。但是,后来战争刺激了美国科学技术的发展,在国家规模上促进了科学技术的联合,如组织几千人参加的试制原子弹的"曼哈顿"计划等。战后,美国成倍地增加科研经费,颁布"国防教育法令",参与征服宇宙

---

[1]《邓小平文选》,人民出版社,1983 年版,第 83 页。

空间的竞争,使许多方面的科学技术发展起来,从而带动了整个国民经济的发展,成为当代世界头号经济大国和军事大国。西德和日本在第二次世界大战中,经济上遭到了毁灭性的破坏,国内自然资源极为有限。但是,这两个国家在战后短短的三十多年中,依靠科学技术的力量,侧重于发展在质量上和价格上有竞争能力的产业和产品,提高具有高效率的工艺技术方法,终于在战争的废墟上成功地建成了世界经济大国。这些是值得我们借鉴的历史经验。可以说,没有科学技术的现代化,就不能实现我国经济建设的宏伟战略目标,就不可能建成社会主义的现代化强国。

为了加速我国的社会主义现代化建设,我们就要正确认识科学技术在现代化建设中的战略地位和作用,从理论和实践上弄清楚科学技术与经济、社会的相互关系,树立科学、经济、社会协调发展的指导思想。只有这样,才能切实地贯彻科学技术要面向经济建设、发展经济要依靠科学技术的方针,实现我国社会主义现代化建设的宏伟目标。

二

科学技术是生产力。这是马克思主义的一个重大的理论问题。邓小平同志在这篇讲话中以现代科学技术发展的充分事实和马克思主义的基本理论,论证了科学技术是生产力的历史必然性,从思想上武装了全党和全国人民,为开创现代化建设的新局面奠定了理论基础。按照马克思主义的观点,科学的产生和发展,是由生产来决定的。生产的需要成为科学的发展动力,生产的状况为科学的发展提供物质基础,生产的实践是检验科学知识真理性的标准。但是,近代资本主义的大生产,把科学从生产过程中分离出来,获得相对独立的发展,并对生产过程发生着巨大的反作用。马克思说:"大工业把巨大的自然力和自然科学并入生产过程，必然大大提高劳动生产率"①。"生产过程成了科学的应用，而科学反过来成了生产过程的因素即所谓职能。每一项发现都成了新的发明或生产方法的新的改进的基础"②。正是在这种意义上说，科学技术是生产力。邓小平同志所阐明的这一马克思主义的基本观点，不仅是一个重大的理论问题，而且有十分重要的现实意义。

作为生产力的科学技术，不仅是指作为社会知识形态的科学技术，而且还包括为生产过程已占有的、变为现实的直接生产力的科学技术。这样，科学技术必然要渗入生产力各基本要素，即生产资料和劳动力之中并融为一体。邓小平同志指出："历史上的生产资料，都是同一定的科学技术相结合的；同样，历史上的劳动力，也都是掌握了一定科学技术知识的劳动力"③。这就从根本上揭示了生产力和科学技术之间内在联系的机制。生产力作为人类改造自然能力的标志要通过一定的物质手段来实现。"自然并没有制造出任何机器、机车、铁路、电报、自动纺棉机等等"，这些生产资料"是由人类的手所创造的人类头脑底器官，都是物化的智力"④，是科学技术的产物。因此，任何时代的生产资料，都反映了当时科学技术的发展水平。同样，在任何时代从事生产劳动的人，都是掌握着一定的科学技术知识、生产经验和劳动技能的劳动力。科学技术的发展与生产力其他要素的有机结合，决定着各个时期生产力发展的水平。

在马克思时代以后的一百多年间，现代科学技术的发展，无论在

①《马克思恩格斯选集》第 23 卷，第 424 页。
②马克思：《机器自然力和科学的应用》，人民出版社，1987 年版，第 206 页。
③《邓小平文选》，人民出版社，1983 年版，第 85 页。
④《马克思恩格斯列宁斯大林论科学技术》，第 31 页。

速度和规模上，还是在深度和广度上，都达到了空前的阶段，正在经历着革命性的变革。科学技术对于生产力的作用，已从个别科技成果在生产中的应用，从一般意义上对于生产技术的促进和改革，发展到科学技术被有计划大规模地应用于生产，指导着生产。许多现代化的生产工具、生产工艺不是首先在生产过程中形成，而是先在实验室研制出来，然后通过中间试验、工业性试验向生产过程中有计划有步骤地转移。甚至许多的工业，如电子工业、原子能工业等，完全建立在新兴科学的基础之上。正如邓小平同志所指出的"现代科学为生产技术的进步开辟道路，决定它的发展方向。"[①]由于现代科学技术在生产中的广泛应用，这就大大地促进了劳动生产率的提高。据估计，本世纪初劳动生产率的提高，科学技术的因素仅占百分之五到百分之二十，但是，到了七八十年代，科学技术的因素已上升到百分之六十到八十，甚至有的行业提高劳动生产率，要全部依靠科学技术。在现代国际市场上，产品的竞争，主要是科学技术的竞争，提高劳动生产率，"最主要的是依靠科学的力量、技术的力量。"[②]这个结论是完全符合实际情况的。

作为生产力的科学技术，不仅指自然科学及其应用，而且指社会科学及其应用，还应当指自然科学和社会科学之间的所谓"软科学"，例如现代管理科学。现代化生产技术和生产过程高度复杂性和整体性，要求严格的科学管理技术方法和手段。管理能够出效益。我们要提高劳动生产率，就必须改革现行不合理的管理体制和制度。

认识科学技术是生产力，这对于指导我国当前的社会主义现代化建设是有重大意义的。过去，我们由于对科学技术的作用认识不

[①]《邓小平文选》，人民出版社，1983年版，第84页。
[②]《邓小平文选》，人民出版社，1983年版，第84页。

深、重视不够,使大批产品的生产技术相当落后,大批产品长期不更新换代,缺乏市场竞争能力,许多科学技术成果不能很快推广应用,停留在样品、礼品、展品阶段。不少引进来的先进技术和设备,不能很好消化和利用,没有发挥出应有的作用。这是一个严重的教训。邓小平同志说:"今天,由于现代科学技术的日新月异,生产设备的更新,生产工艺的变革,都非常迅速。许多产品往往不要几年的时间就有新一代的产品来代替。"①这种发展趋势,要求我们必须高度重视科学技术在生产中的地位和作用。近年来,在科学技术的推动下,我国涌现了一批依靠科学技术起家的工业"明星"城市。常州市充分依靠科学技术的力量,建立科研型的产业,做到定型一代,试制二代,预研三代、四代,加强了产品储备,提高了产品竞争的应变能力,使全市工业产值在短短的四年中,翻了一番,收到了良好的经济效益。为了充分发挥科学技术是生产力的作用,就应当正确选择技术,加强生产技术的研究和开发,着重发展那些物美价廉、产销对路的产品,以形成合理的技术结构和产品结构。同时要对陈旧过时的生产工艺进行大规模的普遍的技术改造,大力推广和引进新技术,以形成新的社会生产力。例如1981年我国一万多项重大技术发明,有一半以上已应用于生产,收到了良好的经济效益。只有这样,才能把我国的经济逐步转移到现代化的技术基础上来。

三

科学技术是生产力,而且正在成为越来越重要的生产力,那么,从事科学技术工作的人是不是劳动者呢?正确回答这个问题,是关系到能否把科学技术是生产力的科学论断贯彻到底并付诸实践的关

---

①《邓小平文选》,人民出版社,1983年版,第85页。

键。所以,如何正确看待科学技术的脑力劳动、如何正确地看待我国广大的知识分子,这既是马克思主义的重大理论问题,又是社会主义现代化建设中的实际问题。过去,"四人帮"鼓吹"知识越多越反动",把广大知识分子诬蔑为"臭老九",搞乱了党的知识分子政策,在理论上造成了极大的混乱。

邓小平同志明确指出,我国广大的知识分子,从总体上看已属于工人阶级和劳动人民的一部分。从事科学技术的脑力劳动,同体力劳动一样,都是社会主义的劳动者。他们只是分工的不同。这一观点无论在理论上还是在实践上具有重大的意义,是制定新时期党的知识分子政策的理论基础。马克思主义认为,知识分子在历史上从来不是一个独立的阶级。在我国社会主义的条件下,从旧社会过来的知识分子的大多数人,已转到工人阶级和劳动人民方面来了,而新中国成立后工人阶级自己培养的知识分子,也属于工人阶级和劳动人民的一部分。这种对我国知识分子的阶级估量,是完全符合实际的,也是符合马克思主义的。当前,为了实现党的十二大提出的宏伟建设目标,我们必须依靠科学技术振兴国民经济,而广大的知识分子和科技人员掌握着科学技术知识,在各行业是业务骨干和工作骨干。正确认识和估计知识分子和科技人员在社会主义社会中的地位和作用,就能充分调动他们的工作积极性,使他们心情舒畅地把自己的聪明才智贡献给我国的各项建设事业。

现代科学技术的迅猛发展,对于经济、社会产生着深远影响,使体力劳动和脑力劳动之间的差别日益缩小。邓小平同志对于现代社会出现的这种发展趋向作了深刻的分析,指出"随着现代科学技术的发展,随着四个现代化的进展,大量繁重的体力劳动将逐步被机器所代替,直接从事生产的劳动者,体力劳动会不断减少,脑力劳动会不断增加,并且,越来越要求有更多的人从事科学研究工作,造就更宏大的科学技术队伍。"①这一估计完全符合现代社会历史发展的总规律和总趋势。在近代社会中,生产力的发展,社会的进步,科学技术是有决定意义的因素。蒸汽机的发明和广泛应用,造成了近代工业史上的第一次工业技术革命,使资本主义大机器的生产方式在不到一百年的时间里所创造的生产力,比过去几千年中人类社会所创造的全部生产力还要多。电的发明和广泛应用,又造成了第二次工业技术革命,使人类的劳动不断地从繁重的体力劳动下解放出来,推动着人类社会生产力更快的发展。当今的社会正在经历着以原子能、电子计算机和空间技术为主要标志的第三次工业技术革命,使人类的劳动不但进一步从体力劳动下解放出来,而且开始从繁重的脑力劳动下解放出来,这对于人类社会发展所产生的影响是难以估计的。由于科学技术向着经济和社会的各个方面日益渗透,不断地改变着人们的劳动方式,改变着产业结构和社会结构,例如日本在振兴经济的六十年代,作为"第一产业"的农业、采矿业等行业就业人数,减少了四分之一,而作为"第二产业"的加工工业和作为"第三产业运输、通讯、公益服务行业的就业人数,增加了百分之四十左右。近年来,随着现代通讯技术的发展和信息的广泛应用,信息处理产业开始从"第三产业"中分化出来,形成"第四产业"。日本的信息产业的就业人数从1960年的8.4%上升到1970年的35%,而美国、英国、法国、西德、瑞典等工业发达国家的信息产业就业人数,超过了其他所有产业部门的人数。这个情况从一个方面说明,从事科学技术的脑力劳动,从事科学技术工作的劳动者,在社会生产力的发展中,在社会经济和整个社会的发展中,显示出越来越重要的地位和作用。

随着现代科学技术的发展,随着我国四个现代化的进展,大量繁

①《邓小平文选》,人民出版社,1983版,第86页。

重的体力劳动将逐步被机器所代替,直接从事生产的劳动者、体力劳动会不断减少,脑力劳动会不断增加,并且,越来越要求有更多的人从事科学研究工作,造就宏大的科学技术队伍。"四人帮"把今天我们社会里的脑力劳动与体力劳动的分工歪曲成为阶级对立,正是为了打击迫害知识分子,破坏工人、农民和知识分子的联盟,破坏社会生产力,破坏我们的社会主义革命和社会主义建设。因此,为了实现四个现代化,大力发展我们的生产力,振兴我国的社会主义经济,就必须认真落实党的知识分子政策,调动和保护广大知识分子的革命积极性,大力选拔优秀的知识分子充实到各级领导岗位上来。同时大力发展科学研究事业和科学教育事业,造就一支宏大的又红又专的科学技术队伍,培养一大批专家、教授、工程师等高级技术人才。在建设社会主义过程中,脑力劳动应当像体力劳动一样,受到全社会的尊重,应当造成"尊重知识,尊重人才"的良好社会风气。

四

我们搞四个现代化建设,发展社会生产力振兴国民经济,要依靠科学技术。而科学是要通过人的活动去掌握、去应用的。对于发展经济来说,人才是至关重要的。

"科学技术人才的培养,基础在教育。"①这是邓小平同志在讲话中提出的又一个重要的观点。关于科学和教育的关系问题,在一九七七年的《关于科学和教育工作的几点意见》一文中,已经作了具体而精辟的阐述,指出:"我国科学研究的希望,在于它的队伍有来源。科学是靠教育输送人才的,一定要把教育办好。我们要把从事教育工作的与从事科研工作的放到同等重要的地位,使他们受到同样的尊重,

---

① 《邓小平文选》,人民出版社,1983 年版,第 92 页。

同样的重视。"①过去，我们在经济建设中，主要是把注意力放在"物力投资"，它似乎是实在的、具体的，对"智力投资"却缺乏深刻的认识，它似乎是无形的、抽象的，注意了投资建设厂房，添置生产设备，购买原料材料，舍不得花本钱去开发智力，提高人才的水平。这样，即使引进了先进的生产技术设备，但由于缺乏人才，缺乏技术熟练的劳动力，而不能发挥作用。这条扩大生产外延的道路，对于提高生产力是很有限的。我们提高生产力应当走扩大内涵的道路，即通过生产过程的技术革新和生产设备的技术改造，提高产品的质量和花色品种，促进产品的更新换代，形成合理的技术结构和产品结构。走这条道路应当依靠科学技术来提高生产者的素质，进行创造性的劳动。依靠职工群众的文化科学水平和技术熟练程度，其发展潜力是无限的。从根本上说，在生产力的基本因素劳动力和生产资料之间，劳动力的因素、人的因素一般居于主导地位。因为社会生产力"既是科学的力量，又是在生产过程内部联合起来的社会力量，最后还是从直接劳动转移到机器、转移到死的生产力上面去的技巧。"②以生产工具为主要内容的生产资料，是科学技术物化的产物，代表着生产力的发展水平，而科学技术是人掌握的，其物化过程是通过人的技术活动来实现的。这些死的生产资料是人在生产过程中所使用的。因此，人在生产过程中是最活跃、最积极的因素。

过去，在"左"的思想影响下强调生产过程中人的因素，往往片面地强调人的精神状态，而忽视人的科学知识和技术熟练程度，把红与专割裂开来，特别是"四人帮"把刻苦钻研业务，为祖国的科学技术事业做出贡献的好同志，诬蔑为"白专"典型，完全颠倒了是非。邓小平

①《邓小平文选》，人民出版社，1983年版，第47页。
②马克思：《政治经济学批判大纲》（草稿）（1857—1858）。

同志说,"致力于社会主义的科学事业,做出贡献,这固然是专的表现,在一定意义上也可以说是红的表现。"又说"白是一个政治概念,只有政治上反动,反党反社会主义的,才能说是白。怎么能把努力钻研业务和白扯到一起呢!"①正确地认识了红与专的辩证关系,我们就应当大胆提倡科学技术人员努力钻研业务,把最大的精力放到科学技术工作上去,贡献他们的聪明才智,充分发挥他们在四个现代化建设中的作用。这是在新形势下,搞清红与专的关系,调动科技人员的积极性,开发智力资源的前提条件。

科学教育是传授科学知识和劳动技能,实现科学知识再生产,培养科学技术人才的社会活动,它对于现代社会的生产活动和社会发展有着极为密切的关系。许多经济发达的国家普遍认为,现代国际间的产品竞争,主要是技术的竞争,技术的竞争实质上是人才的竞争,归根到底还是教育的竞争。教育的投资是收益最高的投资。据统计,由于教育的投资而增加的国民收入占国民收入增加总额的比例,美国是33%,苏联是27%,日本是25%。日本在战后的经济复兴,是从改革教育和发展科学入手的。从1950年至1972年的22年中,教育经费增加了25倍,培养了大批技术和管理人才。使国民总产值增加了29倍。这些事例说明,智力开发已成了现代社会经济发展的决定性因素。

我们的国家是一个经济文化比较落后的国家,人口很多,人才奇缺。由于小生产的狭隘眼界的束缚,不重视科学、轻视教育的影响很深,这给我国现代化建设带来了很不利的影响。据统计,与国外相比,我国每万人口中的科学研究人员不到3人,而美国是25人,日本是23人,西德是19人。从根本上说来,我国与国外先进水平之间的差

①《邓小平文选》,人民出版社,1983年版,第89,91页。

距主要是人才的差距。特别是我们甘肃地区科学文化更加落后,人才更加奇缺。1982 年我省的文盲和半文盲人数占总人口数的 34.8%,远远高于全国 23.5%的平均水平。企业科技人员数量少,而多集中在大型厂矿和军工单位,许多地方企业甚至没有大学毕业的专门技术人才。教育落后是造成我省生产技术落后、经济不发达的主要原因。我们要振兴国民经济,实现党的十二大提出的宏伟战略目标,就必须抓住科学和教育这个重点,"使教育事业有一个大的发展,大的提高"。

最近,党中央领导同志指出,本世纪末我国经济建设的重点逐步转移到大西北来。大西北是我们伟大祖国尚未开发的宝地。这里地域辽阔,资源丰富,潜力很大。为了迎接我国建设重点的战略转移,我们从现在起就要做多方面多层次的准备工作。我们重新学习邓小平同志在全国科学大会开幕式上的讲话,就要充分认清科学技术在现代经济和社会发展中的地位和作用,大力进行科学技术开发和人才开发,依靠科学技术的力量,振兴经济,开发大西北,为把我国建设成社会主义现代化强国而奋斗!

第三编
新技术革命研究

科学技术革命①

科学技术革命（seientific and technological revolution） 科学革命和技术革命的合称。科学技术革命是在把科学变成发展社会生产的主导因素的基础上，从根本上改造生产力的过程。在 20 世纪以前，科学革命与技术革命是分开进行的。人类历史经历了三次技术革命。第一次是古代技术革命，第二次是近代工业革命，第三次是现代科学技术革命。科学技术革命改变劳动的条件、性质和内容，改变着生产力的结构，导致劳动生产率的迅速提高。由于科学技术化和技术科学化进程加速，现代科学革命离不开技术上的变革，而现代技术革命也离不开科学上的变革。

科学革命（seientific revolution） ①指人类对社会、自然界物质运动的现象及其规律的认识的飞跃，这种飞跃以科学理论上重大突破的形式表现出来，并导致科学发展中一个新时期的开始。它有两种含义：一是整个科学体系的变革，二是科学体系中某一门学科或某项理论的变革。科学革命从规模上分为自然科学和社会科学两大类，二者都是人类认识成果的理论形态。它们在发展过程中大体上经历三个阶段：稳态阶段、危机阶段和革命阶段。当现有的科学理论不足以解释客观世界、满足实践需要时，科学即处于危机阶段。这时推翻旧的科学理论，建立新的科学理论的过程就是科学革命的过程。科学史

---

①原载《新技术革命辞典》，河北人民出版社，1990 年，第 1，2，6，8 页。

上,日心说代替地心说,氧化理论代替燃素说,相对论和量子力学的出现,马克思主义的诞生等都属于科学革命。科学革命为技术革命、产业革命和社会革命提供理论基础,并决定它们的内容和方向。②科学哲学中的一个术语,指科学发展的间断性的质变状态。许多科学哲学家都研究了这个问题,如奥地利的波普尔,美国的库恩,匈牙利的拉卡托斯等,他们给"科学革命"赋予不同的含义,其观点不尽相同。只有根据辩证唯物主义观点,正确认识量变与质变,进化与革命的关系,才能正确解决科学革命的问题。

技术革命(technological revolution) 指由于重大技术突破所引起的技术发展中影响全局的、飞跃性的进步。具体讲,是指可以应用于后来也确实应用于生产活动过程的技术原理、技术规则的重大新发明。这类新发明导致技术发展中一个新时期的开始。它有两种含义:一是就技术自身的发展来说,意味着技术体系、技术结构的根本变革,或决定某一历史时期技术体系性质的主导技术和主导技术群的变革;二是就技术的社会功能来说,意味着它使某一时期生产力发生质的飞跃,引起社会生产的技术基础的变革。技术革命是科学革命的结果,它又是工业革命或产业革命的先导,从而引起社会生产力巨大发展并推动生产关系的变革。人类历史上已发生过三次技术革命。第一次是18世纪以蒸汽机的广泛使用为主要标志的技术跃进,人类社会由铁器时代进入机器时代,第二次是始于19世纪70年代电磁学的发展,随后电力得到广泛利用,人类进入电气时代;第三次是始于20世纪初的原子能、电子计算机和空间技术的出现,使人类进入电子时代。目前以微电子技术、新型材料、遗传工程等为标志的世界新技术革命,是第四次技术革命。

科学哲学(philosophy of science) 是一个从十九世纪中叶随着现代科学革命而兴起的西方哲学派别。主要研究自然科学中的认识论、方法论问题,即科学中的哲学问题:科学的本质、科学理论的发现、产生和评价、科学理论的结构、科学社会学以及观察程序、论证模式、逻辑手段和科学与形而上学的关系等等。这一学科经历了科学家自己研究科学的哲学以及逻辑分析主义和科学历史学派三个大的历史发展阶段,是一支现代西方哲学发展历史上较有生气的力量。它不仅仅把科学中的哲学问题分离出来,而且试图使思辨的哲学传统科学化,在排斥形而上学这一点上它与逻辑分析主义一脉相承。科学哲学学派在衔接西方科学与哲学的关系上有一定作用,值得我们注意和研究。

科学学(science of science) 一门新兴的边缘学科,始于20世纪20年代。波兰社会学家兹纳涅茨基在其《知识科学的对象和任务》一文中首先使用了"科学学"一词。科学学包含科学的科学和科学的社会功能两层含义。前一种含义将科学学置于第二级科学的地位,并在此方向上发展起科学动力学这一分支;后一种含义在于将科学放在更深、更广的背景中加以反思,产生了科学社会学这一分支。科学学的基本内容便是将这两个方面有机地合成到对科学的反思上,既从科学内部也从科学外部去了解。根据英国科学家贝尔纳的意见,人们应该从四个方面从事科学学的研究:①科学的社会化;②社会的科学化;③科学演替的内部规律;④区域性科技发展与全球性科技战略。随着新技术革命的到来,科学学正在作为一种重要的决策因素参与科学乃至社会的发展。科学学在近70年的时间里大致经历了两个阶段:第一阶段为定性研究,在第二次世界大战以前,其代表人物为贝尔纳、默顿等。第二阶段自二战至今,其代表人物为普赖斯,这一阶段以定量研究为主,通过统计及其他数学方法揭示科学的发展规律。科学学的主要代表作有《科学的社会功能》(贝尔纳)、《小科学,大科学》(普赖斯)、《巴比伦以来的科学》(普赖斯)、《科学界的精英》(朱克曼）、《科学能力学引论》（赵红州）。

科学能力（scientific ability） 主要指全社会的科学潜力，它是一个意义十分广泛的概念。包括两个方面：个人的科学潜力加上由于多种社会关系而超出个人能力的合作能力。科学能力的一般定义是，除个人科学劳动之外，由科学集体通过实验设施及信息系统构成合理的科学劳动结构所提供的仅凭个人所不能提供的巨大的集体力量。在直接的科学劳动之外，培养后备力量的过程（如教育）和待推广的科学成果也都属于科学能力。在科学技术就是生产力的今天，人们也常通过科学能力的估算去衡量一个国家的实力。通过科学劳动的数量（如人数、成果数）和质量（如信息的分配、消费、管理）两方面去估算科学能力。科学能力这一概念的提出标志着科学由个人活动转化为全社会的事业。

系统论、信息论、控制论①

信息(information) 一般泛指消息、情报、指令、数据、信号等有关周围环境的知识。维纳认为信息是我们适应外部世界并使这种适应为外部世界所感知的过程中同外部世界进行交换内容的名称。也有人认为,信息是生活主体同外部客体之间有关情况的消息。消息和信息有一致性,又有区别。哈特莱认为消息和信息的区别在于信息是消息中不确定性的消除。信息与结构有密切联系,结构不同,信息则异,结构决定信息。遗传信息与核苷酸的排列顺序有关;计算机的信息与所给的指令和程序有关;社会语言信息与声、词、词形、句子的排列顺序有关。因此,维纳认为信息本身就是一种模式和组织形式。信息必须有载体,但又不能同载体等同。不能把信息机械地归结为物质和能量,也不能认为信息可以脱离物质和能量而独立存在。应当既承认信息是以物质、能量为载体,又不可否认信息与物质、能量有本质区别。各种信息都有其特点,比如计算机信息,其特点主要是逻辑性的、预测性的和选择行动的。当今,掌握信息对于一个国家、企业、个人都是十分重要的事情,信息交流是社会进步和发展的必要条件。

信息系统(information system) ①指信息在其中流通的系统,也就是信息被输入被处理被输送出来的系统。这一概念是从信息的概念引申和模仿来的。②指生产并向系统使用者提供有用的信息,以

---

① 原载《新技术革命辞典》,河北人民出版社,1990年,第30—40页。

便其做出决策的各种单元结合而成的整体。③狭义信息论主要研究消息的信息量、信道容量以及消息的编码问题。在美国,凡是利用狭义信息论观点来研究一切问题的理论统称为信息科学,而在西欧则称为信息系统。

信息革命(information revolution) 亦称"电子计算机革命"。指由于通讯技术的进步而引起的信息传达方式的变革以及由此而引起的社会变革。信息革命的演变过程,可分为若干历史阶段:第一阶段,语言的产生。语言是信息传达的最基本手段,今后也不会失去它应有的作用。第二阶段,文字的创造。有了文字以后,人类才能把自己的信息传向未来社会,也才能懂得自己先前的历史。第三阶段,印刷机的发明。印刷品的出现扩大了信息的传达范围。第四阶段,电气通讯和无线电广播的运用。利用电气通讯大大加快了信息传播的速度,而且非常经济。以上各阶段被称为信息化社会的前阶段。第五阶段,电子计算机的问世。现在我们可以把科学情报储存于电子计算机中,然后通过电话线路与终端机结合,建立起按照使用者的要求提供各种信息的计算机网络。以电子计算机为中心的信息革命,是对人类智能劳动的代替和扩大,将使智能劳动自动化,能够解决复合问题和创造新的体系。这与过去以蒸汽机为中心的动力革命对体力劳动的代替和扩大完全不同。目前,电子计算机还不能完全适应通讯机械要求,为此,必须开发第五代电子计算机。

信息论(information theory) 研究信息的本质,并用数学方法研究信息的计量、传递、变换和储存的一门学科。人们把信息论分成三科不同的类型,一是狭义信息论,主要研究信息的形态、信息量、信道容量以及信息的编码问题;二是一般信息论,主要也是研究通信问题,同时也包括噪声理论、信号滤波与预测,调制与信息处理问题;三是广义信息论,不仅包括狭义信息论和一般信息论的内容,而且包括所有与信息有关的领域，是指利用信息论观点来研究一切问题的理论。信息论的主要研究内容是：信息的变换和传递；进行信息的度量；分析信息的特征；重视信息方法。美国数学家香农被认为是信息论的创始人。1948 年，香农的论文《通讯的数学理论》奠定了现代信息论的基础。信息论作为一门独立的学科出现，是以香农对信息的系统论述为标志的。信息论的思想萌动，可以追溯到 20 年代。1922 年，卡松提出了边带问题理论，指出了信号在调制（编码）过程中频谱展宽的信号保护法则。波特在 1945 年发表了《声音的可视图形》一文，两年后他又与柯普等人写了《可视语言》。美国统计学家费希尔又从古典理论统计角度研究了信息理论。有人认为，控制论的创始人美国科学家维纳也是信息论的创始人之一，他对信息做出解释，建立了著名的维纳滤波理论和信息预测理论，为信号的度量和应用做出了重要贡献。50 年代后，信息论逐步向其他科学领域推广和渗透，并在解决技术问题和其他科学问题的基础上取得了新的进展，深化了香农信息论的内容。当前，信息论已成为解决现代科学和技术问题的有力武器，同时又使自己发展成为一门新的、系统的信息科学。

　　系统（system）　当前关于系统的概念有多种说法。一般地说，系统是指由相互作用和相互依赖的若干有区别的子系统组合而成，并具有特定功能和共同目的的有机集合体。系统一词来自希腊语，原意是指部分组成的整体、集合。最初的系统概念产生于古代哲学，马克思主义哲学奠定了系统研究的普遍哲学基础。19 世纪末 20 世纪初开始，系统观点运用于许多具体科学的领域，特别是 20 世纪 40—50 年代，开始给系统概念以严格的科学规定，如 40 年代末贝塔朗菲提出的一般系统论，就是对系统概念进行概括的一个尝试。现代，系统的概念正逐步成为重要的哲学方法论概念和专门科学概念。世界上的一切事物、现象和过程几乎都是有机整体，都是自成系统、又互成系统的。系统是由若干要素(成分)构成的,并具有其组成的要素(成分)在孤立状态中所没有的整体特性。系统的整体功能是由系统的结构即系统内部各要素(成分)相互联系、相互作用的方式决定的。任何一个系统,都和周围环境组成一个较大的系统,任何一个系统都是较高一级系统的一个要素;同时,任何一个系统的要素本身,通常又是较低一级的系统。系统的各个要素之间密切联系并相互作用,系统与环境也处于相互作用之中,但在这种相互作用中,系统往往能保持着它作为一个整体的质的规定性。使用不同的概括,可以提出许多系统的分类法。按系统的性质大致可分五类:自然系统,社会系统,思维系统,人工系统,复合系统。

子(分)系统(subsystem) 为了对一个大系统有效地进行分析、设计、实施和控制,就按功能或层次,科学地把它划分为一些具有系统特性的部分,这就是子系统,也称分系统。大系统和子系统是相对的。某一系统相对于高一层次的大系统来说,它是子系统;而相对于低一层次的系统来说它又是大系统。

结构(structure) 指系统内容要素之间的相互联系、相互作用的方式,是系统要素的序。结构包括空间结构、时间结构以及系统与外部物质、能量和信息交流的方式。系统的空间结构是指系统内部诸要素之间的相互联系、相互作用的方式在空间上的稳定性,系统的时间结构是指系统内部诸要素之间的相互联系、相互作用的方式在时间上的流动性与变化性。结构在信息交流中表现为形态学中的"图样"和信息的组织方式。

功能(ability) 指系统所具有的作用、行为、能力,是系统活动的序。系统具有内部功能和外部功能:内部功能是指系统整体对其内部诸要素、要素之间的联结、作用方式的影响;外部功能是指系统对于外部的影响与作用,是系统内部结构的外在表现。如人脑所具有的内、外部功能，人脑不仅可以影响人体其他系统的运动，而且可以影响人脑内部的结构，调节左右两半球等。

系统方法（system method）　从全局出发，对系统内外各种联系及其规律性加以辩证地分析，找出合乎目的的最佳方案，以判定指导人们行动的方针和计划的一种方法。系统方法是与数学及其他工程理论方法相结合而发展起来的一种严格的独立的科学方法。它已广泛运用于分析许多实际工程系统、组织管理及信息传输等自然科学方面，并逐步用于研究人口、经济、教育等社会科学方面。系统方法有整体性、综合性、逐步数学化等三个显著特点。系统方法一般包括五个步骤：①研究制定系统的总目标；②设计出实现总目标的若干可行方案；③根据设计方案分别做出模型以模拟系统的实际情况；④根据模型的数据进行方案比较，选出最佳方案；⑤确定系统结构的组成及相互关系。以上步骤都是统筹全局，立足整体，把整体和局部、分析和综合有机地结合起来，从而达到整体的最优化。目前，系统方法与现代数学的许多领域有密切联系，主要有控制论方法、运筹学方法、信息论方法三个分支。这三种方法相互渗透，相互补充，不断丰富，日益提高，作用也日益显著。

系统工程（system engineering，SE）　过程集合体的组织建设技术和经营管理技术。任何系统中的一切事物，决不能简单地联接组合，而应该根据相互间的质和量的关系将其组织起来。系统工程的任务，就在于确定最完善的组合方案，实现系统的最优化，从而最充分、最有效地发挥每一事物的作用，最合理、最经济地完成整个过程的生产任务或其他特定的任务。系统工程是一门关于组织和管理科学的总的名称，每个专业学科都有它自己的系统工程。系统工程是以定量方法为主对系统进行研究，无论哪一专业学科的系统工程，除了各学科的基础理论之外，还有着共同的基础，即辩证法和数学。系统工程的形成,大体经历了四个阶段:萌芽阶段、科学管理阶段、人际关系阶段和管理科学阶段。二次大战中,运筹学的应用为系统工程的建立奠定了重要的基础。战后,由于生产技术的发展,形成了社会化大生产和大协作,促使科学管理迅速发展,从而建立了系统工程。

系统论(system theory) 研究系统的模式、原则和规律,并对其功能研究能进行数学描述的一门学科。美籍奥地利理论生物学家和哲学家贝塔朗菲是系统论的创始人。他于1934年发表《现代发展理论》一书,批判了机械论的"简单相加"和"被动反应"等观点,提出了"机体系统论"的概念。他认为,一切有机体都是一个系统;一切生命都处于活动的状态之中,应把生命看成一个开放系统;一切有机体都是按照严格的等级和层次组织起来的。为创立"一般系统论"奠定了思想基础。1937年,他又首次提出"一般系统论"的概念。他认为,在现实世界中,不论其具体种类、组成部分的性质和它们之间的关系或"力"的情况如何,总是存在着适用于一般系统或子系统的模式、原则和规律。它以系统为研究对象,从系统的整体性出发,从整体与要素、要素与要素的相互联系、相互作用中综合地把握对象,通过对各种系统的结构、功能和发展的全面考察和比较研究,揭示系统的共同特点和一般规律。系统论着重从系统结构、功能行为、信息过程等一般属性和关系上进行研究,从而揭示出自然和社会以共同的系统形式而存在和运动的规律性。系统论有四条基本原则:整体性原则、相互联系原则、有序性原则和动态原则。系统作为一个整体来看,同其单独的组成部分和子系统在性质上完全不同,不能简单地把它看成是所包含的各个要素的总和。现代物理学的发展导致系统论的深化。比利时物理学家普利戈金创立的耗散结构理论,联邦德国物理学家哈肯创立的协同学理论等,为系统论描绘出了数理的框架。美国经济学家博尔丁、逻辑学家拉波波特等,也对"一般系统论"的发展起过重要作用。系统论是现代工业、现代农业、现代军事和现代科学技术迅速发展的必然结果。现代科学技术的迅速发展和电子计算机的广泛应用,为系统论的建立和发展提供了条件,而系统论又为解决现代社会发展中的许多复杂问题提供了科学依据。

控制(control)　利用控制器,通过信息变换和反馈对被控对象施加作用,使对象能达到自动按人们预定的程序运行状态。如数控机床,在机床加工过程中,由于各种因素的干扰而偏离预定的目标,这种偏离会被反馈到计算机中,计算机根据这种变化情况做出判断,下达新的指令,使机床回到运行的预定点上去。这种不断地偏离——调整的过程即为控制。

反馈(feedback)　指把施控系统的信息(又称给定信息)作用于被控系统(对象)后产生的结果(真实信息)再输送回来,并对信息的再输出发生影响的这种过程。简单讲,即指输出的一部分可返回给输入,并影响输入的现象。这种相互影响总是通过信息传递来实现的,美国控制论学者维纳将反馈过程称为"信息传递和返回的过程。"亦即信息变换的过程如图示:

一般说,闭环系统必具有反馈,但具有反馈的系统不一定有闭环结构。其反馈作用有时是通过对象内部的规律产生的。

控制论〔cybernetics,control theory〕　现代科学技术一个综合性的新学科。它研究技术装置、生物机体和人类组织等系统中的控制和通信的一般规律。它是自动控制、电子技术、无线电通信、神经生理学、数理逻辑、统计力学等多种学科相互渗透的产物,1948 年由美国数学家维纳创立,他出版的《控制论》一书为这门新学科奠定了理论基础,该书将控制论定义为"关于动物和机器中控制和通讯的科学"。控制论撇开对象的物质和能量的具体形态,撇开过程的物质和能量交换的方面,仅从技术装置和生物机体中控制的功能类比方面,研究对象和过程的各组成部分间信息的传送过程。由控制机构到被控制对象有控制信息输入,而从被控制对象到控制机构则有关于被控制对象的状况和控制信号执行过程的情报(即反馈信息)回授。这样信息的传输和变换过程就形成了控制论问题的核心。控制论的出现表明,除了物质和能量交换过程以外,信息交换过程的研究已成为科学认识的重要对象。它对当代科学技术的发展起了积极作用。20 世纪50 年代后,控制论向各个领域渗透,相继出现了工程控制论、社会控制论、神经控制论等各分支。控制论的产生和发展对于辩证唯物主义哲学提供了丰富的材料。

第四编
自然辩证法研究

恩格斯《自然辩证法》介绍①

历史背景

恩格斯的《自然辩证法》写于 1873—1886 年。它是一部没有完成的书，但在马克思主义哲学原著中却占有十分重要的地位。全书由两个计划草案、十篇论文、一六九段札记和片断组成。1925 年以德文和俄译文对照的形式在苏联第一次出版。

《自然辩证法》的写作有其政治、哲学和自然科学背景。

19 世纪的欧洲，资本主义迅速发展，工人阶级日益壮大和觉醒起来，工人阶级与资产阶级的矛盾日益尖锐化。1871 年 3 月 18 日在法国爆发了举世震动的巴黎公社革命。巴黎公社失败以后，欧洲无产阶级革命进入了一个所谓"和平发展时期"。这个时期，欧洲各国无产阶级正在思想上和理论上武装自己，积蓄力量，以便迎接新的革命高潮的到来。巴黎公社的一个主要的经验是：无产阶级革命需要马克思主义理论的指导。所以，提高革命政党的思想理论水平已成为一项重要的政治任务。马克思和恩格斯将全部精力投入到理论研究中去，以便用辩证唯物主义和历史唯物主义的世界观武装无产阶级及其政党。要完整地阐述和论证辩证唯物主义和历史唯物主义的世界观，就必

---

①原载《马克思恩格斯列宁斯大林著作介绍（哲学）》，新疆人民出版社，1989
年版，第 87—187 页。

须概括和总结自然科学的成就。因此，恩格斯在七十年代，主要研究自然科学，写作《自然辩证法》。

在哲学中也面临着极其复杂和激烈的斗争。受到巴黎公社沉重打击的资产阶级，为了维护其统治地位，从思想上加紧对无产阶级进行分化瓦解和精神麻醉，由此出现了各种资产阶级和小资产阶级的哲学流派：其中有所谓社会达尔文主义、新康德主义、庸俗唯物主义等等。他们鼓吹唯心主义和形而上学的思潮，抵制马克思主义理论的传播，企图扰乱无产阶级的视线。因此必须批判这些哲学思潮，开展理论斗争。《自然辩证法》中最早的一条札记（见恩格斯：《自然辩证法》，人民出版社 1971 年版第 180—183 页。以下引用该书时，仅注明页码），就是准备批判毕希纳庸俗唯物主义的一个提纲，它大约写于 1873 年 1 月。这一事实说明，恩格斯研究自然辩证法与批判毕希纳有关。

另一个十分流行的资产阶级哲学流派是新康德主义。它是资产阶级用来进攻马克思主义和无产阶级革命运动的理论武器，后来成为第二国际机会主义者的哲学。

《自然辩证法》的写作不仅是无产阶级政治思想斗争的需要，也是自然科学历史发展的要求。

牛顿力学体系的建立，结束了哥白尼、伽利略近代自然科学发展的初期阶段，形成了一个关于自然界绝对不变的机械自然观。从 18 世纪末叶开始，自然科学领域中一系列划时代的发现，冲击着这个机械观，使自己进入到一个新的历史发展阶段。

在数学上，1673 年法国哲学家和科学家笛卡尔的解析几何学，第一个把变量引入了数学，成为"数学中的转折点"。"有了变数，辩证法就进入了数学"（236 页）。牛顿和莱布尼茨分别在 1665 年和 1673 年各自独立地创立了微积分，使"自然科学有可能用数学来不仅表明状态,而且也表明过程、运动"(第249页)。在天文学中,由于天文望远镜的改进和天文光度计的发明,使人们的观测超出了太阳系,窥察到了恒星世界的奥秘。

在地质学上,人们把地球的岩层、矿物和生物化石加以综合考察,从而能够根据生物化石的成岩程度来确定岩层的发育顺序。

在物理学领域里,光学发展了,产生了光的波动说。到1865年麦克斯韦的光的电磁说,完成了物理学史上的第三次大综合。电学的飞速发展,使光、电、磁,电和化学能,电和热,电和机械运动等统一起来。

在化学中,道尔顿的原子论和阿伏伽德罗的分子论,奠定了化学的理论基础;1828年维勒用无机化合物氰酸铵制出了有机化合物尿素,打破了有机与无机化合物的界限;1869年门捷列夫等人发现的化学元素周期律,揭示了各元素的内在联系。

在生命科学中,发现了微生物,使生命的演化阶梯连接起来;细胞的发现,提示了各种动植物的起源和物质组成的奥秘;达尔文的进化论,则完成了自然界生成演化最高阶段的理论问题。自然科学理论的成就向我们勾画出一幅从原始星云到人类社会发展的图录。

自然界的辩证性质迫使自然科学在理论上必须如实反映它。这样,自然科学也从"主要是搜集材料的科学,关于既成事物的科学"发展到"本质上是整理材料的科学,关于过程、关于这些事物发生和发展以及关于把这些自然过程结合为一个伟大整体的联系的科学"①。

但是,在科学研究中,由于唯心主义和形而上学思潮泛滥,一些自然科学家由于缺乏坚定的唯物主义立场,不懂辩证法,在形

①《马克思恩格斯选集》第4卷,第241页。

而上学、机械观的束缚下，鼓吹宇宙热寂说，宣扬符号论，散布不可知论的观点，甚至搞降神术等迷信活动。严重阻碍了科学技术的发展。为了解决科学成就的辩证内容与形而上学思想方法的矛盾，帮助科学家摆脱混乱的思维状况，就必须提倡运用辩证的思维方法。

主要内容

《自然辩证法》中的札记大部分与论文的内容是一致的。它们多是为写作论文准备的素材。在学习时，将前面的论文与后面的札记相应联系起来，就能更好地领会恩格斯的思想。为了研究的方便，我们将全书分为六个部分：

第一部分，导言。内容包括论文《导言》、札记[科学历史摘要]。在这一部分中，恩格斯概述了从文艺复兴时期以来近代自然科学发展的历史。自然科学的发展史证明，唯物辩证法是唯一适合于现代自然科学理论的思维方法。

第二部分，自然科学和哲学。包括《〈反杜林论〉旧序·论辩证法》《神灵世界中的自然科学》这两篇论文以及札记[自然科学和哲学]。这一部分说明，自然科学理论的进步离不开正确哲学的指导。

第三部分，辩证法。包括论文《辩证法》和札记[辩证法]。主要是根据自然科学材料说明辩证法的基本规律和几对重要的范畴，论述辩证唯物主义认识论和辩证逻辑的一些重要原理。

第四部分，物质的运动形式。包括论文《运动的基本形式》和札记[物质的运动形式·科学分类]。主要是论述辩证唯物主义运动观的基本原理。辩证唯物主义的运动观为科学分类和正确处理各门科学之间的相互关系提供了理论根据。

第五部分，各门自然科学中的辩证法。包括论文《运动的量

度——功》《潮汐摩擦。康德和汤姆生——台特》《热》《电》和札记
[数学]、[力学和天文学]、[物理学]、[化学]、[生物学]。在这些论文
和礼记中，恩格斯运用辩证法深刻分析了各门科学中一些重大理论
问题和哲学问题。

第六部分，劳动创造了人。这部分只有论文《劳动在从猿到人转
变过程中的作用》。这篇论文是从研究自然界过渡到研究社会历史的
桥梁，从而把自然辩证法与历史唯物主义衔接起来，构成了完整的马
克思主义的理论体系。

《自然辩证法》的写作距今已有一百年了。百年来，自然科学的基
本理论发生了各种各样的重大革命。但是这部著作的基本思想，仍然
像光彩夺目的宝石，闪耀着真理的光辉。

第一部分　导言

这一部分内容包括论文《导言》、札记[科学历史摘要]。主要通过
对自然科学和人类思维历史的考察，论证了唯心主义和形而上学世
界观的破产、唯物辩证法世界观的产生以及前者为后者所替代的历
史必然性；描绘了自然界由原始星云到有机生命、到人类产生、到共
产主义自由王国及宇宙的辩证发展图景；阐述了自然科学在社会历
史中产生和发展的规律性问题。

一、《导言》

《导言》是《自然辩证法》一书里最完整、最重要的一篇文章，是全
书的精髓。其中心思想是："在自然科学中，由于它本身的发展，形而
上学的观点已经成为不可能的了"(第3页)。全文分为两大部分。前
一部分通过对近代自然科学产生和发展历史的分析，从自然科学与
哲学的关系方面，论述了辩证唯物主义自然观代替形而上学自然观

的历史必然性;后一部分则根据当时的自然科学材料,概括论述了自然界的辩证发展过程。

(一)辩证唯物主义自然观代替形而上学自然观的历史必然性(第6页第1段至第16页第2段)

1. 欧洲近代自然科学产生和初步发展的时代背景(第6页第1段至第8页第2段)

近代自然科学是从十五世纪中开始的,资产阶级领导的人民群众反对封建地主阶级的阶级斗争、社会斗争,促进了近代自然科学的诞生和发展。

(1)近代资本主义生产的兴起,促进了近代自然科学的诞生。资本主义生产发展的需要,不断提出新的课题,促进自然科学的研究;在生产实践中,劳动人民积累的丰富经验为自然科学提供了丰富的研究材料;同时,生产水平的提高也提供了新的可靠的实验工具,使科学实验得以从生产实践中分化出来,成为一项重要的、相对独立的社会实践,从而扩大了自然科学的实验基础,加速了近代自然科学的诞生和发展。恩格斯指出:"在中世纪的黑夜之后,科学以意想不到的力量一下子重新兴起,并且以神奇的速度发展起来,那么,我们要再次把这个奇迹归功于生产"(第16页)。

(2)资产阶级革命推动了自然科学从神学中的解放。十五世纪下半叶开始的时代,是资产阶级革命的伟大时代。"这是地球从来没有经历过的最伟大的一次革命。自然科学也就在这一场革命中诞生和形成起来"(第172页)。

在政治上,资产阶级为了自身的发展,反对封建贵族的统治,反对地方封建割据状态,因而它把斗争矛头指向了反动势力的总代表——宗教教会。"当时反对封建制度的一种斗争,都必然要披上宗教的外衣,必然首先把矛头指向教会"。①在意识形态的其他领域如文学艺术、哲学等等各个方面,也都进行了反封建文化,创立资产阶级新文化的斗争。早期的资产阶级文化是以恢复古代文化的面目出现的,所以在历史上又被称为"文艺复兴"。这些反封建、反教会统治的思想,及其进行斗争的革命精神,推动和鼓舞了当时的自然科学家勇敢地冲破宗数神学的精神枷锁,面向自然,重视实验,以实践为基础创立科学的理论,并为维护真理而献身。

在资产阶级反封建的斗争中,造就出了一批资产阶级的杰出人物。"他们的特征是他们几乎全都处在时代运动中,在实际斗争中生活着和活动着"(第8页)。在封建的中世纪,教会统治一切,科学没有独立存在的权力,任何违背教会信条的科学思想都会被禁止。"科学只是教会的恭顺的婢女,它不仅超越宗教信仰所规定的界限,因此根本不是科学"。②随着社会生产力的发展,资产阶级不仅需要用科学发展生产,而且需要用它揭示客观规律,作为反对宗教神学的有力武器。而自然科学本身要存在和发展,也必须通过斗争,挣脱教会的严酷统治。恩格斯说:"自然科学当时也在普遍的革命中发展着,而且它本身就是彻底革命的,它还得为争取自己的生存权利而斗争"(第8页)。正因为自然科学揭示了物质世界所固有的客观规律,证明了宗教教义的荒诞无稽,给教会以沉重打击,所以反动的宗教裁判所用监禁、审讯、拷打和火刑等残酷手段,迫害与镇压自然科学家,扼杀自然科学的研究成果。乔尔丹诺·布鲁诺(意大利,1548—1600年)由于宣传无神论,在宗教裁判所的监狱里遭受了七年之久的拷问,最后被活活烧死;塞尔维特(西班牙,1511—1553年)正要发现血液循环现象

---

① 《马克思恩格斯选集》第3卷,第390页。
② 《马克思恩格斯选集》第3卷,第390页。

时,也遭到了火刑;伽利略(意大利,1564—1642年)由于信奉哥白尼(波兰,1473—1543年)学说被判处终身监禁。恩格斯特别指出,新教在迫害自然科学家方面不亚于旧教,它们都是自然科学的敌人。因此,自然科学要得以存在和发展,必须跟宗教势力进行彻底的斗争。

在自然科学与教会的斗争中,哥白尼的不朽著作《天体运行论》起了巨大的作用。哥白尼的日心说打破了托勒密(古希腊,公元二世纪)的地心说。托勒密的地球中心说同教会的信条完全一致,得到了教会的大力支持;教会利用这种观念来说明上帝创造世界,说明上帝创造一切都是为了地球上的人类,故有意把地球摆在宇宙的中心。这种观念长期地束缚着人们的思想。哥白尼的太阳中心说认为太阳是宇宙的中心,地球只是普通的一颗行星,它和诸行星一起围绕太阳旋转。这样就推翻了那种陈旧的、神秘的观念,宣布了自然科学从神学中的解放。随着时间的推移,自然科学的发展愈加迅速。恩格斯形象地说:"科学的发展从此便大踏步地前进,而且得到了一种力量,这种力量可以说是与从其出发点起的(时间的)距离之平方成正比的"。(第8页)。

从以上简略的分析中可以看出:第一,生产的发展对近代自然科学的产生起了决定性的作用。生产实践是自然科学发展的源泉和动力,在生产发展的一定阶段上,从生产实践中分化出来的科学实验,为自然科学提供了新的、更加广阔的实践基础。反过来,自然科学的发展又促进了生产的发展。第二,自然科学的发展受着社会制度的制约,在阶级社会中,受着阶级斗争的深刻影响。

2. 辩证自然观代替形而上学自然观的历史必然性(第8页第3段至第16页第2段)

恩格斯考察了欧洲近代自然科学发展的历史,着重从自然科学和哲学关系方面,论述了由于自然科学本身的发展,形而上学自然观从形成到被辩证唯物主义自然观所代替的历史必然性。

（1）形而上学自然观的形成及其对自然科学发展的阻碍作用。恩格斯概括和总结了哥白尼时期自然科学的解放历程，总结了十八世纪前半期欧洲近代自然科学的发展状况以及形而上学自然观的形成、特点及其对于自然科学发展的阻碍作用。

形而上学自然观是人类认识史上不可避免的现象。这和当时自然科学发展的状况有着密切的关系。经过中世纪教会对科学的摧残，这时的科学水平仍然很低，成果也不多，因而自然科学的首要任务就是整理现有的一些材料和搜集大量的新材料，为今后的研究作准备。经过将近三个世纪的努力，地球上的物体和天体的力学有了较高的发展，为之服务的数学方法也获得了很大的成就。刚体力学的主要定律被确定了。1687 年，牛顿（英国，1642—1727 年）出版了他的科学巨著《自然哲学的数学原理》。在这部著作中，牛顿总结了前人和同时代人的科学成果，确定了力学的三个基本规律，并对开普勒三定律作了分析研究，在总结广泛经验的基础上，发现了万有引力定律。使天体的力学、地球上的物体力学得到了统一的说明，从而完成了物理学史上的第一次大统一。在数学方面，笛卡尔第一次把变数概念引进数学，把代数和几何结合起来，建立了解析几何；1665 年牛顿在研究力学时、1673 年莱布尼茨（德国，1646—1716 年）在研究切线等问题时，各自独立地制定了微积分。这样，"最重要数学方法基本上被确定了"（第 9 页）。和数学、刚体力学比较起来，自然科学的其他部门发展得很缓慢，距离初步的完成还很远。

恩格斯在概括这个时期自然科学发展的状况时指出："那时在所有自然科学中达到了某种完善地步的只有力学，而且只有刚体（天空的和地上的）力学，简言之，即重量的力学。化学刚刚处于幼稚的燃素说的形态中。生物学尚在襁褓中；对植物和动物的机体只作过极粗浅的研究,并用纯粹机械的原因来加以解释。"①

　　与自然科学只有初步发展的状况相适应,形成了形而上学的自然观。恩格斯说:"这个时代的特征是一个特殊的总观点的形成,这个总观点的中心是自然界绝对不变这样一个见解"(第 10 页)。按照这种形而上学的观点,自然界的一切,现在如此、过去如此、将来还是如此。他们把一切自然现象看作是互不联系、各自孤立、只在空间彼此并列存在着的东西,而无时间上的发展变化。恩格斯曾经指出,对自然界的非历史的观点在当时出现是不可避免的,它受到当时自然科学发展状况的局限。已获得的科学知识还不足以揭示出各种自然现象之间的联系变化和发展, 所以还不可能在科学的基础上把客观世界理解为一个过程。由于力学有了较高的发展,所以人们往往用力学的观点去说明一切自然现象, 把其他运动形态归结为机械运动, 因而形成了当时自然观的机械性、形而上学性。从当时自然科学研究方法的特点来看,在人们着手研究一个事物的发展过程以前,必须先研究这个事物的现存状态,认识这一事物是什么,然后才能进一步了解这一事物的过去和将来。这就要求人们在一定程度上把事物当作固定不变的东西去研究。其次,在人们综合地研究自然界各部分之间的联系以前, 必须先对各部分进行分别地研究,认识每一部分的性质,这就要求人们在一定条件下把一事物与周围的其他事物隔离开来,孤立地进行研究。这种研究方法,对于当时自然科学的发展是完全必要的,因而曾经起了重要的作用,它是人们在具体的知识上,在对自然界的认识上前进的基本条件。然而,"这种做法也给我们留下了一种习惯:把自然界的事物和过程孤立起来,撇开广泛的总的联系去进行考察,因此就不是

①《马克思恩格斯选集》第 4 卷,第 224 页。

把它们看作运动的东西,而是看作静止的东西;不是看作本质上变化着的东西,而是看作永恒不变的东西;不是看作活的东西,而是看作死的东西"。①在自然科学中逐渐形成的这种思想方法,经过培根和洛克的总结和概括,移植到哲学上来,就形成了形而上学的思想方法。

形而上学的自然观对自然科学的发展危害极大。它使十八世纪自然科学在自然观上低于古希腊,因而产生了唯心主义和神秘主义的目的论。恩格斯说:"虽然十八世纪上半叶的自然科学在知识上,甚至在材料的整理上高过了希腊古代,但是它在理论地掌握这些材料上,在一般的自然观上却低于希腊古代"(第10页)。十八世纪,人们把自然界看成是永无变化的东西,这种观点阻碍着自然科学的进步和发展,使之陷入神学的禁锢之中。因为坚持这种观点,在解释自然界中一些带有根本性的问题时就遇到了不可克服的困难。比如说,既然自然界的一切都是从来如此的,那么地球围绕太阳的运动最初是如何形成的?地球上无限多样的动物和植物的种类是如何产生的?人类又是怎样产生出来的?等等。对于这些问题,形而上学者是无法解答的,他们最终不得不用超自然的原因来说明。牛顿用神的"第一推动力"来说明地球最初的运动;林耐用上帝的安排来解释动物和植物物种的形成;关于人,也只好用上帝造人来回答。所以恩格斯说:"这一时期的自然科学所达到的最高的普遍思想,是关于自然界安排的合目的性的思想,是浅薄的沃尔弗式的目的论,根据这种理论,猫被创造出来是为了吃老鼠,老鼠被创造出来是为了给猫吃,而整个自然界被创造出来是为了证明造物主的智慧"(第11页)。这种目的论实际上根本否定了科学,所以恩格斯总结说:"哥白尼在这一时期的开端给神学写了挑战书;牛顿却以关于神的第一次推动的假说结束了

---

①《马克思恩格斯选集》第3卷,第60—61页。

这个时期"(第 11 页)。

（2）十八世纪下半叶到十九世纪中叶近代自然科学的发展和辩证唯物主义自然观的必然产生。十八世纪下半叶,欧洲各主要资本主义国家进行了产业革命,由工场手工业转变为机器大工业,资本主义的大农业也随之发展起来。生产的进一步发展,为近代自然科学提供了新的事实材料和实验工具。这个时期,自然科学发展的特点是:冲破了力学的局限性,相继建立了如物理学、化学、生物学、地质学等研究复杂运动形式的科学;自然科学由分门别类收集材料的阶段,进入对经验材料进行综合整理和理论概括的阶段。正如恩格斯所指出的:"事实上,直到上一世纪末,自然科学主要是搜集材料的科学,关于既成事物的科学,但是在本世纪,自然科学本质上是整理材料的科学,关于过程、关于这些事物的发生和发展以及关于把这些自然过程结合为一个伟大整体的联系的科学。"①于是"在哲学领域内也就响起了旧形而上学的丧钟。"②自然科学各个领域出现的重大成果(尤其是能量守恒和转化定律的发现,细胞学说和达尔文进化论的创立)沉重地打击了陈腐的形而上学自然观,把它弄得千疮百孔,为辩证唯物主义自然观的确立,提供了自然科学的基础。这些科学成就是:

在天文学中,康德的星云假说给形而上学自然观打开第一个缺口;在地质学中,赖尔(又译为莱伊尔,英国,1797—1875 年)在1830—1833 年出版的《地质学原理》一书中,阐述了地质变化的新思想;在物理学中,迈尔(德国,1814—1878 年)、焦耳(英国,1811—1889 年)、格罗夫(英国,1811—1896 年)等人几乎同时从不同的途

---

①《马克思恩格斯选集》第 4 卷,第 241 页。
②《马克思恩格斯选集》第 4 卷,第 241 页。

径发现了能量守恒与转化定律,在化学中,有机化学迅速发展;在生物学中, 细胞学说和达尔文进化论给形而上学自然观以致命的打击。

这个时期,自然科学的各个领域都得到了迅速的发展,提供了丰富的材料。以能量守恒和转化定律、细胞学说和达尔文进化论这三大发现为中心的自然科学的重大成就, 深刻地揭示了自然界的普遍联系和发展的辩证性质,表明"在自然科学中,由于它本身的发展,形而上学的观点已经成为不可能的了"(第3页)。同时,它为辩证唯物主义自然观的确立,奠定了坚实的自然科学基础。马克思恩格斯概括了自然科学的这些新成就,创立了辩证唯物主义自然观。恩格斯说:"新的自然观的基本点是完备了;一切僵硬的东西溶化了,一切固定的东西消散了,一切被当作永久存在的特殊东西变成了转瞬即逝的东西"(第15—16页)。这就是说,整个自然界的一切事物都处于永久的产生和消亡之中。处于不间断的流动之中,处于不断的运动、变化之中。

新的自然观的基本原理和基本思想是确定了。对于这一自然观,自然科学在实验上的证明,还存在着一些"缺陷"。恩格斯指出,自然科学的进一步发展会进一步填补这些"缺陷"。恩格斯的这个预言为一百年来自然科学的发展所证实。二十世纪以来,人类对自然界的认识,无论从宏观方面,还是微观方面,都进入了新的物质层次。从总星系到"基本"粒子,都是处在永恒的产生和消亡之中,处于不停的运动和变化之中,这进一步证明了辩证唯物主义自然观的正确性。

(二)自然界无限发展的辩证图景(第16页第3段至第24页)

"自然界是检验辩证法的试金石"。①恩格斯在《导言》部分中,根据辩证唯物主义自然观和当时的自然科学成果, 描绘了自然界无限

----

①《马克思恩格斯选集》第3卷,第62页。

发展的辩证图景,表明"自然界的一切归根到底是辩证地而不是形而上学地发生的"。①主要谈了以下两个问题:

1. 从原始星云到人类社会的辩证发展(第 16 页第 3 段至第 20 页第 1 段)

自然界的事物是从简单到复杂、由低级到高级发展的。恩格斯以天体、地球、生命和人类等四个起源为中心,具体描述了从原始星云到地球的产生,从无机界到有机界,从生命起源到人类社会的生产和辩证发展过程。

(1)恩格斯在总结当时天文学成就的基础上,简单地叙述了天体的起源和发展。当时认为,我们银河系中的恒星是由炽热的、旋转的弥漫物质(即原始星云)演化而来的。由于原始星云内部的吸引和排斥作用,而不断地收缩和冷却,逐渐形成了各种类型的天体。在银河系内部有无数个太阳和太阳系,它们处于不同的演化阶段。现代天文学的一系列成就表明:天体的演化主要经历以下几个主要阶段:早期阶段——主要指气体云在引力作用下形成恒星的阶段;中期阶段——指星体内部开始进行核反应,并且一种核反应完了接着又产生另一种新的核反应,一直到核燃料耗尽为止,太阳就是处在这个旺盛时期的一颗恒星;晚期阶段——当核反应结束后,在引力作用下,恒星中的一部分物质抛射到太空中去,只成为星际气体,而核心部分就坍缩成为各种致密天体,如白矮星、中子星、黑洞等。

(2)恩格斯根据康德—拉普拉斯天体演化假说,描绘了太阳系及地球的形成和发展过程。我们太阳系的太阳、行星和卫星也是由炽热的、云雾状的原始星云逐渐演化发展而来的。在太阳系处于热核反应的炽热高温条件下,它的表面绝大部分地区基本上没有化学的运动

---

① 《马克思恩格斯选集》第 3 卷,第 62 页。

形式,只有机械、热、光、电、磁及相互转化的运动形式。在地球温度逐渐下降的过程中,物质和运动都逐渐分化。温度下降到一定程度时,出现了化合物和化学的运动形式。温度进一步下降,出现物质聚积状态的分化,即气态、液态和固态。地球形成了地壳、地幔和地核。在地球表面出现了地球圈层的分化,形成了气圈、水圈和岩石圈。此后又相继出现了比较复杂的气象、地质等运动形式。

(3)恩格斯概述了地球生命起源和生物进化过程。恩格斯认为,生命现象是物质发展到一定阶段的产物,生命的起源必定是通过化学的途径实现的。"如果温度降低到至少在相当大的一部分地面上不高过能使蛋白质生存的限度,那么在其他适当的化学的先决条件下,有生命的原生质便形成了"(第18页)。现代科学表明,除了蛋白质,还应包括另一类高分子有机化合物——核酸,它们同是构成有生命的原生质的基本物质。生命的出现是自然界物质发展的一个巨大的飞跃,从此便开始了物质运动的高级形式——生命运动形态发展的历史。最初的生命是比细胞还简单的非细胞形态,即"没有结构的蛋白质"(第18页)。进一步的发展引起了细胞的产生,首先是细胞膜和细胞质的分化,然后是细胞质和细胞核的分化。第一代细胞的产生,为整个生物界的形成和发展打下了基础。从单细胞生物逐渐分化发展出多细胞生物,再分化出动物和植物。动物和植物也不断地从低级向高级发展,由无脊椎动物分化出神经系统充分发达的脊椎动物。脊椎动物又分化出哺乳类动物。哺乳类动物的高度发展,才出现了具有意识和思维活动能力的人类。人类的出现是自然界物质运动发展的又一个巨大的飞跃。

(4)恩格斯用物质分化发展的观点来分析人类的起源问题,指出:"人也是由分化产生的"(第18页)。从动物物种系统进化方面来看,人类是古代类人猿通过劳动分化出来的。这里有决定意义的是劳动,首先使手和脚分化开来。类人猿的前肢和后肢有了分工,前肢逐渐变成手,后肢逐渐变成脚,渐渐直立行走。手的发达能制造工具,进行劳动。由于劳动的需要,产生了语言。语言是交流思想的工具。在劳动和语言的推动下,猿脑逐渐地变成人脑,而"脑髓和为它服务的感官、愈来愈清楚的意识以及抽象能力和推理能力的发展,又反过来对劳动和语言起作用,为二者的进一步发展提供愈来愈新的推动力"(第153页)。"劳动创造了人本身"(第149页),由于手脑并用,人的劳动越来越完善和向多方面发展,不断创造着自己的社会历史。

有了人,就开始有了人类的历史。"人离开狭义的动物愈远,就愈是有意识地自己创造自己的历史,不能预见的作用、不能控制的力量对这一历史的影响就愈小, 历史的结果和预定的目的就愈加符合"(第19页)。因为人离开动物越远,在社会实践中,对于自然规律和社会规律的认识就会愈来愈深入;人们的主观与客观规律越符合,人们改造客观世界的活动也就愈能达到预期的目的,盲目性就会减少,自由就越来越多。因为自由是对客观规律的认识和对客观世界的改造。但是,在以往的生产方式中,在以生产资料私有制为基础的社会制度下,整个社会不可能进行有计划的生产和分配。在资本主义社会生产中,无政府状态占统治地位,这是由资本主义社会的基本矛盾:生产的社会化和生产资料的私人占有之间的矛盾所决定的。资本主义生产盲目扩大的结果,造成生产过剩的经济危机周期性地发生。"预定的目的和达到的结果之间总还存在着非常大的出入, 不能预见的作用占了优势, 不能控制的力量比有计划发动的力量强得多"(第19页)。但是资产阶级的经济学家却把资本主义社会的自由竞争、"生存斗争"歌颂为人类的"最高历史成就"。这和达尔文宣称生存斗争是动物界的正常状态加以对照的话,正是一个辛辣的讽刺。资产阶级既然把动物界的状态当作人类的"最高成就"加以颂扬,那就只能说明在资本主义制度下，人们自己还没有在社会关系方面从动物界中提升出来。"只有一种能够有计划地生产和分配的自觉的社会生产组织，才能在社会关系方面把人从其余的动物中提升出来，正像一般生产曾经在物种关系方面把人从其余动物提升出来一样"（第20页）。也就是说，只有推翻资本主义，实现社会主义和共产主义，人们才能成为自己社会的真正主人，从而也成为自然界的真正主人，人们的主观能动性才能得到充分的发挥，才有可能像恩格斯所说的那样，"人们自身以及他们的活动的一切方面，包括自然科学在内，都将突飞猛进，使已往的一切都大大地相形见绌"（第20页）。

2. 自然界的无限发展过程（第20页第2段至第24页）

恩格斯运用物质运动的相对性与绝对性、有限性与无限性辩证统一的原理，论述了宇宙无限发展的过程。首先，恩格斯用德国诗人歌德的一句名言："一切产生出来的东西，都一定要灭亡"（第20页）来说明辩证法的一个重要思想，即任何有限的事物都是有生有灭的。总星系、银河系、太阳系、地球、生命以及人类，都是自然界在无限发展过程中，在某一发展阶段的特定条件下产生出来的东西，因而不可避免地也要走向死亡。应当指出，恩格斯这里所说的地球和人类灭亡与资产阶级思想家们宣扬的"世界末日"是有根本区别的："世界末日"所宣扬的是整个宇宙的普遍毁灭，而恩格斯所说的地球毁灭，人类灭亡，并不是"世界的末日"。自然界中，具体事物都是有生有灭的，而整个宇宙则是生生不息、无始无终的，这是彻底革命的辩证法宇宙观；"世界末日"的谬论是没落资产阶级用来涣散人民斗志的精神鸦片，而恩格斯指出任何具体事物不是永恒的，就从理论上批判了资本主义制度永恒化谬论，论证了共产主义代替资本主义的历史必然性。

太阳系灭亡之后又怎样呢？"是不是太阳的残骸将永远作为残骸在无限的空间里继续运转，而一切以前曾无限多样地分化了的自然力,都将永远地变成吸引这样一种运动形式呢?"(第21页),对于这样的问题,仅仅依靠过去的经验事实是不能从根本上回答的,而必须求助于理论思维,求助于正确的宇宙观。恩格斯指出:"现代自然科学必须从哲学那里采纳运动不灭的原理;它没有这个原理就不能继续存在"(第21页)。恩格斯对运动不灭原理作了全面深刻的论述。首先指出运动形式具有多样性,"它包括宇宙中发生的一切变化和过程,从单纯的位置移动起直到思维"(第53页)。同时指出:"运动不灭不能仅从数量上去把握,而且还必须从质上去理解"(第22页)。能量守恒与转化定律表明,运动在量上是守恒的,在运动形式上是可以相互转化的。

恩格斯批驳了宇宙发展有限论的错误观点,即认为物质在无限短的时间内,运动只有一次分化出多种运动形式,而在这以前和以后,则永远是单纯的位置移动。依照这种观点,太阳系死后的残骸只会以机械运动形式运转下去。恩格斯指出:"这样说,就是主张物质是会死亡的,而运动是短暂的"(第22页)。也就是说,它违背了运动不灭原理,否定了运动在质上的不灭性。

恩格斯依据对立统一和运动不灭原理,回答了太阳系完成自己生命历程后的转化问题,他不仅肯定了太阳系从生到死的转化,而且肯定地指出太阳系未来由死到生的转化,"这种转化品是运动着的物质本来具有的,从而转化的条件也必然要被物质再生产出来"(第22页)。"宇宙热寂论"是歪曲热力学第二定律的唯心主义谬论。它认为在宇宙中,机械的、物理的、化学的等运动形式,最后都将转化为热运动,而热却不能再转化为其他的运动形式,热只能从高温物体自行传到低温物体,不断地消散于宇宙空间,当整个宇宙逐渐趋向于热平衡状态时,一切运动最终都将停止,宇宙处于死寂的状态。这种观点否认了物质运动形式的质的多样性及其无限的转化能力,因而是违背运动不灭性原理的。所以恩格斯说："克劳胥斯的第二原理等等，无论以什么形式提出来，都不外乎是说：能消失了，如果不是在量上，那也是在质上消失了"（第261—262页）。既然在太阳系形成以前，我们的宇宙岛（太阳系）的物质曾将大量的某种运动转化为热，进而又从其中发展出千万个太阳系，那么在我们的太阳系毁灭之后，宇宙岛物质的发展也一定能够产生出新的太阳系。"放射到太空中去的热一定有可能通过某种途径（指明这一途径，将是以后自然科学的课题）转变为另一种运动形式，在这种运动形式中，它能够重新集结起来"（第23页）。这样，熄灭的太阳系就会转化为新的太阳系。这就是说物质的每一具体的运动形式不仅有生有灭，而且是死了又生，这是一个无限的转化过程。

恩格斯还进一步从物质在时空上无限性的相互关系方面论证了物质在时间上的无限发展。"无限时间内宇宙的永远重复的连续更替，不过是无限空间内无数宇宙同时并存的逻辑的补充"（第23页）。物质运动的相互转化与时空的无限性是紧密联系着的。物质运动不能创造，也不能消灭，在无限时空间中运动着的物质的客观规律是永恒的。整个宇宙是在物质运动的永恒循环中无限发展着的。在这个永恒循环中，物质经历着无数次的分化，无数次地展开其本质的多样性。这永恒运动、变化着的物质，正是通过无数的、有限事物的同时并存及永无止境的连续更替而存在。"物质在它的一切变化中永远是同一的，它的任何一个属性都永远不会丧失，因此，它虽然在某个时候一定以铁的必然性毁灭自己在地球上的最美的花朵——思维着的精神，而在另外的某个地方和某个时候一定又以同样的铁的必然性把它重新产生出来"（第24页）。这就是物质在其运动中永恒的循环，而每一个循环都向高级发展，形成了物质世界的无限发展过程。

二、[科学历史摘要]

[科学历史摘要]共有九段札记,大致分成两部分:第一部分主要考察了自然科学的发展对生产的依赖性及同其他社会条件的联系,第二部分,主要考察了自然观的发展与自然科学发展的联系。

(一)自然科学的发展同生产的发展及其他社会条件的关系(第162—163页、第169—170页、第170—171页,共三段)

在这些札记和片断中,恩格斯用历史唯物主义的观点阐明了自然科学的发展对生产发展的依赖性,这对正确认识自然科学发展的规律性,批判科学观中的唯心主义观点都具有重大意义。

自然科学的发生和发展,依赖于生产的发展,它的发展又反作用于生产,推动生产的发展。恩格斯曾指出:"社会一旦有技术上的需要,则这种需要就会比十所大学更能把科学推向前进"。[①]

(1)恩格斯通过对自然科学各部门"顺序的发展"的研究指出:"科学的发生和发展一开始就是由生产决定的"(第162页)。自然科学的历史表明,天文学几乎都是最先产生的,数学和力学也较其他科学的历史久远,这主要是由人类早期生产实践的需要决定的。

中世纪以后,资本主义生产的发展,给近代自然科学以强大的推动力。恩格斯说:"如果说,在中世纪的黑夜之后,科学以意想不到的力量一下子重新兴起,并且以神奇的速度发展起来,那么,我们要再次把这个奇迹归功于生产"。(第163页)。资本主义生产的发展对近代自然科学的影响是多方面的,主要表现在:为自然科学提供了日益丰富的经验材料;促进了社会各方面的进步,使文明地区扩大,为新的科学技术发明和推广创造了有利条件;促进了航海和海外贸易的

①《马克思恩格斯选集》第4卷,第505页。

发展,导致许多新的地理发现;印刷术的出现为科学技术经验和成果的传播、交流创造了极为方便的条件。

所以恩格斯说:"以前人们夸说的只是生产应归功于科学的那些事;但科学当归于生产的事却多的无限"(第163页原注①)。

应当指出,自然科学对于生产的关系不是简单的、机械的依赖关系,它对生产的发展还有着相对的独立性,这种相对独立性的表现是多方面的。比如,自然科学对生产发展的指导、促进和推动作用,自然科学发展本身的历史继承性,自然科学理论和科学实验的关系,自然科学各部门之间的相互影响等等,其中尤其是科学实验(包括观察)对自然科学的发展起着重大作用。现代生产实践表明,生产效率能否提高,由技术水平来决定,而技术水平的高低取决于自然科学理论发展的一般状况和自然科学理论在工具和工艺上的实现程度。二十世纪以来,科学与生产结合得更为密切,自然科学成为生产力中决定性的因素。自然科学已经走在生产的前面,并被大规模地应用于生产。随着时间的推移,从科学理论转化为物质生产力的速度越来越快。当然,这种独立性只有相对的意义,因为自然科学的发展归根到底是依赖于生产的发展,受生产发展状况所制约。

(2)自然科学的发展,除了同生产的发展有直接的依赖关系外,还同其他的社会条件有着多方面的联系。在第169—170页的一段札记《古代世界末期300年左右和中世纪末期1453年的情况的差别》中,恩格斯对两个不同的社会历史时期作了比较,说明了十五十六世纪欧洲的"文艺复兴"并非古代文化的简单再现,而是在更高阶段上的发展,是在新的历史阶段上产生的资产阶级新文化,从而也说明了近代自然科学产生和发展的社会条件。这些社会条件是:文明地区扩大了;文明民族增加了;生产和科学获得了较高的发展;此外,中世纪末期较古代末期,教育也发达得多。因此,新时代虽然是以返回希腊人开始的,但不是简单的回复,而是在更高阶段的发展,是"否定之否定"。

(二)自然观的发展及其与自然科学的发展的联系(第 164—168
页,第 171—174 页,174—179 页,共六段)

人们的自然观是发展的,它的发展同自然科学的发展有着密切
的联系。恩格斯概述了古代的自然观以及十九世纪自然科学的发展
同自然观的变革之间的联系。

1.古代的自然观。整个古代,自然科学只限于天文学、数学和力
学,是一种尚未独立的经验知识,与此相适应,产生了古代朴素的自
然观。

古代自然观主要的特点是:(1)古代的自然观中占统治地位的是
原始的、素朴的唯物主义,它们将某种具体的物质形态理解为世界的
本质,它们对于自然现象的了解都是直观的。(2)古代的自然观是素
朴的唯物主义同自发的辩证法相结合的,它从变化、发展的观点来观
察整个自然界。(3)在古代的自然观中,哲学同自然科学是结合在一
起的,那时还没有独立的自然科学,古代的哲学家同时又是自然科学
家。(4)在古代的自然观中,开始有了灵魂和肉体的对立,这就是后来
"分裂"的种子;而且从哲学产生的时候起,就有了唯物主义和唯心主
义的对立。

古希腊哲学是西方各国哲学思想的渊源,它对以后西方各国哲
学与科学思想的发展有着深远的影响。恩格斯说:"在希腊哲学的多
种多样的形式中,差不多可以找到以后各种观点的胚胎、萌芽"(第
30 页)。

2.从《〈费尔巴哈〉的删略部分》。主要是论述十九世纪自然科学
的发展,特别是三大发现,为辩证唯物主义自然观的创立提供了自然
科学基础,使唯物主义自然观奠定在更加牢固的自然科学基础上。这
个思想在《导言》和其他著作中解释甚详,此处从略。

3. 恩格斯在最后一段札记中,以一些自然科学家为例,说明了自然科学与宗教神学的尖锐对立,说明了自然科学的发展在反对宗教神学斗争中所起的作用。在历史上,有一些自然科学家,由于社会影响和阶级地位的局限,他们信仰宗教,但是他们在自己研究领域中取得的成果,却打击着他们的神学观念。恩格斯说:"在科学的猛攻之下一个又一个部队放下了武器,一个又一个城堡投降了,直到最后,自然界无限的领域都被科学所征服,而且没有给造物主留下一点立足之地"(第 179 页)。自然科学的发展在不断打击宗教神学观念的同时,也不断打击了唯心主义,加强了唯物主义和无神论的阵地。

第二部分 自然科学和哲学

这一部分包括论文《〈反杜林论〉旧序·论辩证法》《神灵世界中的自然科学》、札记[自然科学和哲学]。主要论述自然科学和哲学的关系,从历史正反面的经验分析中,说明自然科学的发展离不开唯物辩证法的指导。

一、《〈反杜林论〉旧序·论辩证法》

这篇论文原是恩格斯于 1878 年夏天为《反杜林论》一书初版写的一篇序言。其中心思想是:自然科学的发展必须以唯物辩证法为指导,指出从形而上学复归到辩证思维是当时自然科学和自然科学家摆脱混乱的唯一的出路,向自然科学工作者提出了学习和掌握唯物辩证法的任务。学习这篇论文时,应注意结合学习《反杜林论》的有关部分。全文共 19 段,大致可分为两个部分。

(一)《反杜林论》写作的目的和经过(第 25 页第一段至第 27 页第一段)

这部分参看《反杜林论》简介的三版序言,此处从略。

（二）唯物辩证法对自然科学理论研究的主要作用（第 27 页第 2 段至第 33 页第 2 段）

从十七、十八世纪以来，自然科学各部门积累了大量的经验材料，需要运用理论思维的方法加以总结。但是当时大多数科学家则深受经验主义和形而上学思想方法的影响。科学发展的要求同形而上学、经验主义的方法之间的矛盾日益尖说。在这种情况下，只有辩证的思维方法能帮助自然科学家克服理论上的困难。对于这个问题，恩格斯从以下三个方面进行了分析：

1. 辩证法是自然科学最有效的理论思维方法。恩格斯指出，"经验自然科学积累了如此庞大数量的实证的知识材料，以致在每一个研究领域中有系统地和依据材料的内在联系把这些材料加以整理的必要，就简直成为无可避免的。建立各个知识领域互相间的正确联系，也同样成为无可避免的。因此，自然科学便走进了理论的领域，而在这里经验的方法就不中用了，在这里只有理论思维才能有所帮助"（第 27 页）。但是要进行辩证的思维，就必须具备这种思维的能力。人的辩证思维能力是大脑的一种机能，每一个正常的人都具备有思维的物质基础，但是光靠这种天赋的思维能力是不够的，对于"这种能力必须加以发展和锻炼"（第 27 页）。在辩证法看来，人类的理论思维是不断发展的，思维规律和思维方法也是不断发展的，它们都是历史的产物，在不同的时代具有非常不同的形式和内容。"恰好辩证法对今天的自然科学来说是最重要的思维形式，因为只有它才能为自然界中所发生的发展过程，为自然界中的普遍联系，为从一个研究领域到另一个研究领域的过渡提供类比，并从而提供说明方法"（第 28 页）。为了达到辩证的思维，恩格斯提倡"学习以往的哲学"（第 27 页）。通过学习哲学史，可以了解人类认识的发展史，从中汲取经验教训，帮助自然科学家认识运用唯物辩证法指导科学研究的重要性，熟悉人类思维的规律,以免误入唯心主义、形而上学的迷途。只有运用辩证法,才能理解自然界的辩证发展过程,才能对自然界的普遍联系和发展做出理论上的综合。

2. 从形而上学复归到辩证思维是自然科学和自然科学家摆脱混乱的唯一出路。恩格斯精辟地分析了理论思维对于自然科学发展的根本意义,指出:"一个民族想要站在科学的最高峰,就一刻也不能没有理论思维"(第29页)。只有辩证的思维才是科学的理论思维,才能指导一个民族去攀登科学的高峰。但是,在当时的德国,正当自然科学和自然科学家需要辩证思维的时候,"人们却把辩证法和黑格尔学派一起抛到大海里去了,因而又无可奈何地沉溺于旧的形而上学"(第29页)。由于自然科学家受形而上学支配,对科学新成就就做出了错误的解释,而造成了自然科学界十分混乱的状态。

在这种混乱状态下,许多自然科学家企图摆脱哲学的支配,他们蔑视和咒骂哲学,认为哲学理论是不可信赖的,唯一可靠的是经验事实。那些企图摆脱哲学支配的自然科学家,结果"大多数都做了最坏的哲学的奴隶"(第187页)。就连牛顿这样的科学家,由于企图逃避哲学,厌恶理论思维,便由一个自发唯物主义者变成典型的形而上学机械论者,提出所谓上帝的"第一推动力",最后成了神学的牺牲品。恩格斯指出:"不管自然科学家采取什么态度,他们还是得受哲学的支配"(第187页)。在自然科学研究过程中,自然科学家总是自觉或不自觉地受一定阶级的世界观和方法论的支配。不是受唯物论和辩证法的支配,就是受唯心论和形而上学的支配,二者必居其一"。恩格斯在分析当时理论自然科学著作状况时说:"自然科学家自己感觉到,这种纷扰和混乱如何厉害地统治着他们,现在流行的所谓哲学无论如何绝对不能给他们以出路。除了以这种或那种形式从形而上学的思维复归到辩证的思维,在这里没有其他任何出路"(第29页)。

3. 自觉地学习和掌握唯物辩证法,做一个辩证唯物主义者。怎样才能从形而上学复归到辩证的思维呢?恩格斯指出复归的两种不同的道路:一条是仅仅通过自然科学发现本身所具有的力量而自然地实现,另一条是自然科学家自觉地学习和掌握辩证法哲学。前一条道路是自发的、比较长期而缓慢的过程,而且需要克服大批多余的阻碍。走后一条道路则可以大大缩短自然科学从形而上学复归到辩证法的进程,恩格斯是主张自然科学工作者走第二条道路的。

恩格斯指出,通过自然科学的研究本身是有可能自发地达到辩证思维的。例如拉普拉斯提出太阳系形成的星云假说,牛顿的万有引力理论,赖尔提出的地质变化理论,达尔文提出的生物进化理论,门捷列夫提出的化学元素周期律,都在一定程度上揭示了自然界的辩证发展过程,从而达到了辩证的思维。这就是自然科学中自发的唯物主义和辩证法。但是,自发的唯物主义是不彻底的,因为仅仅通过自然科学本身的发现,往往只能限于承认所发现的自然规律辩证性质的客观事实上,而没有形成完整的世界观和理论体系,不能把它总结成为系统的辩证法思想,来自觉地指导科学研究活动;更不能贯彻到社会历史的研究中去形成历史唯物主义,因而抵挡不住资产阶级世界观的侵袭,容易发生动摇和混乱。为了更好地学习唯物辩证法,缩短"复归"的过程,恩格斯认为自然科学家要批判地继承历史上的辩证哲学,以便于进一步理解和掌握经过马克思彻底改造了的辩证法。

恩格斯指出,在历史地存在的辩证哲学中,"有两种对近代自然科学特别能收到效果"(第30页)。

辩证哲学的第一个形态是古希腊哲学。这种哲学把自然界当作一个整体,从总的方面加以考察,它们首先看到的是自然现象的普遍联系和相互作用,是整个自然界运动、变化的全貌。由于当时生产水平和科学水平的限制,这种观念只是朴素的、直观的。它在细节上不够清楚，对于具体过程的考察不够明确，它的许多结论缺乏实验根据，带有臆测的性质。但总的说来，它是一个本质上正确的自然观。它给后来的自然科学留下了朴素的辩证思想，留下了从整体上考察自然的正确的思想方法。同时，它还包含了许多科学思想的萌芽，对近代自然科学理论的创立有很大的启发。因此，熟悉古希腊哲学，对于自然科学的理论研究是很有益处的。

辩证哲学的第二个形态是以康德和黑格尔为代表的德国古典哲学。康德早期的自然哲学著作闪耀着辩证法的光辉。但是，他的整个哲学体系，他的认识论却是唯心主义、不可知论和形而上学的。而黑格尔则是德国古典哲学的最大的辩证法家。黑格尔是个典型的唯心主义者，他集以往唯心哲学之大成。但在他的客观唯心主义的神秘外壳中也有"合理内核"。他对作为一种思想方法的辩证法的具体内容，作了十分详尽的探讨，并运用于考察认识史，对于研究认识发展的辩证过程提供了许多有启发性的见解。因此，恩格斯告诫自然科学家不能采取把"辩证法和黑格尔派一起抛到大海里去"（第 29 页）的态度，而应当去"发现神秘外壳中的合理内核"（第 32 页）。

恩格斯指出，马克思的伟大功绩就在于，他"第一个把已往被遗忘的辩证方法，它和黑格尔辩证法的联系以及它和黑格尔辩证法的差别重新提到显著的地位，并且同时在《资本论》中把这个方法应用到一种经验科学的事实，即政治经济学的事实上去。他获得了很大的成功"（第 32 页）。辩证法的第三个历史形态——唯物辩证法创立了。唯物辩证法是当代最先进的思维形式，是指导自然科学发展的正确的世界观和方法论，为自然科学家摆脱形而上学的束缚，自觉复归到辩证思维提供了极为有利的条件。恩格斯对于辩证法历史形态叙述的目的，不是要求自然科学家去钻到古希腊和黑格尔哲学著作中不能自拔，而是希望他们了解辩证思维的发展过程，正确汲取历史的经验教训,以便自觉地学好唯物辩证法。列宁指出:"我们必须懂得,任何自然科学,任何唯物主义,如果没有充分可靠的哲学论据,是无法对资产阶级思想的侵袭和资产阶级世界观的复辟坚持斗争的。为了坚持这个斗争,为了把它进行到底并取得完全胜利,自然科学家就应该做一个现代的唯物主义者, 做一个以马克思为代表的唯物主义的自觉拥护者,也就是说应当做一个辩证唯物主义者。"①

二、《神灵世界中的自然科学》

这篇文章大约写于 1878 年。其中心思想是强调辩证思维对于自然科学的重要性。说明"经验论"是"从自然科学到神秘主义的最可靠的道路",指出"蔑视辩证法是不能不受惩罚的"道理,它与《〈反杜林论〉旧序》的基本思想是一致的。

(一)"两极相通"——从经验论到唯心论(第 34 页第一段至第 43 页第 1 段)

在文章一开头,恩格斯就引用了"一个深入人们意识的辩证法的古老命题:两极相通"(第 34 页)来点破全文的主题:从自然科学的经验论通向神秘主义的唯心论。所谓"两极相通"即是,两个看来相反的东西,发展到极端就会走向自己的对立面。恩格斯这里讲的两极,一极是指以谢林、黑格尔为代表的神秘主义唯心论,另一极是指以弗兰西斯·培根为代表的自然科学的经验论,他们"单凭经验,非常蔑视理论思维"(第 34 页)。当时有一些自然科学家站在自发唯物主义的立场上,片面地责难黑格尔哲学为神秘主义,完全蔑视思维,醉心于经验的自然科学。然而,陷入神秘主义的正是他们自己。由于他们深受传统的、经验主义的束缚,不能正确理解实践和认识、感性认识和理

---

① 《列宁选集》第 4 卷,第 608—609 页。

性认识的辩证关系，因而，其中有些人竟从推崇经验、标榜自然科学的实证知识走到了自己的反面，从经验主义陷入了最荒唐的唯心主义，成了招魂术和请神术的不可救药的牺牲品。

首先，剖析生物学家阿尔弗勒德·拉塞尔·华莱士（1823—1913），他是英国著名的生物学家，在哲学上是一个自发唯物主义者和经验主义者。他通过多年的旅行考察，采集动植物标本，研究物种的形成和地理分布，积累了大量的科学材料，因而能够和达尔文几乎同时提出了物种通过自然选择而发生变异的理论，为科学做出了卓著的贡献。但是，经验主义又使他成为唯灵论的狂热信徒。他开始是对催眠颅相学的江湖骗术发生兴趣，并在他任教的那所中学的学生身上进行了"同样的实验"，最后竟完全失去了对这类骗局的怀疑、批判能力，并加入了各种神媒团体。恩格斯说这位华莱士先生，"他所注意的并不是去探究这种江湖骗术的真相，而是不惜代价使所有的现象重现出来"（第37页）。因此，他在处理复杂的精神现象时，完全背离了他在研究动植物时那种严肃的科学态度，甚至像神灵照相、桌子跳舞这样荒诞的把戏，他也看作是"经验事实"而深信不疑。当伪造神灵照片的摄影师被人检举揭发，戳穿其骗人的勾当后，他还虔诚地为之辩解！

恩格斯指出："催眠颅相学的江湖骗术的基础，是许多和清醒状态的现象大半只在程度上有所不同的、无需任何神秘解释的现象"（第36—37页）。尽管当时限于科学发展水平，对催眠现象远不能做出透彻的解释，但恩格斯坚持以唯物主义的态度去说明这些现象。他抛开唯灵论者的渲染和欺骗，在一个男孩子身上作了有趣的催眠实验，但却得出了完全不同的结论。他以辩证的观点分析了催眠过程中兴奋和抑制的交替，指出了"双重的记忆"的作用和语言暗示的意义，这就说明，催眠现象有其物质基础，那种杜撰的神秘的"加尔器官"，是不能显示丝毫作用的，经验主义者华莱士是以盲目的虔诚和热心去迎合神灵的奇迹，恩格斯则是以"怀疑地批判的头脑"和审慎的事实去揭露那些江湖骗术的真相。他辛辣地讽刺说："只要被催眠者同催眠者开个玩笑，就是世界上最有魔力的催眠术家也毫无办法了"（第 36 页）。

接着恩格斯又剖析了英国著名自然科学家威廉·克鲁克斯（1832—1919）。他是化学元素铊的发现者，曾致力于放射性物质的光谱分析。在物理学上，因发明了辐射计和进行真空放电研究而声名卓著。但是，克鲁克斯也是由经验主义陷入了唯灵论的。他妄图用自然科学方法去研究降神现象，并对神灵照相之类十分荒诞无稽的骗人勾当深信不疑。恩格斯指出：他为了证明神灵的存在，"应用了许多物理仪器和力学仪器、弹簧秤、电池等等"。但是他却忘记了一件最重要的仪器，"即怀疑地批判的头脑"（第 39 页）。

恩格斯还以德国教授策尔纳（1834—1882）为例，进一步揭露了欧洲大陆的一些"科学精神者"把科学加以荒诞地歪曲，用来"证明"神灵存在的种种把戏。策尔纳把数学中的抽象概念胡乱地套入现实世界，扬言用四度空间可以解释许多三度空间中不可设想的奇迹。据说他曾依靠神媒的帮助，把不动的手臂同椅子的靠背套在一起；他还把一根两端用火漆固定在桌子上的线，在中间打了四个结。恩格斯以挖苦的语言，把这些无稽之谈称作"神灵世界最近传来的捷报"（第 42 页）。神灵的存在"一经确定，科学便给自己开辟出一个全新的辽阔的天地"（第 42 页），所以神灵世界中除了有力学、物理学、化学，而且还需要有"神体生理学"、"细胞病理学"，甚至还有"自然选择"。所不同的只是神灵世界中的"自然选择"会得到神灵的保护，"不必担心人们会把它和万恶的社会民主主义加以混淆了"（第 43 页）。资产阶级为了反对社会主义就必然要鼓吹唯灵论，宣扬神秘主义，进行各种心灵学上的表演。恩格斯不仅从科学上揭露了唯灵论的反动本质,而且从政治上戳穿了唯灵论的反动目的。

(二)蔑视辩证法是不能不受惩罚的(第 43 页第 2 段至第 45 页)

恩格斯对唯灵论者及其所宣扬的神秘主义进行了充分的揭露和深刻的批判后,得出一个极其重要的、具有普遍意义的结论:"蔑视辩证法是不能不受惩罚的"(第 43 页)。

一些口头上标榜"尊重经验事实"的自然科学家,为什么竟陷入了完全背离事实的唯灵论的泥坑而不能自拔呢?经验主义片面强调经验事实,蔑视理论思维,因而无法认识事物的本质,很难摆脱假象的迷惑。"这里我们已经了如指掌地看清了,什么是从自然科学到神秘主义的最可靠的道路。这并不是自然哲学的过度理论化,而是蔑视一切理论、不相信一切思维的最肤浅的经验论"(第 43 页)。

华莱士既不会了解催眠者与被催眠者之间的联系,也无法知道摄影师赫德逊与古比太太的"微妙"关系,结果成了神灵世界骗局的牺牲品。"轻视理论显然是自然主义地、因而是不正确地思维的最确实的道路"(第 43 页),而"错误的思维一旦贯彻到底,就必然要走到和它的出发点恰恰相反的地方去"(第 44 页)。经验论这种错误思维贯彻到底,就走到了与它相反的先验论的神秘主义中去了。所以,恩格斯尖锐地指出:"经验主义轻视辩证法便受到这样的惩罚:连某些最清醒的经验主义者也陷入最荒唐的迷信中,陷入现代降神术中去了"(第 44 页)。

事实说明,"单凭经验是对付不了降神术士的"(第 44 页)。为了驳倒那些顽固的降神者,除了经验事实外,还必须依靠理论思维,对经验给以批判的考察。恩格斯指出:"无论对一切理论思维多么轻视,可是没有理论思维,就会连两件自然的事实也联系不起来,或者连二者之间所存在的联系都无法了解(第 43 页)。不管经验主义者口头上如何吹捧经验、蔑视思维，实际上他们在回答经验中提出的问题时，也还是离不开思维。关键的问题是思维的正确还是不正确。

要肃清自然科学中经验论的影响，最根本的一条就是要自觉接受辩证唯物主义的指导。唯物辩证法对于自然科学是绝对必要的，谁蔑视辩证法，谁就必然要受到惩罚，华莱士和克鲁克斯就是前车之鉴。

三、[自然科学和哲学]

这里共有 15 个札记和片断，大部分写于 1873—1874 年，其内容和论文《〈反杜林论〉旧序·论辩证法》《神灵世界中的自然科学》相对应，是为论述自然科学和哲学的关系而准备的材料。其中心思想是：自然科学离不开哲学的指导，错误的哲学只能阻碍科学的发展，只有唯物辩证法才是唯一正确的思想方法。依据札记的内容，大致可以归纳为以下四个问题。

（一）批判庸俗唯物主义（第 180 页至第 183 页第 5 段）

关于《华希纳》的一大段札记，是《自然辩证法》最早的一段札记，它通过批判庸俗唯物主义，说明唯物辩证法已经成为自然科学发展绝对必需的哲学。

十九世纪五十年代出现的以毕希纳、福格特、摩莱肖特为代表的庸俗唯物主义流派，一方面适应资产阶级经济上的需要，鼓吹"科学和实验是时代的口号"，到处作自然科学通俗化讲演，承认物质是唯一的实在，进行无神论的宣传；另一方面，他们却又庸俗地、简单化地解释物质和精神的关系，把思想说成是物质的、是脑髓的分泌物，并把思想意识过程粗鲁、荒谬地归结为生理过程。所以，恩格斯把他们叫作是充当"唯物主义小贩"的庸俗化和庸俗唯物主义的叫卖者。

庸俗唯物主义，从来是把辩证法拒之门外的，它否认意识的特殊性,肆意攻击黑格尔的辩证法。在社会政治方面妄图用达尔文的生存斗争学说为资本主义制度和反动的种族主义进行辩护,反对无产阶级革命。恩格斯认为必须狠银批判庸俗唯物主义。

首先,恩格斯分析了形而上学和辩证法这两个对立派别同自然科学发展的关系,指出庸俗唯物主义的反动性。他指出,在近代自然科学发展的早期,"甚至1830年,自然科学家和旧的形而上学还相处得相当不错"(第181页)。这是因为,当时的自然科学发展水平基本上还停留在收集和整理手边现有材料的阶段。但是,即使在那时,就已经开始出现了形而上学同自然科学的矛盾。例如,早在十七世纪,笛卡尔就把变量引进了数学,不久又出现了微积分,有力地冲击了形而上学的固定范畴,"迫使数学家们既不自愿又不自觉地成为辩证的数学家"(第181页)。十八世纪中叶之后,自然科学大踏步地向前发展,并开始进入理论领域。十九世纪三十年代之后,自然科学从各方面揭示了自然界辩证的性质,特别是"三大发现"给了形而上学自然观以毁灭性的打击。这时,"摆脱了神秘主义的辩证法,变成了自然科学绝对必需的东西"(第182页)。庸俗唯物主义者反对辩证法,鼓吹形而上学,用一些胡说八道的言辞歪曲唯物主义,这在哲学史上是一种倒退的表现。

其次,恩格斯认为,庸俗唯物主义的出现,也是哲学对自然科学的一个"报复"。自然科学家既然把黑格尔的辩证法抛到了九霄云外,那就不可避免地要陷入各种反动哲学的泥坑。想摆脱反动哲学对自然科学的束缚,就必须自觉地学习辩证法。如果研究一下哲学和科学发展的历史,就会看到,恩格斯列举了四个哲学家,说明由于他们具有辩证法的思想,所以在自然科学领域有时取得了比埋头于经验的自然科学家更为高明的成就。例如,哲学家莱布尼茨研究了数学上的无限思想,创立了微积分;哲学家康德的星云假说用发展的观点论证了天体的演化;哲学家奥肯关于生物进化的论述;黑格尔关于科学分类的概括,等等。哲学家在自然科学领域所取得的成就说明了自然科学不能离开正确的理论思维。但是,庸俗唯物主义却鄙弃理论思维,辱骂黑格尔的辩证法。恩格斯针锋相对地指出,黑格尔关于科学分类的概括和总结,是比庸俗唯物主义者们的"一切唯物主义的胡说八道合在一起还更伟大的成就"(第 182 页)。

第 182 页横线以下的几段话,是恩格斯谈黑格尔的《小逻辑》时作的摘录,看来也是准备用来批判毕希纳蔑视理论思维、论证理论思维对于正确认识世界的重要性的。

(二)批判经验主义(第 183 页第 6 段至第 185 页第 2 段)

这部分共有九个札记,主要是批判经验主义对自然科学的危害,强调了正确的理论思维对自然科学的发展具有重要意义。

在第 2 和 3 两个札记中,恩格斯摘录了黑格尔在《小逻辑》中对"多孔性理论"和"物理学中关于比重的解释"的批评,说明经验主义在理论上给自然科学造成的极大混乱。

在第 4 和 5 两个札记中,恩格斯以查理·欧文和阿加西斯为例,说明一些自然科学家还受神学观念和唯心主义的影响;在第 6 和 8 两个札记中,恩格斯以"贝肯沿着思维的道路发现了原生质和细胞"(第 184 页)、"牛顿在理论上确定了地球是扁圆的"为例,说明正确进行理论思维,可以推动自然科学的发展。在第 7 和 9 两个札记中,恩格斯以化学家霍夫曼和托·汤姆生为例,说明辩证思维的重要指导作用,否则本末倒置。

(三)批判海克尔(第 185 页第 3 段至第 187 页第 2 段)

海克尔是德国生物学家,坚定的达尔文主义者。他站在自发唯物主义的立场上,同各种宗教神学观念进行了坚决的斗争。但是,他的唯物主义是不彻底的,在哲学上是肤浅的,他不承认自己是唯物主义者。他把哲学上唯物主义和唯心主义的根本对立说成是一元论和二元论的对立。在《自然辩证法》一书中曾有几个地方批判了他的错误观点。在这里恩格斯从四个方面对他进行了批判:第一,批判他把物质和运动割裂开来的错误观点;第二,批判他对因果关系的机诚论观点以及由此表现出的理论思维的混乱;第三,批判他用机械论观点解释有机界生命现象的错误;第四,恩格斯指出了目的论的错误。说明目的论和机械论一样,都不能正确地说明必然和偶然的关系,不能正确地解决人脑产生的必然性。

(四)自然科学家总是要受哲学的支配(第 187 页第 3 段至第 188 页)

恩格斯针对当时许多自然科学家极端蔑视哲学,甚至侮辱哲学,坚持经验论的错误态度,进行了批判,从理论上分析和阐述了自然科学家总是受哲学支配的道理。研究自然科学理论,总是离不开人们的思维活动,"因为他们离开了思维便不能前进一步"(第 187 页)。恩格斯的结论是:"不管自然科学家采取什么样的态度,他们还是得受哲学的支配。问题只在于:他们是愿意受某种坏的时髦哲学的支配,还是愿意受一种建立在通晓思维的历史和成就的基础上的理论思维的支配"(第 187 页)。

第三部分 辩证法

这一部分内容包括论文《辩证法》和札记［辩证法］。恩格斯根据自然科学材料,以唯物论和唯心论、辩证法和形而上学的根本对立为线索,主要阐明马克思主义辩证法、认识论和辩证逻辑的基本原理,论述辩证法既是自然和社会的根本规律,也是思维的根本规律。

一、《辩证法》

《辩证法》一文大约写于 1879 年。从这篇文章开头几段和〔总计划草案〕中的第三项可以看出,恩格斯原来准备根据自然科学材料系统地说明唯物辩证法的一般性质和三条基本规律。但是这一计划没有实现,而在《反杜林论》中已经系统地论述了辩证法的三条基本规律,可以结合起来学习。因此,这里只简略地加以介绍。

全文分为三个问题。

(一)唯物辩证法的一般性质(第 46 页第 1 段至第 47 页第 2 段)

1. 辩证法的一般性质

恩格斯一开始就指出:"阐明辩证法这门和形而上学相对立的、关于联系的科学的一般性质"(第 46 页)。辩证法与形而上学相反,要求人们从事物的普遍联系、从事物内部各种矛盾的相互关系及一事物与其他诸事物的相互联系来看问题。自然科学的新发现证明:自然界是一个普遍联系和相互作用的整体。自然界的不同现象或不同过程处于不断地相互转化之中,它们之间的对立和区别,只有相对的意义。这一观念,乃是辩证自然观的核心。

恩格斯在强调辩证法的唯物论的基础、客观辩证法与主观辩证法的关系时指出:"辩证法是从自然界和人类社会的历史中抽象出来的"。"辩证法的规律不是别的,正是历史发展的这两方面和思维本身的最一般的规律"(第 48 页),是自然界的实在的发展规律,因而对于理论自然科学也是有效的"(第 47 页)。自然科学家应该从自然界中找出这些规律并从自然界里加以阐发。

2. 辩证法的三条基本规律

恩格斯在《反杜林论》中,第一次系统地阐述了唯物辩证法的三条基本规律。恩格斯在这篇文章中更加明确地对三条规律作了如下的表述：量转化为质和质转化为量的规律；对立的相互渗透的规律；否定的否定的规律。关于三条规律的关系，恩格斯虽然没有具体分析，但却表达出了第二条规律最重要的思想。

3. 马克思主义辩证法与黑格尔辩证法的关系

黑格尔在哲学史上第一次表述了辩证法的三条规律。他在其《逻辑学》的第一编"存在论"中阐明了质量互变规律；在第二编"本质论"中说明了对立统一规律；第三条规律——否定的否定规律，则是构成黑格尔哲学体系的根本规律。马克思主义哲学继承了黑格尔辩证法的合理内核，并在唯物主义基础上予以改造，建立了科学的唯物辩证法，完成了哲学史上的一次伟大的飞跃。

首先，马克思主义的辩证法是唯物辩证法。马克思主义认为，所谓发展，是客观物质世界的发展；辩证法的规律，是自然界、社会历史和思维发展的最普遍规律。而黑格尔的辩证法是唯心主义的辩证法，是理念发展的辩证法。

其次，马克思主义的发展观是彻底的，它坚持物质世界发展的无限性的观点，认为自然界的发展是永无止境的。黑格尔的发展观则是不彻底的，他认为绝对观念发展到黑格尔哲学，即展示了自己的全部内容，因而发展也就终结了。

第三，马克思主义认为，矛盾只有通过斗争才能解决，才能促成新事物的产生和旧事物的死亡。黑格尔则相反，他主张矛盾调和。

第四，黑格尔虽然发现了否定之否定规律，但他把它变成了三段式的死板公式。马克思主义吸取和发展了黑格尔否定之否定中的螺旋式上升的思想，而抛弃了三段式里的死板公式。

由上可见，马克思主义的唯物辩证法与黑格尔的唯心辩证法具有根本的区别。

(二)关于质量互变规律(第 47 页第 3 段至第 48 页第 5 段)

1.关于自然界质量互变规律的表述

恩格斯对自然界中的质量互变规律作了如下的表述:"在自然界中,质的变化——以对于每一个别场合都是严格地确定的方式进行——只有通过物质或运动(所谓能)的量的增加或减少才能发生"。"自然界中一切质的差别,或是基于不同的化学成分,或是基于运动(能)的不同的量或不同的形式,或是——差不多总是这样——同时基于两者。所以,没有物质或运动的增加或减少,即没有有关的物体的量的变化,是不可能改变这个物体的质的"(第 47 页)。这就是量变质变规律的含义和基本内容。

(1)量变和质变

量变是事物运动的一种不显著变化的状态,处在这个状态下,事物"只有数量的变化,没有质的变化"。①质变是事物运动的一种显著变化的状态,处在这种状态下,事物"数量的变化达到了某一个最高点,引起统一物的分解,发生了性质的变化。"②

事物质变的具体形式是多种多样的。我们既要看到事物质的多样性,又要看到事物转化形式的多样性,注意具体问题具体分析。

(2)量变引起质变

事物的运动变化,总是先由量变开始,量变到一定程度就引起质的变化,量变是质变的前提。所谓物质的量是指物质结构化学成分的数量;所谓运动的量是指运动着的物质所具有的能量。

恩格斯在这里分析了由量到质变化的两种基本情况:

首先是物体的各种不同的同素异性状态如聚集状态, 由于其空

---

①《毛泽东选集》,第 307 页。

②《毛泽东选集》,第 307 页。

间排列不同,即相应地所具有的化学结合能在量上的不同,其物理性质也就截然不同:例如金刚石、石墨和水的三态。所以恩格斯说:物体的各种不同的同素异性状态和聚集状态,"是基于已经传给物体的或多或少的运动的量"(第47页)。

在运动形态(或所谓能的形式)的转化过程中,"运动形式的变化总是至少在两个物体之间发生的过程"。"这两个物体中的一个失去一定量的一种质的运动(例如热),另一个就获得相当量的另一种质的运动(机械运动、电、化学分解)"(第47页)。因此,在运动形式发生质变的过程中,也伴随着相应的量的变化,没有相应的量的变化,质的变化是不会发生的,"量和质在这里是双方互相适应的"(第48页)。

其次,物质的量增加或减少到一定关节点,事物便发生质的变化,"任何一个无生命的物体被分削成愈来愈小的部分,那么最初是不发生任何质的变化的"(第48页),但这是有限度的。"纯粹的量的分割是有一个极限的,到了这个极限它就转化为质的差别"(第48页)。总之,事物的质的变化,只有通过物质的量变,或运动的量变,或者差不多总是两者都变,才能发生。

(3)质变后又开始新的量变

当量变突破一个关节点时,引起统一物的分解,矛盾双方相互转化,于是旧质灭亡,新质产生。这是量变的必然趋势。新质出现以后,又开始了新的矛盾运动,矛盾双方在新质的制约之下,具有新的规模。

任何事物内部,矛盾的双方,既统一,又斗争,由此引起量变到质变,又由质变到新的量变,推动事物从一种质态转化为另一种质态,从简单到复杂,从低级到高级无穷的发展。

(三)自然界中质量互变规律的普遍性(第48页第6段至第52页)

恩格斯从力学、物理学、化学等方面列举大量事实分析说明了质量互变规律是自然界各领域发展变化的普遍规律。在力学中,质量互变规律是同样适用的。例如：从静止状态到运动状态，从平衡状态到不平衡状态，从位能转化为动能等，都是质变，并且都伴随有相应的运动量的变化。

在物理学中，物体的聚集状态，电灯发光，金属液化，液体的凝固和沸腾等大量物理现象说明"物理学的所谓常数，大部分不外是这样一些关节点的名称，在这些关节点上，运动的量的增加或减少会引起该物体的状态的质的变化，所以在这些关节点上，量转化为质"（第49页）。

在化学领域中质量互变规律表现得最为突出。"化学可以称为研究物体由于量的构成的变化而发生的质变的科学"（第49页）。恩格斯从同素异性体、氧的五种氮化物、同分异构体、元素周期律等几个方面分析了质量互变在化学领域中的种种表现。

在更高级的运动形式中，"无论在生物学中，或在人类社会历史中，这一规律在每一步上都被证实了"（第52页）。当然，其变化过程及方式错综复杂，往往难以像物理学或化学的研究方法那样进行精确的量的测定。

恩格斯批判了自然科学领域中经验主义者和庸俗进化论者对质量互变规律的诽谤，明确指出："第一次把自然界、社会和思维发展的一般规律以普遍适用的形式表述出来，这始终是具有世界历史意义的勋业"（第52页）。指出，质量互变这一辩证法的规律，既不是神秘主义的，也不是先验主义的，而是在人类出现以前，就在自然界中普遍起作用的实实在在的东西，而且也是这些自然科学家与之打交道的东西。

二、[辩证法]

[辩证法]札记分为 A 和 B 两部分，这些札记包含主观辩证法和客观辩证法的统一，辩证法、逻辑和认识论三者一致的思想。

（一）[（A）辩证法的一般问题,辩证法的基本规律]

这部分共有十六条札记,它是为研究辩证法的规律和范畴准备的材料,其中大部分札记是关于对立统一规律的。只有第 3 条是关于量到质的转化、第 16 条是关于否定之否定的。关于对立统一规律,恩格斯虽然没有写成专门的论文,但在札记中有着极其丰富而深刻的论述。可分为以下两部分:

1. 辩证法的基本规律(第 1—7,10—14,16 条)

恩格斯一开始就指出:"所谓客观辩证法是支配着整个自然界的,而所谓主观辩证法,即辩证的思维,不过是自然界中到处盛行的对立中的运动的反映而已"(第 189 页)。这段话极精辟地概括了唯物辩证法的一般问题,它说明:矛盾的对立、斗争、转化和发展是客观世界中普遍存在的,不以人们的意志为转移的,这就是客观辩证法:客观辩证法在人们头脑中反映出来就是主观辩证法;主观辩证法和客观辩证法是一致的。它贯穿于[辩证法]札记的始终,对于我们理解唯物辩证法的基本思想极为重要。

(1)矛盾的普遍性和特殊性

恩格斯首先分析了矛盾的客观性和普遍性,指出:"这些对立,以其不断的斗争和最后的互相转变或向更高形式的转变, 来决定自然界的生活"(第 189 页)。矛盾是客观的、普遍的,无时不有,无处不在。矛盾是事物变化发展的动力。其次,恩格斯指出,各种具体的事物又有其特殊的矛盾和特殊的规律, 因而反映这些特殊矛盾和规律的范畴也有一定的适用范围,不能生搬硬套,他以部分与整体、简单和复杂等范畴为例进行了分析, 指出:"部分和整体已经是在有机界中愈来愈不够的范畴"(第 191 页), 因为 "只是在尸体中才有部分"(第 191 页)。同样"有机体既不是简单的也不是复合的,不管它是怎样复杂的"(第 192 页)。可见矛盾都有其特殊性,应当坚持具体矛盾具体分析的方法,否则就会导致机械论。

（2）矛盾双方的相互依存和相互转化

在客观世界中,矛盾双方总是相互依存和相互转化的。第一,恩格斯分析了矛盾双方的依存性,他批判地吸收了黑格尔关于"在本质中一切都是相对的"这一合理思想,指出一切概念和范畴都是成对的,它们只是在它们的相互关系中才有意义。辩证法观察事物,是从事物内部的矛盾和联系来观察的,例如正电与负电、磁的南极与北极都是既相互矛盾又相互依存。而不能像"悟性"思维那样,把事物或概念之间的差异看成是僵死的对立,绝对的对立。第二,恩格斯根据进化论和自然界提供的丰富材料,批判了形而上学单纯使用"非此即彼"的观点、绝对分明和固定不变的界限。深刻地指出:"辩证法不知道什么绝对分明的和固定不变的界限,不知道什么无条件的普遍有效的'非此即彼！',它使固定的形而上学的差异互相过渡,除了'非此即彼！'又在适当的地方承认'亦此亦彼！',并且使对立互为中介","一切差异都在中间阶段融合,一切对立都经过中间环节而互相过渡"（第190页）。这不仅说明了"非此即彼"和"亦此亦彼"的辩证关系,也强调了矛盾双方转化的条件性。

（3）关于量到质的转化（参见论文《辩证法》介绍）

（4）关于否定之否定

关于否定之否定问题,恩格斯只从《黑格尔全集》中引了几段话,并在引文中加了一些重点符号,而未作详细论述。我们可以和《反杜林论》中《辩证法·否定的否定》部分结合起来学习。

这几段话主要说明以下两点:

第一,否定绝不是抽象的"无"。恩格斯摘引了黑格尔的一段话,并冠以"关于否定的主要一段"的标题,这段话是"自相矛盾的东西,不是化为零,不是化为抽象的无,而是化为自己的特定内容的否定……"例如"无"否定了"有",但"有"和"无"不是抽象的,而是具体的。"无"是指某个"有"的不存在,并非无一切、绝对的无。所以和某物对立的无也是有内容的,即"无"某物,是某个特定的"无"。这就是说"有"和"无"是相互联系、彼此互为存在的前提。否定和肯定是对立统一的。从辩证法的观点看来,否定是根据事物内部固有规律发生的,它是事物发展的一种形式,否定之中包含着肯定。

第二,批判形而上学否定观。黑格尔指出,形而上学把否定与肯定绝对割裂,把否定理解为僵死的、抽象的否定。形而上学认为:既然"整个世界都在必然的关系之中,那么"假如一粒微尘摧毁了,整个世界也就会崩溃"①。形而上学这种否定观的错误是和它割裂必然和偶然的辩证关系相联系的。从而导出整个世界必然崩溃的宿命论的结论。

2. 辩证法的范畴(第 8,9,15 条)

(1)同一和差异

形而上学把同一和差异完全割裂开,把两者绝对对立起来,同一就是同一,差异就是差异,同一中不能包含差异,"每一事物和它自身同一"(第 103 页),既不包含矛盾,也不能转化为他物,一切都是永远不变的。对于这种形而上学的抽象的同一性观点,恩格斯首先从无机界、有机界及思维形式等方面举出大量事实,论证了客观世界根本不存在什么抽象的同一性。指出:"真实的具体的同一性包含着差异和变化"(第 193 页)。任何事物的质都有其稳定性,这个质的稳定性使其有别于其他事物;但它内部又包含着矛盾和差异,使它在一定条件下转化为他物。其次,恩格斯还通过逻辑命题的分析说明同一和差异

---

① 黑格尔:《逻辑学》上卷,1966 年版,第 74 页。

的对立统一"同一性自身包含者差异性,这一事实在每一个命题中都表现出来,在这里述语是必须和主语不同的"(第 192 页)。恩格斯举了两个命题:"百合花是一种植物,玫瑰花是红的"(第 192 页)来论证抽象的同一性是错误的。从形式逻辑的观点来看,上述两个命题的主语和述语都用"是"字联系起来,目的是要断定主语和述语是同一的,但事实上主语和述语又总是有些彼此包含不了的东西,这就是同一性自身包含者差异性。"与自身的同一,从一开始起就必须有与一切别的东西的差异作为补充"(第 193 页),否则根本无法说明自身的同一。同一和差异是相比较而存在的,同一中包含着差异,差异存在于同一之中,这就是客观事物本身的辩证法。关于形而上学抽象同一性和形式逻辑同一律的关系问题,恩格斯指出:"旧形而上学意义下的同一律是旧世界观的基本原则"(第 193 页)。这里所说的"同一律"是指形而上学的、抽象的同一性,不能把它同形式逻辑中所讲的同一律混同起来。形式逻辑的同一律,是人们思维必须遵守的初步规律,形而上学的同一性,是把形式逻辑的同一律歪曲或绝对化了,它是反辩证法的。"自然,对于日常应用,对于科学的小买卖,形而上学的范畴仍然是有效的"(第 190—191 页)。意思是说,在狭小的范围和短暂的时间内,用静止不变的、抽象的同一性等范畴来考察事物,是可以的,但一超出这样的范围,把一切都看成是抽象的同一,否认事物的变化和发展,那就极端错误了。

(2)偶然性和必然性

形而上学割裂必然性和偶然性,表现为两种形式:一种认为自然界包含着各种各样的对象和过程,其中有些是偶然的,另一些是必然的,不能同时是偶然的,又是必然的。当时许多自然科学家只承认必然性是可以纳入规律的,是可以认识的,所以他们把自己的研究范围限制在必然性中,而偶然的东西,他们认为是没有规律可循的,是不可认识的,科学对偶然性是无能为力的。恩格斯尖锐指出,这种观点就是认为"我不知道,因此它不属于科学的范围。在必然的联系失效的地方,科学便完结了"(第196页)。但是"科学正是要研究我们所不知道的东西"(第196页)。我们把不知道的东西变为知道的,从还不清楚的事物中了解其规律性。从偶然性中找出必然性,这正是科学的任务。另一种是只承认必然性,根本否认偶然性,这是一种机械宿命论。恩格斯指出:"承认这种必然性,我们也还是没有从神学的自然观中走出来"(第197页)。他们把豆荚中有六粒豌豆而不是五粒这类偶然现象同太阳系运动规律、能量守恒与转化规律等必然性并列为同一等级,这样,必然性就得不到说明,被降低为偶然性,而"确信一切都建立在牢不可破的必然性上面,这是一种可怜的安慰"(第198页)。

恩格斯接着指出:"和这两种观点相对立,黑格尔提出了前所未闻的命题:偶然的东西正因为是偶然的,所以有某种根据,而且正因为是偶然的,所以也就没有根据;偶然的东西是必然的,必然性自己规定自己为偶然性,而另一方面,这种偶然性又宁可说是绝对的必然性"(见第198页)。这段话的意思是说,偶然性的东西是因为它作为必然性的表现,所以它是以必然性为根据来确定自己是偶然性,但又因为它对必然性来说是偶然性,它的出现,原因不在自身,而在他物,所以它又可以说是没有根据的。偶然性的东西同时是必然的,是说偶然性背后隐藏着必然性,并且能够转化为必然性;而必然的东西同时也是偶然的,是说必然的东西是通过偶然的东西表现出来,所以偶然之中有"绝对的必然性"。

恩格斯批判地吸取了黑格尔的合理思想,通过自然科学,特别是达尔文进化论的分析,用对立统一的观点,深刻地论述了偶然性和必然性的辩证关系。"被断定为必然的东西,是由纯粹的偶然构成的,而所谓偶然的东西,是一种有必然性隐藏在里面的形式"①。必然性和偶然性不是两个相互排斥的范畴,它们既是对立的,又是统一的;偶然性和必然性可以依一定条件互相转化。"达尔文学说是黑格尔关于必然性和偶然性的内在联系的论述在实践上的证明"(第282页)。

(二)[(B)辩证逻辑和认识论。关于"认识的界限"]

这部分共有二十六条札记,主要通过批判形而上学、经验主义和不可知论,阐明辩证逻辑和认识论的基本原理。可分为以下两部分:

1. 辩证逻辑的一些基本原理（第200页第1段至第207页第1段）

在这部分札记中,恩格斯论述了辩证逻辑的基本原理,分析了概念的辩证本性, 判断的分类, 演绎推理和归纳推理的辩证关系等问题。

(1)关于辩证逻辑的几个基本思想

逻辑学是关于思维形式和规律的科学。它研究人们在思维过程中所采用的方式,即概念、判断、推理以及思维过程中所遵循的基本规则。现代逻辑学分为形式逻辑、数理逻排、辩证逻辑等几个分支。形式逻辑是最早建立起来的一种逻辑,是亚里士多德制定的。辩证逻辑是在近代自然科学基础上建立起来的, 黑格尔对它的建立做出了重大的贡献。

第一,形式逻辑和辩证逻辑的关系。恩格斯在[悟性和理性]这条札记中,分析了黑格尔对形式逻辑和辩证逻辑的见解。黑格尔认为:悟性是思维的低级阶段,理性是思维的高级阶段,悟性是抽象的,所坚持的对象固定不变、彼此没有联系的思维;理性是具体的、从矛盾关系中去把握对象的、辩证的思维。他把形式逻辑称为"悟性逻辑",

---

①《马克思恩格斯选集》第4卷,第240页。

把反辩证法的形而上学称为"悟性形而上学"，而运用辩证方法研究思维的形式和规律，就是辩证逻辑。在辩证逻辑中，概念、判断、推理这些思维形式都是变化、发展的，在对立中运动的。恩格斯肯定了黑格尔所做的这个区分"是有一定的意思的"（第200页）。

恩格斯把形式逻辑和辩证逻辑的关系比喻为初等数学和高等数学的关系。在初等数学中，使用的是常数，而在高等数学的微积分中，使用的是变数。在形式逻辑中，使用的是固定范畴，而在辩证逻辑中使用的是流动范畴。形式逻辑和辩证逻辑的主要区别就在这里。

第二，自然界和精神的统一，自然规律和思维规律的一致性的思想是辩证逻辑研究的出发点。恩格斯指出："我们的主观的思维和客观的世界服从于同样的规律，因而两者在自己的结果中不能互相矛盾，而必须彼此一致，这个事实绝对地统治着我们的整个理论思维。它是我们的理论思维的不自觉的和无条件的前提"（第243页），自然规律是客观存在的，思维规律是自然规律的反映。这种思想古希腊的亚里士多德已经有了。亚里士多德认为逻辑规律不仅是思维规律，而且首先是存在的规律。十八世纪的机械唯物主义也是承认思维的内容是客观存在的反映，但是它看不到思维对存在的能动作用。黑格尔从思维形式与内容的统一，研究了思维形式，他从唯心主义观点讲思维与存在的统一，认为思维规律是第一性的，客观规律是第二性的，把自然界和精神的关系颠倒了。恩格斯指出："所谓客观的辩证法是支配着整个自然界的，而所谓主观辩证法，即辩证思维，不过是自然界中到处盛行的对立中的运动的反映而已"（第189页）。这就正确解决了自然规律和思维规律的关系，在唯物主义基础上提出了自然界和精神统一的思想。

第三，历史和逻辑的统一。黑格尔在哲学史上首先提出了历史与逻辑统一的思想，他的逻辑体系是哲学史范畴上的一个缩影。但黑格尔在逻辑和历史的关系上采取了本末倒置的形式，他认为逻辑是第一性的，是基础，历史是第二性的，是逻辑的表现；逻辑是历史的"创造者"，历史是逻辑的"外在化"。这是十足的唯心主义观点。

恩格斯批判了黑格尔的唯心主义观点，吸取了他的合理内核，在唯物主义的基础上改造并发展了黑格尔的思想，把黑格尔的观念给颠倒过来。首先，恩格斯说："历史从哪里开始，思想进程也应当从哪里开始，而思想进程的进一步发展不过是历史过程在抽象的、理论上前后一贯的形式上的反映；这种反映是经过修正的，然而是按照现实的历史过程本身的规律修正的，……"①

恩格斯从唯物主义的观点出发，肯定历史是第一性的，逻辑是第二性的，是历史的反映和缩影。其次，恩格斯把历史和逻辑的一致与动物系统发育和胚胎发育的关系加以类比，深刻而形象地说明了历史和逻辑的辩证关系。恩格斯说："在思维的历史中，某种概念或概念关系（肯定和否定，原因和结果，实体和变体）的发展和它在个别辩证论者头脑中的发展关系，正如某一有机体在古生物学中的发展和它在胚胎学中（或者不如说在历史中和在个别胚胎中）的发展关系一样"（第200页）。在生物学中，系统发育与胚胎发育的关系是这样的：胚胎发育是系统发育的"一种摘要"和"重演"，但不是完全的重复，而是排除系统发育中许多偶然因素的重演。同样，逻辑的东西虽然与历史的东西是一致的，但并不是完全机械地重复历史的东西，而是"修正过了的"，"包括在必然性中"的一致。也就是说，逻辑过程是历史过程的本质的反映，它摈弃了历史过程中一些偶然的、次要的、非本质的因素。

关于具体和抽象。恩格斯在具体和抽象这对范畴中，论述了概念

---

① 《马克思恩格斯选集》第2卷，第122页。

发展的辩证法,也是人类认识过程的辩证法。人们对客观事物的认识过程,第一步是从感性的具体到科学的抽象,第二步是从科学的抽象再到思维的具体。这是抽象和具体的统一。

例如摩擦生热,就是一个具体的个别的过程,是可以直接感觉到的感性的具体。通过大量摩擦生热的事实,并进一步对这类现象作定量的精确的分析,我们得到的结论是:机械能可以转化为热能。这里的机械能和热能都是一些特殊概念,机械能转化为热能也只是整个能量转化过程的一个局部情况、一个侧面。当我们的认识达到这一步时,我们是从感性的具体上升到抽象的规定。认识进一步发展,我们认识到了能量相互转化的其他许多侧面和情况,对这许多情况加以综合,从而使能量的概念大大地丰富起来,使能量转化的内容大大地丰富起来,于是建立了能量守恒与转化定律。马克思说:"具体之所以具体,因为它是许多规定的综合,因而是多样性的统一。因此它在思维中表现为综合的过程,表现为结果,而不是表现为起点,虽然它是现实中的起点,因而也是直观和表象的起点。在第一条道路上,完整的表象蒸发为抽象的规定;在第二条道路上,抽象的规定在思维行程中导致具体的再现。"①这段话科学地概括了人的认识过程,对于我们研究科学理论形成的规律有很重要的意义。

(2)关于思维形式的若干问题

第一,关于概念的本性。概念是反映客观事物本质的思维形式,客观性和辩证性是概念的本性。恩格斯指出:"辩证的思维——正因为它是以概念本性的研究为前提——只对于人才是可能的"(第201页),康德和黑格尔所说的悟性活动,是人和动物所共有的,但悟性活动不能抽象出事物的本质、形成概念,只有理性才能做到这点,而理

---

① 《马克思恩格斯选集》第 2 卷,第 103 页。

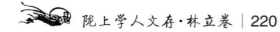

性是人所特有的,动物(无论怎样高明)则没有;概念是社会实践的产物。毛泽东说:"社会实践的继续,使人们在实践中引起感觉和印象的东西反复了多次,于是在人们的脑子里生起了一个认识过程的突变(即飞跃),产生了概念"①,概念是随者客观事物和人类实践的发展、深化而发展、深化的。

概念是思维的范畴,就其反映的内容而言,是反映客观事物的本质的。而客观事物的本性是辩证的,所以概念的本性也是辩证的。概念是确定的,它反映事物性质的相对稳定性,概念又是流动的,它反映事物的运动、变化和发展,反映人对事物本质认识的深化。概念的内容是确定性和灵活性的统一。只看到概念的确定性,而否定其灵活性,就会导致形而上学。反之,只看到概念的灵活性,而否定其确定性,就会导致诡辩论。

科学研究是离不开概念的,一切科学研究的成果,总是通过概念表述出来。各门科学都有自己的一系列基本概念来揭示自己研究对象的本质和规律,形成逻辑理论系统。

第二,关于判断的分类。判断是反映事物及其性质之间关系的思维形式。恩格斯在这里把形式逻辑和辩证逻辑关于判断分类的原则作了分析比较,指出了形式逻辑的局限性,揭示了判断分类发展的辩证法。形式逻辑仅从形式结构上研究思维形式。它把判断平列起来,仅从形式结构上加以区分:它们按照主词和谓词联系的性质,把判断分为肯定判断和否定判断;按照主词的量,把判断分为单称判断、特称判断和全称判断;按照主词和谓词之间的关系,把判断分为直言判断、假言判断和选言判断;按照主词和谓词之间联系的样式,把判断分为或然判断、实然判断和必然判断。

---

①《毛泽东选集》合订本,第 262 页。

这种分类法能带助我们了解判断的各个类型及其特点,是有一定意义的。但它"满足于把各种思维运动形式,即各种不同的判断和推理形式列举出来和毫无关联地排列起来"(第 201 页), 没有揭示判断之间的联系、判断由浅入深的发展、判断发展与历史发展之间的关系。

黑格尔从辩证法的观点批判了这种分类方法, 对判断的分类做了研究。他认为:不同的判断应当看作是"一个从一个必然进展而来""构成有阶段性的次序"①。并把判断分为四类十三种。恩格斯说:"这种分类法的内在真理性和内在必然性是明明白白的","不仅以思维规律为根据,而且还以自然规律为根据"(第 202 页)。

恩格斯吸取了黑格尔判断分类的合理思想,并根据实践的观点,论证了辩证逻辑的判断分类原则。恩格斯指出:对于不同的判断,辩证逻辑是"由此及彼地推出这些形式,不把它们互相平列起来,而使它们互相隶属,从低级形式发展出高级形式"(第 201 页)。随着实践的发展,人的认识日益深化,人对自然规律所做的判断也日益深刻。

恩格斯以能量守恒与转化定律发现的历史为例,提出并论述了辩证唯物主义的判断分类原则,即把判断分为个别性判断、特殊性判断和普遍性判断。"我们可以把第一个判断看作个别性判断:摩擦生热这个单独的事实被记录下来了。第二个判断可以看作特殊性的判断:一个特殊的运动形式(机械运动形式)展示出在特殊情况下(经过摩擦)转变为另一个特殊的运动形式(热)的性质。第三个判断是普遍性的判断:任何运动形式都证明自己能够而且不得不转变为其他任何运动形式。到了这种形式,规律便获得了自己最后的表达"(第 203 页)。

辩证逻辑对判断的分类及其顺序体现了形式和内容的统一、历史和逻辑的统一。

———————

①黑格尔:《小逻辑》中译本,第 348—349 页。

第三,关于推理的辩证法。推理是由已知判断推出未知判断的思维形式,有归纳、演绎、类比和证明等。恩格斯在这里主要是论述推理的辩证法,批判了当时盛行的把归纳与演绎对立起来和归纳万能论的错误观点。指出,实际的推理形式更加复杂。要认识事物的本质和规律,必须运用科学分析方法。

首先,恩格斯批判了海克尔、惠威尔把归纳和演绎对立起来的观点。海克尔把推理过程简单化,以为只有先作归纳推理,然后才容许作演绎推理。恩格斯指出:实际的推理过程复杂得多,形式丰富得多。"甚至归纳推理(一般说来)也是从 A–E–B 开始的。"(第 205 页)就是说,从个别上升到一般时,也不能没有演绎推理,即不能离开一般到个别的推理过程。实际上,歌德做出人有腭间骨这个科学预见,是运用了归纳、演绎、类推、假说等推理形式和逻辑方法,而不是单纯地称归纳法。

其次,恩格斯对归纳万能论者片面鼓吹归纳法的错误观点作了批判。十八世纪生物学中流行的林奈分类法就是归纳法的运用,它主要根据生物体的某种特征对生物做出分类。生物界中许多生物的过渡形态(如鸭嘴兽、文昌鱼、肺鱼等),说明生物界没有绝对分明的界限,归纳分类法在生物进化研究中是不中用的。生物学的材料说明:生物界是进化的,是由若干物种衍生出其他物种的。就这个意义说,"有机界的全部分类都脱离了归纳法而回到演绎法"(第 205 页)。

在"归纳和分析"这条札记中,论述了科学分析的重要作用,他以卡诺对热机的分析为例,说明了这个问题。卡诺为提高热机效率,对热机进行了科学分析,他设想了一部理想热机,指出只有在理想的可逆循环过程中,热机效率才有最大值。"萨迪·卡诺是第一个认真研究这个问题的人。但是他没有用归纳法"(第 207 页)。像卡诺这种对热力学第二定律的建立、对热机效率的提高有重大作用的研究,不是单凭归纳法所能做到的,而是运用了科学分析的方法。

恩格斯在"给归纳万能论者"中写道："我们用世界上的一切归纳法都永远不能把归纳过程弄清楚。只有对这个过程的分析才能做到这一点。——归纳和演绎，正如分析和综合一样，是必然相互联系着的。不应当牺牲一个而把另一个捧到天上去，应当把每一个都用到该用的地方，而要做到这一点，就只有注意它们的相互联系、它们的相互补充"（第 207 页）。恩格斯的这个结论，是辩证逻辑的一个重要思想，它深刻地说明了归纳和演绎的辩证关系，说明了推理过程的辩证法。

2. 关于认识论问题（第 207 页第 2 段至第 220 页第 3 段）

在这部分札记中，恩格斯通过对耐格里等人的批判，正面论述了认识的基础、质与量、有限与无限、个别与一般、相对与绝对、感性认识与理性认识的辩证关系、假说、规律在科学发展中的作用、认识过程的辩证法等问题，提出了许多极为深刻、极为精辟的思想，主要讲了以下五点。

（1）实践是认识因果性的基础

恩格斯首先批判了在因界关系问题上的错误观点：唯心主义否认因果关系的客观性；形而上学唯物主义虽然承认因果关系的客观性，但是只是片面地、机械地去理解。在"相互作用"这条札记中，恩格斯指出，因果关系是普遍的相互作用的一部分。在自然界，机械运动、热、电、光、磁等之间，都是相互联系、相互转化的。有机界和无机界之间，动物和植物之间，也都是相互制约、相互影响的。世界上的事情是复杂的，原因和结果的关系也是交织在一起的，对于一件事，只有具体情况具体分析，才能抓住主要原因。原因和结果是互相转化、互相制约的，当我们"为了了解单个的现象，我们就必须把它们从普遍的联系中抽出来，孤立地考察它们，而且在这里不断更替的运动就显现出来，一个为原因，另一个为结果"（第 210 页）。但是我们把它们放到普遍联系中考察时，原因可以转化为另一事物的结果，结果也可以转化为其他事物的原因,所谓,"终极原因"只能是事物的相互作用。

其次,通过因果性相互作用,论述了实践在认识中的作用,批判了形形色色的不可知论。指出,人们开始认识事物的时候,还不能了解事物发生的原因,只有在丰富感性认识的基础上,经过思考分析,并在实践中去检验,才能揭示事物发展的因果联系,因为"单凭观察所得的经验,是绝不能充分证明必然性的,""必然性的证明是在人类活动中,在实验中,在劳动中"(第207页)。正是人的社会实践活动,才"建立了因果观念的基础",(第208页)。恩格斯针对形而上学唯物主义和唯心主义"完全忽视了人的活动对他的思维的影响"(第208页),因而"它们一个只知道自然界,另一个只知道思想"(第208页),提出了认识论中的一个重要原理:"人的思维的最本质和最切近的基础,正是人所引起的自然界的变化,而不单独是自然界本身,人的智力是按照人如何学会改变自然界而发展的"(第200页)。人类在实践中认识自然规律,认识因果关系,又以这种认识指导生产技术的改进,指导自己的实践活动,实践是认识的基础。

(2)认识过程的辩证法

耐格里(1817—1891)是德国的植物学家,他在1877年9月做了题为《自然科学的认识界限》的报告,宣扬了一系列不可知论的观点。恩格斯对他进行了彻底的批判。

第一,质与量。在耐格里看来,我们只能认识量,不能认识质,这里完全错误的。他从形而上学的机械论出发,把质和量绝对对立起来。恩格斯在批判中以质与量对立统一的思想指出,就每一种质而言,它有无限多的量的等级。客观存在着的不是抽象的、单纯的质,而是具有多种质的统一的物体。就同一物体来说,它作用于我们人体的五官,产生各种不同的印象。"而这些不同的印象又是由同一个物所给予,并显现为它的一般属性"(第211页)。因此,一个物体、一种质,或不同的物体,质的差异都是可以认识的。

第二,有限与无限。在耐格里看来:"我们只能认识有限的东西……"(如211页),不能认识无限的东西。因为人的认识总是受时、空的局限,人的感觉器官不完备以及没有判断认识无限的尺度,等等。恩格斯批判了这些错误观点,阐明了有限与无限的辩证关系。

恩格斯认为,无限存在于有限之中,由无数个有限事物所组成。没有有限也就没有无限。认识总是从具体的东西开始的,并且是在一定时空中进行的。但是,无限正是从有限认识到的。"正是我们的感性知觉范围内的有限的东西的总和构成无限的东西,因为耐格里正是根据这个总和构成他的关于无限的东西的观念。如果没有这个……有限的东西,他就根本没有关于无限的东西的观念了"(第213页)。

恩格斯指出,我们的感官虽然对一些运动形式不能直接感觉到,但是"这些运动形式是可以转化成我们能察觉到的运动的"(第214页)。人类可以制造出各种仪器来克服肉体感官的种种局限,扩大感觉的范围,并且,人认识客观事物,除了感觉器官之外,更主要的是人的思维活动,能够综合感官提供的印象而认识事物的本质。

耐格里要求用感性的尺子去测度一切认识。恩格斯指出,抽象的东西是从具体的东西中概括出来的,它只能用思维去把握,而不能用感觉去把握。耐格里企图在具体之外寻找独立存在的抽象,在个别之外寻找独立存在的一般,在有限之外寻找独立存在的无限,这就必然选成思想上的混乱。造成这种混乱的原因是:"先从可以感觉到的事物选成抽象,然后又希望从感觉上去认识这些抽象的东西,看没看到时间,嗅到空间。经验论者深深地陷入了体会经验的习惯之中,甚至在研究抽象的东西的时候,还以为自己是在感性认识的领域内"(第213页)。

对于无限可以认识,必须辩证地去理解。一方面,人能掌握自然规律,也就是说人能认识无限,另一方面,我们又不能完全地认识无限。因为对无限的东西的认识是被双重的困难围困着"(第212页)。一方面无限的东西是由有限的东西组成的,必须通过有限来认识无限。另一方面,人类的无限认识能力是由一个一个人的有限认识组成的,每个人的认识都有一定的局限性。自然界总是向前发展的,我们的认识也要不断发展,这是一个没有尽头的过程。就这一点而言,无限是不可以完全认识的。所以,恩格斯说:"无限的东西既可以认识,又不可以认识,而这就是我们所需要的一切"(第212页)。"事实上,一切真实的、详尽无遗的认识都只在于:我们在思想中把个别的东西从个别性提高到特殊性,然后再从特殊性提高到普遍性"(第212页)。这就是说,认识的辩证法总是从个别上升到一般,从有限中找到无限。

(3)关于恶无限性

恩格斯评述了黑格尔的"恶无限性"和"真无限性",深刻论述了无限和有限的辩证关系。

耐格里把无限和有限绝对对立起来,他认为无限中不包含有限,有限中也不包含无限,无限是在有限之外的无限。这样的无限是抽象的。"同一个东西的永恒的重复:1+1+1+……"(第215页)。在这个重复中不发生任何质的变化。黑格尔把形而上学理解的这种无限叫恶的或坏的无限。他批判地指出:恶无限性是空漠的荒野,而真实的无限是包括具体内容的,是包括在具体有限事物之内的。恩格斯说:"真无限性已经被黑格尔正确地安置在充实了的空间和时间中,安置在自然过程和历史中"(第215页)。黑格尔对恶无限性的批判是有其合理内核的。

恩格斯不是像黑格尔那样完全否定恶无限性,而是对恶无限性作了全面的分析,肯定了它的合理因素,批判了它的错误。恩格斯说:"当我们说,物质和运动既不能创造也不能消灭的时候,我们是说:宇宙是作为无限的进步过程,即以恶无限性的形式存在着的"(第214页)。恩格斯既肯定了恶无限性,又指出它在某种意义上"是本质的"因素,但又是"被扬弃了的""不占优势的因素"。说明对宇宙的无限性绝不能仅作恶无限性的理解,因为宇宙的无限发展"实际上它并不是重复,而是发展,是前进或后退,因而它成为运动的必然形式"(第215页)。

(4)关于自然规律的永恒性和历史性

恩格斯在批判耐格里时首先指出:自然规律是普遍的,具有绝对的意义。我们认识了自然规律,也就达到了绝对的认识。这是自然规律的永恒性。同时又指出:一切自然规律受时间和条件的局限,是在一定的历史时期或一定的范围内发挥作用的。"永恒的自然规律也愈来愈变成历史的规律"(第216页)。例如:水在摄氏零度和一百度之间是液体,这是永恒的自然规律。但是要使这个规律成为有效的,就必须有水、一定的温度、标准压力。如抛开这些条件,把这个规律运用到月亮和太阳上就不行,因为月亮上根本没有水,太阳上也只有构成水的元素。

自然规律、客观真理是相对的,有条件的。但相对真理中又包含着绝对真理。我们的自然科学知识是以地球上的条件为依据的,超出地球以外的自然界,我们知道得很少,就这一点而言,这些自然科学的知识都是相对的。但是"只要知道,在相同的情况下,无论在什么地方,……都有同样的事情发生,那就够了"(第217页)。总之,自然规律既具有永恒性,又具有历史性,一切自然规律,都是相对真理和绝对真理的统一。

(5)关于"假说"和对康德不可知论的批判

恩格斯在札记中,首先阐明了假说在科学发展中的作用和科学理论的形成过程,指出:"只要自然科学在思维着,它的发展形式就是假说"（第 218 页）。假说是理论思维的一种形式，是探索自然规律的一种常用的方法，也是科学理论形成的前提。人们在实践中积累了一定的材料后，对它加以整理和分析，做出某种解释。但这种解释是否正确，还不能肯定，因而它带有假设的性质。假说需要拿到实践中去验证，实践证明是错误的，便被淘汰，实践证明是正确的，就上升为科学理论。科学理论是对客观规律的正确反映，这种对自然规律的正确认识是不能一次完成的，而需要在实践基础上经过一个由假说而上升到科学理论的过程。

其次，批判了不可知论，恩格斯指出："因为人的全部认识是沿着一条错综复杂的曲线发展的"（第 219 页）。所以科学理论的形成和发展往往是通过许多互相排挤的假说不断地更替来实现的。

可是"对缺乏逻辑辩证法修养的自然科学家来说，互相排挤假说数目之多和替换之快，很容易引起这样一种观念：我们不能认识事物的本质"（第 218 页）。正是因为这些自然科学家不懂得认识的复杂过程，不懂得认识过程的辩证法，所以才陷入了不可知论。

恩格斯在批判某些自然科学家的不可知论的同时，对不可知论的"最后的形式"康德的"自在之物"进行了批判。康德把事物的现象和本质割裂开来，认为我们只能感觉它的现象，不能认识它的本质，这种不可认识的本质，就是"自在之物"。但是，科学的任务就是要研究没有认识的东西，通过现象揭示本质和规律。如果有不可认识的"自在之物"存在的话，那么自然科学家为什么还整天研究不能认识的事物呢？这些自然科学家在哲学上承认康德的"自在之物"，但在实际上又每天研究它，"这样最好不过地证明了：他们对它是多么地不严肃，它本身是多么地没有价值"（第 219 页）。

辩证唯物主义认识论不承认有什么永远不可认识的"自在之物"，一切事物都是可以认识的，只有已经认识和尚未认识的区别。对于尚未认识的事物，随着实践和科学的发展，将来是一定会被认识的。恩格斯的结论是："我们只能在我们时代的条件下进行认识,而且这些条件达到什么程度,我们便认识到什么程度"(第 219 页)。

第四部分　物质的运动形式

这部分包括论文《运动的基本形式》和札记[物质的运动形式·科学分类]。恩格斯系统地总结和利用了十九世纪自然科学的发展成就。代表十九世纪科学最高成就的正是能量守恒和转化定律。这个定律一方面导致"运动形式"概念的产生,另一方面指出了运动着的物质的永恒循环是科学的结论。恩格斯据此概括出了关于运动形式的学说,并以此作为《自然辩证法》一书的中心而贯穿始终,从而展现出了当时自然科学成就的共同标志，即形而上学的自然观必须让位于新的辩证的自然观。这一点可以从 1873 年 5 月 30 日恩格斯致马克思的那封著名的信中得到证明。恩格斯以辩证唯物主义自然观的总观点为前提,系统阐发了自然界的辩证法和自然科学的辩证法,阐明了物质运动的基本原理。并以分析自然界各种矛盾运动的区别与联系为依据,提出了科学分类的原则。

一、《运动的基本形式》

《运动的基本形式》一文大致写于 1880—1881 年。其中心思想是:对物质运动做了总的考察,从辩证唯物主义观点出发阐述了运动的基本原理，对辩证唯物主义自然观的主要科学基础——能量守恒和转化定律,从哲学意义和科学内容上进行了充分论证。同时,对这一定律的科学概念"能"作了科学的解释和肯定,对滥用"力"的倾向作了批评;用对立统一观点,分析了无生命界的基本运动形式——吸引与排斥的辩证关系,批判了赫尔姆霍茨形而上学的机械观。全文共分三个问题：

（一）关于物质运动的基本原理（第53页至第54页第2段）

1. 运动是物质的存在形式和物质的固有属性，运动和物质是不能分离的

恩格斯在论文的开始，就以辩证唯物主义观点给运动下了一个定义："运动，就最一般的意义来说，就它被理解为存在的方式、被理解为物质的固有属性来说，它包括宇宙中发生的一切变化和过程，从单纯的位置移动起直到思维"（第53页）。这个定义一方面指出了运动是物质存在的方式，是物质本身固有的属性，运动和物质是不能分离的；另一方面指明了物质是以运动的形式存在的，运动是"物质的本质表现"（第223页）。

物体的性质和属性是从运动的形式中显示出来，并为人们所认识。运动和物质不可分离还表现在：一切形式的运动都有其一定的物质承担者。恩格斯根据当时科学认识水平指出，机械运动的物质承担者是天体和地球上的质量（即宏观物体），物理运动的物质承担者主要是分子，化学运动的物质承担者是原子，生物运动的物质承担者是蛋白体。现代科学的发展表明，一种物质承担者可能具有多种运动形式，但是，一种物质承担者必定有一种运动形式是主要的。

宇宙中的物质与运动是不可分割的，既没有离开物质的运动，也没有不运动的物质。唯心主义否认物质而谈运动，机械唯物主义否认运动形式的多样性，它把世界万物的运动都归结为机械运动，离开物质内部的矛盾性去寻找事物运动、变化的原因，这些观点都是错误的。没有运动的物质和没有物质的运动是同样不可想象的。

2. 运动形式的多样性和统一性

第一，物质运动形式是多种多样的。客观世界物质形态的表现是多种多样的，作为物质存在的方式——运动形式也是有无限多样性

的。"我们看到一系列的运动形式,机械运动、热、光、电、磁、化学的化合和分解、聚集状态的转变、有机生命"(第 209 页)。恩格斯根据当时科学认识水平已经研究到的物质运动形式,概括为五种基本形式:机械运动、物理运动、化学运动、生物运动、人类社会运动。而思维运动则是这些物质运动形式在人们头脑中的反映,每种运动形式都有其特殊的本质,有其特殊的矛盾。

第二,不同的运动形式由于它们具有不同的特殊的矛盾而相互区别,同时它们又相互联系着,具有统一性。机械运动因摩擦和碰撞转化为热、光、电,从而出现物理运动;而作用在各种物体上的物理运动在量上增长到一定程度时,就产生质变,一出现化学运动,当化学运动变化产生出蛋白体的时候,又为生命运动。反之,当较高级的运动进行的时候,总是伴随着较低级的运动。总之,从机械运动到生命运动,直到思维运动的转化过程,是物质运动形式从低级到高级,从简单到复杂的发展过程。我们"研究运动的性质,当然应当从这种运动的最低级、最简单的形式开始,先理解了这些最低级的最简单的形式,然后才能对更高级的和更复杂的形式有所阐明。"(第 53 页)高级的运动形式中包含有低级的运动形式,"一切运动都是和某种位置移动相联系的"(第 53 页),高级运动形式在一定条件下可以转化为低级运动形式,但不能把高级运动形式归结为低级运动形式。因为"位置移动绝不能把有关运动的性质包括无遗"(第 53—54 页)"这些次要形式的存在并不能把每一次的主要形式的本质包括无遗。终有一天我们可以用实验的方法把思维'归结'为脑子中的分子和化学的运动:但是难道这样一来就把思维的本质包括无遗了吗?"(第 226 页),从辩证唯物主义观点来看,即使非常高级的电子计算机也无非是在人类思维运动指挥之下进行一些较复杂的物理运动及其他运动,并通过这些较复杂的物理运动模拟人脑的某些活动,但它绝不能包括和代替人类思维这一高级的运动。

总之,宇宙中物质运动的形式既是多样的又是统一的,既要看到各种运动形式都有其质的规定性,因而相互区别,又要看到各种运动形式互相渗透、转化因而相互联系。

3. 运动的源泉是事物矛盾方面的相互作用

物质的运动是怎样产生的? 运动变化的原因是什么? 恩格斯认为:运动本身就是矛盾,我们所面对着的自然界的各种物体"它们是相互作用着的,并且正是这种相互作用构成了运动"(第54页)。各种形式的运动,都是由于物体的相互作用,即物质内部矛盾诸方面的相互依赖、斗争和转化。"一切运动都存在于吸引和排斥的相互作用中"(第55页)。吸引和排斥的矛盾斗争是非生物界运动、发展、变化的源泉和动力,承认不承认矛盾是事物发展的原因,是辩证法和形而上学的根本区别。恩格斯坚持辩证法的发展观。反对对于事物运动原因的种种唯心主义和形而上学的解释。毛泽东说:"按照唯物辩证法的观点,自然界的变化,主要的是由于自然界内部矛盾的发展中"[1]。"矛盾是简单的运动形式(例如机械性的运动)的基础,更是复杂的运动形式的基础。"[2]这就深刻地揭示了物质运动的原因。

4. 运动既不能创造也不能消灭

物质不能创造,不能消灭,作为物质存在的方式——运动也必然是不能创造,不能消灭的。恩格斯十分明确地阐明了这一点,他说:"既然我们面前的物质是某种既有的东西,是某种既不能创造也不能消灭的东西,那么运动也就是既不能创造也不能消灭的"(第54页)。

关于运动不灭的认识首先是从哲学上做出来的。1644年法国哲

---

[1]《毛泽东选集》,第277页。
[2]《毛泽东选集》,第280页。

学家和数学家笛卡尔在《哲学原理》一书中,明确地表示:运动只不过是运动着的物质的一种方式,然而物质有一个一定量的运动,这个量是从来不增加也从来不减少的, 宇宙中存在的运动的量永远是一样的。限于当时历史条件,笛卡尔所讲的运动守恒只是机械运动的动量(mv)守恒,他不了解运动形式的多样性及其相互转化。他是用机械运动这一有限的运动形式去说明无限的宇宙,"即对无限大应用了有限的表达方式"(第 54 页),但是笛卡尔在哲学上做出的这一结论,对于我们研究自然科学是有指导意义的。

　　十九世纪四十年代,发现了能量守恒与转化定律,它为自然界各种运动形式之间的相互联系、相互转化和运动不灭提供了论证。但是当时的自然科学对这一定律的表达是不完全的, 赫尔姆霍茨称之为"力的守恒定律"。把"力"只看作是吸引的表现。十九世纪六十年代,自然科学家们开始用"能量守恒定律"去代替"力的守恒定律"。这两种表达方式实质上都反映了当时的自然科学家只认识到运动在量上的不灭性,没有认识到运动在质上的不灭性,即各种运动之间具有无限相互转化能力。恩格斯把"能量守恒定律"表述为"能量守恒与转化定律",并指出:"运动的不灭不能仅仅从数量上去把握,而且还必须从质上去理解"(第 22 页)。这就完整地说明了运动既不能创造也不能消灭的原理。

　　(二)吸引与排斥是无生命界运动的基本形式(第 54 页第 3 段至第 56 页第 1 段)

　　1. 吸引和排斥是非生物界一切运动的基本形式

　　恩格斯以对立统一规律为依据, 研究了无生命界各种运动形式的特殊矛盾与相互作用,批判地吸取了哲学史上有价值的遗产,明确指出:"非生物界一切运动的基本形式都是接近和分离、收缩和膨胀,——一句话,是吸引和排斥这一古老的两极对立。"(第 55 页)在无生命界中"一切运动都存在于吸引和排斥的相互作用中"(第55页)。这就是说,吸引和排斥的相互作用是对立统一规律在无生命界中的具体表现,是无生命界各种运动形式基本的、共同的矛盾,是无生命界运动发展的普遍原因或普遍的根据。

恩格斯指出:"吸引和排斥在这里不是被看作所谓'力',而是被看作运动的简单形式"(第55页)。因此,绝不能把吸引和排斥仅仅看成机械运动的接近和分离、引力和斥力,即不能把吸引和排斥简单地归结为什么"力",也不能简单地用"力"来做解释。吸引和排斥是无生命界各种运动形式中最基本的相互作用,同时也是这些运动形式中的基本矛盾。

其次,恩格斯批判了分割吸引和排斥的形而上学观点,论述了两者的辩证关系。

形而上学认为运动迟早总会停止的可能性有两种:一是排斥和吸引最终会相互抵消、双方都不存在的"抵消论";另一种是全部排斥集中在物质的某一部分,而全部吸引集中在物质的另一部分的"分割论"。恩格斯以磁石的南北极的对立统一为例,指出:"从辩证法的观点看来,这两种可能性都是不存在的"(第56页)。接着论证了吸引和排斥的辩证关系:所有的两极对立,总是决定于相互对立的两极的相互作用;这两极的分离和对立,只存在于它们的相互依存和相互联系之中,反过来说,它们的相互联系,只存在于它们的相互分离之中,它们的相互依存,只存在于它们的相互对立之中"(第56页)。只有吸引和排斥的同时存在,相互作用才能产生运动,否则就会导致运动的停止。吸引和排斥对整个宇宙的运动来说彼此是相应的,即"宇宙中的一切吸引运动和一切排斥运动,一定是互相平衡的"(第55页),只有彼此相应、互相抵偿,才能保持非生物界永恒的运动。因此,运动不灭定律就可以采取这样的方式来表达:"宇宙中一切吸引的总和等于一切排斥的总和"(第 55 页)。

2. 吸引和排斥在无生命界各种运动形式中的具体表现

恩格斯接着考察了无生命界各个领域中吸引和排斥运动的特点和具体表现。

（1）行星环绕其中心天体的运动在太阳系中，行星环绕其中心天体所做的运动是怎样形成的

恩格斯根据康德和拉普拉斯的天体演化学，阐述了行星环绕太阳旋转的向心运动（吸引）是行星和太阳之间的引力即原来星云物质各个质点间的万有引力造成的。而切线方向的运动（排斥）就是星云物质中各个单独质点之间排斥的残余的转化形式。其所以叫"排斥的残余"，是因为原来星云物质中大量的推斥以热的形式放射到太空中去，余下的部分转化为切线方向的运动，而绝不是外来的"切线力"的作用。所以"任何太阳系的生存过程，都表现为吸引和排斥的相互作用"(第 57 页)。

（2）地球上物体的机械运动

在地球上，吸引是占绝对优势的，因此，要使物体改变它原有的运动状态，或使物体从地面上某点移到另一较高的位置上。就必项靠外来的作用，即首先就要有抵抗地球的吸引的作用，然后再让重量起作用，"一句话，是先使物体上升，然后再使之下降"(第 58 页)。这就是说，没有排斥是不可能发生运动的。只有吸引和其相反的方向上的运动——排斥运动之间的相互作用，才能构成地球物体的机械运动。

（3）分子运动，静电和磁

分子的运动也是在吸引和排斥的相互作用中出现的。组成物体的分子处于"静平衡"和"热运动"两种状态。分子间有引力和斥力的相互作用的结果往往就使分子处于一个相对稳定的位置上振动，呈"静平衡"状态。分子又处于永不停止的不规则的"热运动"状态中，它

起摆脱"分子力"的约束作用。"静平衡"与"热运动"是相互矛盾的作用,前者是起吸引作用的,后者是起排斥作用的。当"静平衡"作用处于绝对优势时,物体一般都显固态;"静平衡"作用与"热运动"作用互相均衡时,物体显液态;"热运动"作用处于绝对优势时,使分子可以完全脱离物体的结构中分子力的约束,并以一定的速度自由运动,物体也就转变为气态。由此可见,吸引和排斥在分子运动中比宏观物体的机械运动中表现得更复杂了。

"吸引和排斥。在磁那里开始了两极性。它在那里是在同一物体中显现出来的;在电那里,它就把自己分配到两个或两个以上带有相反的电荷的物体上"(第189页)。正电和负电、南极和北极,同性相斥、异性相吸,并且完全互相补偿,"作用不完全互相补偿的两极绝不是两极"(第60页)。两级的对立是存在于它们的相互依存和相互联系中的。由于两极的相互作用,就显现出电磁的复杂的运动。

4. 化学运动

"一切化学过程都归结为化学的吸引和排斥的过程"(第180页)。化学的化合和分解,是化学运动的基本矛盾,是吸引与排斥在化学运动中的具体表现。吸引表现为原子的化合,排斥表现为分子的分解。恩格斯说:"在大多数场合下,化合时产生运动,分解时必须供给运动"(第60页)。分子的分解得到了能量,原子的化合失去了能量,这就是说化学的排斥过程是元素增加能量的过程。在这里"能"是用来表示排斥的,是运动的主动方面。

现代自然科学的发展进一步的丰富和证实了恩格斯关于"一切运动都存在于吸引和排斥的相互作用中"(第55页)的正确论断。

通过以上分析可以看出,无生命界的各种运动有其特殊的表现形式,但都存在于吸引和排斥相互作用之中,有着共同的本质,因而有共同的量度——能。并且在一定的条件下,这些运动形式都可以互相转化，它们的转化与守恒实质上表现了无生命界丰富多样的运动形式是统一的。

（三）关于"能"和"力"的本质，批判赫尔姆霍茨形而上学的机械观（第62页第2段至第69页）

能量守恒与转化定律，为自然界中整个运动的统一这个哲学结论进一步提供了科学的证明。但由于当时的自然科学家受形而上学机械观的统治，对这一定律的理论意义认识不清，在表达定律时使用着不同的概念如："能""力""功"等，显得非常混乱。恩格斯针对这种情况又着重分析了"能"和"力"的概念，阐明了它的本质，批判了赫尔姆霍茨的错误观点。

1.关于"能"的本质

"排斥的流入=能量。"（第5页）"能"是被了解为排斥的，是运动的主动方面。从以上各种运动形式的分析中就可以看出，排斥是运动的积极、主动的方面，因此能量是排斥的一种表现。例如：在天体运动中，行星的动能主要是原始星云中各个单独质点原有排斥的残余，地球上物体的上升运动（排斥）增加了物体的位能，热运动是分子的排斥，它又是能的一种形式；化学元素在化合时能量被释放出来，排斥作用减弱，化学化合物在分解时吸收能量，排斥作用加强。总之"在这里被当作排斥看待的运动形式，和近代物理学所说的'能'，是同一个东西"（第57页）。

但是赫尔姆霍茨却用"力"来表示吸引，并认为重力、吸引是自然界最重要、最基本的运动形式，是运动的主动方面，是天体运动的"原动力"。恩格斯指出："人们可以把这看作一种无关紧要的形式上的差别，因为在宇宙中吸引和排斥是互相补偿的，因为这样一来随便把这个关系的哪一面当作正和把哪一面当作负，似乎都没有什么关系……但是绝对不是这样"（第62页）。关键在于我们这里所研究的是地球上的运动,而不是宇宙。因此对于地球上所发生的过程来说,运动的原动力是吸引还是排斥,是一个原则问题,恩格斯十分肯定地说:"在今天的地球上,吸引由于它肯定地胜过了排斥而变成完全被动的了,一切主动的运动都必须归功于来自太阳的排斥的供给"(第63页)。所以"在把能看作排斥的时候,从地球上的过程方面看来,甚至从整个太阳系方面看来,本质上是完全对的"(第63页)。

恩格斯指出"能"这一概念也有它的局限性。因为"能仅仅是排斥的另一种表现"(第59页)。这就是说:一者运动是吸引和排斥的对立统一,而"能"只表现了矛盾的一个方面——排斥,并没有把运动的全部关系——吸引与排斥的对立统一正确地表现出来。再者容易给人们造成一种错觉:"能"不是物质本身固有的东西,而是从物质以外强加到物质中去的东西。但是与"力"字的局限性相比,我们还是宁愿用"能"这个名词。"能"这个名词是在研究各种运动形式之间相互联系和相互转化过程中产生的。作为无生命界一切运动的普遍量度,能量的大小不仅可以代替运动数量的大小,而且反映了不同的运动形式,所以它比"力"这个力学名词更能表现各种复杂的运动形式。

2. 关于"力"的本质

"力"这一概念最初来自人类机体对外界的作用。"是从人的机体在周围环境中的活动中借来的"(第63页)。人给物体以作用,使物体机械运动状态发生了改变,我们就说物体受了力。恩格斯对力的本质进行了极深刻的揭示:"如果任何运动从一个物体转移到另一个物体。那么,只要这一运动是自己转移的,是主动的,就可以把它看作运动的原因,只要后一个运动是被转移的,被动的;于是,这个原因,这一主动的运动,就显现为力,而这一被动的运动就显现为力的表现"(第257页)。因此力只适用于机械运动,不能把它推广到其他复杂的自然现象上去。

机械论者赫尔姆霍茨不懂得力的本质,把力"作为现象的原因"因而形成了"有多少不同的现象,便造出多少种力"(第64页)。并且美其名曰:"这些名称把一些规律客观化了"(第65页),恩格斯对此给予了严肃的批评,指出赫尔姆霍茨把这些纯主观的关于力的概念,塞到完全客观的自然规律中去,这种做法是主观地凭空想象出来的。把自然界中的各种现象归结为各种力,并不是因为我们完全认识了支配这些现象的自然规律,而是由于我们还不认识它们,只好"找'力'这个字做避难所"(第65页)。作为还没有阐明的因果关系的略语,作为语言上的权宜之计,力这个字在日常应用中还是说得过去的。如果超过了这一点,那就糟了。按照辩证唯物主义的观点来看,力是运动的转移。从能量的观点来看,力正好应该是能的某种特定形式"(第135页)。因此"运动"或"能"绝不可用"力"来代替,而"力"却必须用"运动"或"能"来说明。

3. 揭露赫尔姆霍茨计算上的错误

赫尔姆霍茨认为在构成太阳系的星云球体中的"能做功的力的蕴藏量"就是万有引力和化学引力,在太阳系诞生以后,这些力已作了巨大的功,因而使太阳系丧失了力,他算出"最初机械力现在大约只有1/454还原样存在着"(第67页)。然而事实证明,太阳系的重量基本上没有变,万有引力和化学引力已经做了巨大的功,但是这些力并没有因此而增加或减少。那么是什么样的"力"作了他所计算的比太阳系现在做的功还大453倍的巨大的功呢? 赫尔姆霍茨对此无法回答。于是,赫尔姆霍茨推翻了自己关于"力"的蕴藏只包括"万有引力"和"化学引力"的论断,进一步说:"我们不知道,[原始星云球体中]是否还有以热的形态存在的力的蕴藏"(第67页)。以此来弥补它的453/454的不足。但是热是一种排斥,排斥的"力"怎能和赫尔姆霍茨的引力等同起来呢? "所以,当他以为一定量的排斥运动可以以热的形式加到吸引形式的运动上，并增知后者的总量时，他犯了一个计算上的确定不移的错误"（第68页）。赫尔姆霍茨犯了这个计算上的错误，主要不是由于当时科学水平的限制，而是由于他的出发点错了，他的形而上学的重力论使他不能不犯错误。所以恩格斯最后指出：像赫尔姆霍茨这样的大物理学家都被"力"这个概念搞得思想十分混乱，这就说明力的概念除去从事计算的力学范围以外的任何研究领域都不适用。因为力学中，不研究运动的原因，只研究运动的作用，因此在机械运动中，把运动状态改变的原因叫作"力"还是可以的，但是在其他科学中，如物理、化学、生物学中，想要研究运动的起源和性质，因此滥用力的概念来解释，就必然要出现混乱。

二、[物质的运动形式。科学分类]

这部分札记共二十条，大多数写于1873—1874年。其中"关于'机械的'自然观"，是《反杜林论》的一个附注。写于1885年。这些札记中不少段落的内容已在《运动的基本形式》一文作了引用和发挥，我们只着重介绍以下三个问题。

（一）关于物质运动的一些基本观点（第221页第1段至第226页第2段）

1. 物质是不依赖于人的意识的客观存在

恩格斯在这里考察的物质是具体的物质。宇宙的物质总体是永恒的、无始无终、不生不灭的，而每一个具体的物质形式却是有生有灭、有始有终的。所谓原始物质，就是指太阳系形成以前，处于混沌状态的物质，例如星云。"在星云的气团中，一切实物虽然各自分开地存在着，却都融为纯粹的物质本身"（第221页）。凡是客观实在的东西都是物质。世界上各种复杂的现象，追根溯源，都是运动着的物质的不同表现，没有什么超物质的原因，因此恩格斯说："终极的原因——

物质及其固有的运动"(第221页)。

物质概念是在各种各样的具体物质形态基础之上所做的科学的抽象。一方面对多种物质形态加以分析研究,找出它们的共同本质,在哲学上加以概括,就得出抽象的物质概念来。另一方面物质又是具体的。恩格斯说:"这种物质并不是抽象"(第221页)。人们所接触到的物质都是具体的,可以通过人的感官或科学仪器感受到的。抽象的物质即寓于具体的物质形态之中,只有通过各种具体的物质形态,才能把握抽象的物质概念。

恩格斯还批判了把重量看作是物质属性的"重力论"的错误。"重力论"把吸引看成是物质的必然属性,而排斥却不是。恩格斯说:"根据辩证法本身就可以预言: 真正的物质理论必须给予排斥以和吸引同样重要的地位,只以吸引为基础的物质理论"凡是有吸引的是错误的,不充分的,片面的"(第221—222页)。"凡是有吸引的地方,它都必定被排斥所补充。所以黑格尔说得很对:质的本质是吸引和排斥"(第222页)。

2. 物质的可分性和不可分性

现代自然科学材料证明,物质具有复杂的结构,是无限可分的。虽然"分"的形式各有不同,但自然界的确没有什么最简单的,没有内部结构的,不可能再"分"的"基本"粒子或宇宙之砖。但是,十九世纪中下叶,人们还不知道原子的结构。一些被形而上学世界观束缚的自然科学家便由此认为原子是再也不能分割的了。恩格斯根据辩证法的宇宙观,在1885年作了预言:"原子绝不能被看作简单的东西或已知的最小的实物粒子(第247页)。又针对当时大多数物理学家的"宇宙以太是由非连续的粒子组成"的说法,明确指出:"以太波可以分割和量度到无限小"(第223页)。恩格斯关于原子可分的思想,得到了现代科学的证实。原子是由原子核和电子组成,原子核又由质子和中子组成。到目前为止,科学上已经证实的"基本粒子"已有300多种。这些"基本粒子"也还是可分的,如同列宁指出的:"电子和原子一样,也是不可穷尽的"①。近年来,通过高能电子对质子的散射实验,已证实质子也是有结构的,因而也是可分的。

但是就事物的质的规定性来说,可分性是有一定界限的,超出这个界限,事物就要发生质变。"纯粹量的分割是有一个极限的,到了这个极限它就转化为质的差别:物体纯粹是由分子构成的,但它是本质上不同于分子的东西,正如分子又不同于原子一样"(第48页)。

关于物质的可分性和不可分性的关系,恩格斯引用了黑格尔的话,说:"物质既是两者,即可分的和连续的,同时又不是两者"(第223页)。并指出这个结论差不多已被证明了。现代自然科学的发展证实了恩格斯这一观点的正确性。物质就其结构而言,是连续和间断的对立统一,可分性和不可分性的对立统一。例如,光不仅是一种连续的波动,而且也是一种间断的"微粒",电子不仅是一种间断的微粒,而且也是一种连续的"波动"。它们都是波动性和粒子性的对立统一。

3. 空间和时间是物质存在的形式

黑格尔在《自然哲学》一书中指出,运动就是空间和时间的直接统一,"事物本身就是时间性的东西""正是现实事物本身的历程构成时间"②。

恩格斯批判地继承和发展了这些观点,阐明了时间和空间的本质。他指出:"物质的这两种存在形式离开了物质,当然都是无,都是只在我们头脑中存在的空洞的观念、抽象"(第213页)。现代物理学的成果丰富和证实了黑格尔和恩格斯关于时间、空间和物质运动相

①《列宁选集》第2卷,第268页。
②黑格尔:《自然哲学》,商务印书馆,1980年版,第42,49页。

互联系的正确论断。

4.运动和平衡的辩证关系

事物在运动过程中,在一定条件下,保持着相对稳定的状态,平衡是运动的一种状态,"平衡是和运动分不开的"(第224页)。什么地方出现运动,什么地方就有出现平衡的可能性。恩格斯又说:"在天体的运动中是平衡中的运动和运动中的平衡(相对的)"(第224页)。物体的平衡状态首先"相对于一定的物体而言的,其次是相对于某一种运动形式而言的,因此,在任何情况下,物体总是处于运动和变化之中,平衡只是运动的一种特殊状态,它是暂时的,而运动则是绝对的和永恒的。

恩格斯指出,相对的静止和暂时的平衡的可能性是物质分化的根本条件,因而也是生命的基本条件。如果地球像太阳那样处于炽热状态,没有相对的平衡和静止就不会有今天地球上的这种物质形态的分化,因而也就不会出现生命和人类。

运动和平衡在不同的条件下有着不同的表现。恩格斯着重分析了运动和平衡在太阳、地球、月球和有机体中的不同情况。"在太阳上只有整个质量的平衡,而没有个别实物的平衡"(第224页)。"在地球上,运动分化为运动和平衡的交替:个别运动趋向于平衡,而整体运动又破坏个别的平衡"(第224页)。"在月球上似乎是绝对的平衡占了统治地位,没有任何相对的运动——死亡(月球=否定性)"(第224页)。在《反杜林论》中还论述了有机体内运动和平衡的表现,指出:"每个有机体永远是它本身,同时又是别的东西"①。有机体是运动和平衡的活的统一。

①《马克思恩格斯选集》第3卷,第62页。

(二)关于科学分类问题(第 226 页第 3 段至 229 页第 3 段,238页第 3 段)

这一部分的主要思想是批判了从圣西门、孔德到黑格尔的科学分类方法,阐述各种运动形式的区别和联系,把科学分类同运动形式的发展顺序联系起来,提出了辩证唯物主义关于科学分类的基本原则。

1. 物质的运动形式是科学分类的基础

科学是人们对客观世界的规律性的认识。自然科学的"对象是运动着的实物"(第 226 页)。"对这些不同的运动形式的探讨,就是自然科学的主要对象"①。物质的运动形式是科学分类的基础。恩格斯根据自然界的各种运动形式对自然科学作了初步的分类,他把自然界的基本运动形式分为:最简单的运动形式即机械运动形式、物理运动形式、化学运动形式、有机界的运动形式。相应地研究这四种运动形式的科学分别是力学、物理学、化学和生物学。

2. 科学分类的原则

恩格斯认为,一门科学到另一门科学的发展,是一种运动形式过渡到另一种运动形式的反映。科学研究的对象是物质的各种运动形式,对自然界各种运动形式的研究,构成了各门自然科学。各门科学的排列顺序不是随意的,而是反映它们所研究的各种运动形式的顺序的。"每一门科学都是分析某一个别的运动形式或一系列相关联和互相转化的运动形式的,因此,科学分类就是这些运动形式本身依据其内部所固有的次序的分类和排列"(第 227 页)。这就是辩证唯物主义关于科学分类的客观性原则和发展性原则。

科学分类与各门自然科学在历史上的发展顺序是一致的。在自然科学发展史中,最先出现的是研究天体的和地球上物体的力学,随后,

---

① 《马克思恩格斯选集》第 4 卷,第 407 页。

物理学、化学、生物学依次发展起来。人类对自然界物质运动形式的认识顺序大体上反映了物质运动形式本身由简单到复杂,由低级到高级的辩证发展,"正如一个运动形式是从另一个运动形式发展出来一样,这些形式的反映,即各种不同的科学,也必然是一个从另一个中产生出来"(第 228 页)。对自然界物质运动形式的认识顺序,自然科学各个部门的顺序发展,是随着人类社会实践的发展而发展的。

3. 对圣西门、孔德和黑格尔科学分类方法的评价

有了科学,就有了科学分类的要求。古希腊百科全书式的学者亚里士多德把当时的科学知识分为三类:理论科学,包括哲学、数学、物理学;实践科学,包括伦理学、经济学、修辞学;创造科学,包括文学、艺术、美学等。

十五世纪以后,各门自然科学主要是力学、数学、生物学逐步发展起来,科学分类的要求也就日益强烈了。到了十八世纪末,以狄德罗为代表的法国百科全书派开始了《百科全书》的编纂工作。但由于他们是机械唯物主义者,因而不能揭示出各门科学间的辩证联系。"在大多数是机械唯物主义者的法国唯物主义者之后,出现了要把旧的牛顿—林耐学派的整个自然科学作百科全书式的概括的要求,有两个最有天才的人物投身于这个工作,这就是圣西门(未完成)和黑格尔"(第 227—228 页)。圣西门认为,科学的排列顺序应同自然现象本身复杂的顺序相符合。因此,科学的排列顺序应为天文学、物理学、化学和生理学。但是他的科学分类工作没有完成。作过圣西门五年秘书的实证主义者孔德"从圣西门那里剽窃了他的全部天才思想,以自己特有的庸俗方式庸俗化了它们,修改了它们"[1]。孔德把各门科学排列成这样一个次序:数学、力学、天文学、物理学、化学、生物学、社会

---

[1]《马克思恩格斯书信选集》,1953 年俄文版,第 479—480 页。

学。为了教学和安排教材的方便,他认为要学排在后面的一门科学必须先学排在前面的科学,而学习前一门科学则不必学习后面的科学。这就是他的所谓全科教育观点。这种观点把各门科学机械地排列起来,而没有揭露出科学部门之间的内在联系,所以恩格斯批评他把"一个基本上正确的思想被数学地夸大成胡说八道"(第228页)。

黑格尔把自然科学划分为机械论、化学论和有机论三大类。认为机械论是研究质量即物体的运动,化学论研究分子运动、原子运动,而有机论则研究生命有机体的运动。恩格斯指出黑格尔的这种科学分类方法在当时是很完备的。黑格尔的科学分类在一定程度上反映了自然界的内在联系。

恩格斯论述了物质运动形式和科学分类的关系,批判地继承了马克思主义产生以前关于科学分类的合理思想,制定了以物质运动形式为基础的科学分类的客观性原则和发展性原则。一百多年来,各门科学都有了突飞猛进的发展,产生了许多新的学科。在基础科学和应用科学,自然科学和社会科学之间不断产生新的分化和综合,各门学科之间相互联系相互渗透,出现了许多综合科学和边缘科学,迫切需要建立一种新的多层次的具有复杂结构的科学分类体系。在对现代科学进行分类的过程中,恩格斯所指出的科学分类的基本原则仍然具有重大的指导意义。

(三)批判机械的自然观(第225页第5段,第229页第3段至第234页)

《关于'机械的'自然观》写于1884—1885年。原来是作为《反杜林论》增订第二版的《注释》或《增补》材料写的,后来收入本书中。主要谈了两个问题:

1. 批判把各种运动形式归结为机械运动形式和把质的差异仅仅归结为量的差异的机械论观点。

　　1877年10月8日德国化学家凯库勒发表了一个演说，给力学、物理学和化学下了一个和恩格斯的阐述相类似的定义，但是他没有说明各种运动形式的转化是一种质变，因而也不明确一门科学到另一门科学的过渡是一种质的飞跃，所以这个定义不明确。后来英国《自然界》杂志把它加以歪曲和引申，把一切运动形式都归结为机械运功，把各门科学都归结为"力学"，这种归结当时很时髦，从而陷入了机械论。恩格斯对这种机械论进行了批判，指出它的错误在于：把一切运动形式归结为机械运动形式；把一切质的差异归结为量的差异。他们不懂得辩证法。他们不了解各种运动形式之间既有同一性，又有差别性；既有联系，又有本质的区别。他们不了解质和量的关系是辩证的，而是从片面的机械的观点看问题。机械论者以力学作为研究一切问题的出发点，把复杂的自然现象简单化，从而走上了一条错误的道路。

　　2. 批判海克尔的思想混乱

　　海克尔是一个典型的自发的自然科学唯物主义者，同时又是典型的机械论的代表人物。由他的机械观而造成了许多思想混乱。因此，恩格斯从两个方面对他的错误进行了批判：

　　首先，恩格斯批判了海克尔贬低唯物论的说法。海克尔步黑格尔的后尘，把唯物论和机械论等同起米。由于科学发展水平的限制，十八世纪的唯物论只能以当时较为发展的力学为基础，所以当时的唯物论是机械唯物论。但是，十八世纪的机械唯物论仅仅是唯物论在一定历史时期的具体表现形式，而不能把它与一般的唯物论等同起来。海克尔由于信从当时的资产阶级偏见，迎合当时贬低唯物论的潮流，于是也随声附和地把唯物论和机械论混同起来。

　　其次，恩格斯批判了海克尔对因果律的混乱理解。海克尔从黑格尔那里抄袭了"作用的原因"和"终极的原因"这两个概念，并且把两者机械地对立起来。实际上，他是把黑格尔的话抄错了。黑格尔认为作用原因和终极原因的对立是形而上学的观点。黑格尔扬弃了这对形而上学的对立范畴，而以相互作用的概念来代替它。恩格斯说"在黑格尔那里，起作用的原因和终极的原因之间的对立也已经在相互作用的范畴中被扬弃了"（第221页）。海克尔不求甚解地乱搬哲学概念，并且从机械论的观点来解释它，当然不能不犯错误。不仅如此，海克尔在抄袭黑格尔的话时，还给这些话作了另外的解释。他把终极的原因变成了合目的地起作用着的原因，把起作用的原因变成了机械地起作用的原因，甚至荒唐地把人工选择看作终极的原因，把自然选择看作起作用的原因。恩格斯指出，除了物质及其存在方式——运动是它们自己的最后原因以外，并没有什么别的终极原因，并没有所谓终极原因和作用原因的对立。"如果我们把那些在宇宙运动的相互作用中暂时地和局部地孤立的或者被我们的反思所孤立的个别原因，称之为起作用的原因，那么我们绝没有给他们增加什么新的规定，而只是带入了一个混乱的因素而已"（第232—233页）。客观世界一切事物的发生和发展，都是由自身的内部矛盾所推动的，矛盾双方的相互作用，对立面的统一和斗争，是它们运动、变化、发展的作用原因，也是它们的终极原因。

第五部分　劳动创造了人

这部分只有论文：《劳动在从猿到人转变过程中的作用》。这篇论文写于1876年，它在《自然辩证法》一书中占有十分重要的地位，是辩证自然观的不可缺少的组成部分，它是以生物运动到社会运动的飞跃，是从自然科学过渡到社会科学、从自然辩证法过渡到社会辩证法的桥梁。

恩格斯通过这篇论文，对人类的起源和发展问题作了全面、科学的回答，论述了劳动创造了人本身，劳动是人区别于动物的本质特征,揭示了人类社会发展的历史规律。全文系统地阐发了《导言》中提出的关于"两个提升"的光辉思想,指出:只有共产主义社会,"才能在社会关系方面把人从其余的动物中提升出来, 正像一般生产曾经在物种关系方面把人从其余的动物中提升出来一样"(第 20 页)。这些光辉思想,不仅使人类起源的理论奠定在完全科学的基础之上,也对人类社会的发展,特别是人类在改造自然中的主观能动作用,作了历史唯物主义的说明。

学习时应结合《导言》的有关部分、《家庭、私有制和国家的起源》、《反杜林论》第三篇第二章,深刻领会其精神实质。根据这篇论文的内容大致可概括为以下两大方面的问题:

一、劳动是人类起源和社会发展过程中的决定因素
(第 149 页第 1 段至第 158 页第 2 段)

(一)劳动创造了人本身

在人类起源问题上,古往今来有着各种各样的解释和传说,并始终存在着唯物主义和唯心主义、辩证法和形而上学两种世界观的激烈斗争。

随着生产和科学的发展,人们逐渐认识到人和动物的亲缘关系。在十八、十九世纪的欧洲,以拉马克、达尔文等人为代表的具有唯物主义精神的自然科学家提出"进化论",主张人是由猿演变来的,并同林耐、居维叶为代表的"特创论"(实质上是"神创论")进行了针锋相对的斗争。

进化论认为:生物界的各个物种并不是全能的上帝创造的,也不是永恒不变的, 而是在自然界中的长期发展中形成的。人类也不例外,是动物发展的最高产物,是由与人最相近的古猿进化而来的。达尔文提出了"从猿到人"的理论,这是一个很大的贡献。但是,达尔文只是认识到人起源于动物, 却没有弄清楚人和动物的本质区别,因

此,他只回答了问题的一半。

恩格斯在肯定达尔文学说的革命内容的同时，全面而又正确地解答了人类起源与发展的问题。深刻地指出："甚至达尔文学派的最富有唯物精神的自然科学家们还弄不清人类是怎样产生的，因为他们在唯心主义的影响下，没有认识到劳动在这中间所起的作用"（第156页）。恩格斯在文章一开头就明确地提出：劳动"是整个人类生活的第一个基本条件，而且达到这样的程度，以致我们在某种意义上不得不说：劳动创造了人本身"（第149页）。是劳动使人从动物中分离出来，促进了从猿到人的转变。随着完全形成的人的出现而产生了新的因素——社会。而人类社会有着与生物界根本不同的发展规律。如果说达尔文只是把人类从上帝手中解放出来还归于动物界，那么恩格斯则又把人类从动物中提升出来。运用辩证唯物主义的历史观，揭示了人类社会产生和发展的规律。

（二）人类的祖先是一种特别高度发展的类人猿

恩格斯首先引用达尔文的科学材料，说明人是从一种特别高度发展的类人古猿演变来的。从已发现的化石证据来看，人类同现代猿类的共同祖先，是大约出现于第三纪渐新世（距今约四千万年前）的化石古猿。至第三纪的中新世（距今约二千五百万年前），古猿有了高度的发展，它们身体增大、种类增多、分布地也更广，已发现化石的地点有非洲、欧洲、亚洲广大热带林区。

在第三纪中新世末期，地壳运动激烈，造山运动活跃，喜马拉雅山升高，阿尔卑斯山崛起，自然界发生了很大的变化，使热带森林减少，北半球出现大片草原。自然条件的改变迫使古猿不得不到地面上来生活，并逐渐采取直立行走的姿态，因而就必然加速人猿祖先类型的分化。在距今一两千万年前，出现了向人类转变的一支古猿——拉玛古猿。从拉玛古猿的牙齿减弱，颌骨后缩的趋势，齿槽接近拱形来看,显然和森林古猿不同而接近人类。这些古猿,在平地上行起时开始摆脱用手帮助的习惯,渐渐学会使用两足直立行走,"这就完成了从猿到人的具有决定意义的一步"(第149页)。

(三)劳动使猿转变为人

1. 人手是劳动的产物

古猿下地来到草原地区生活,在新的条件下,获取食物的方式改变了。经过漫长的岁月,"手变得自由了,能够不断地获得新的技巧,而这样获得的较大的灵活性便遗传下，一代一代地增加着"(第150页)。手终于从使用简单的天然物到学会用一石块打击另一石块,制造出粗笨原始的石器。"手不仅是劳动的器官，它还是劳动的产物"(第150页)。手的专门化意味着工具的出现,而制造工具则意味着人所特有的活动,是从猿到人转变过程中一次最根本的质变和飞跃。

2. 语言是从劳动中并和劳动一起产生出来

人类的祖先走出森林之后,除了使用简单的工具外,还必须依靠群体的力量,才能战胜敌害,生存下去。正如恩格斯所说:"我们的猿类祖先是一种社会化的动物"(第151页)。劳动的发展必然促使社会成员更紧密地互相结合起来,彼此间互相帮助、共同协作。"这些正在形成中的人，已经到了彼此间有些什么非说不可的地步了"(第152页)。于是,需要产生了自己的器官。猿类不发达的喉头,逐渐学会了发出一个个清晰的音节。这说明语言本身也是社会集体劳动的产物。

3. 劳动和语言使猿的脑髓逐渐地变成人的脑髓

语言是人类思维的工具,人类凭借语言来交流思想,传播积累经验,从而增强了人类的思维能力,使思维的器官——大脑日益完善,恩格斯说:"首先是劳动,然后是语言和劳动一起,成了两个最主要的推动力,在它们的影响下,猿的脑髓就逐渐变成人的脑髓"(第153页)。

劳动使猿脑变成了人脑,这在人类化石研究中得到了证明。从量上看,猿类的脑量,一般为350~650毫升,到了距今10万年前后,人类的脑量基本上达到了现代人平均脑量1400毫升的水平。从质上看,人脑有凭借语言进行抽象思维的能力和形成意识的特点。恩格斯指出:"脑髓的发展也完全是和所有感觉器官的完善化同时进行的"(第153页)。很明显,人体由于手的劳动而直立起来了,扩大了眼界,锻炼了触觉。大脑通过感官得来的感觉印象进行多次反复的加工,逐渐形成了"概念"。正是在创造物质生活资料的社会劳动实践的基础上,产生了人类特殊的思维能力和形成意识的特点。

(四)人和动物的本质区别在于劳动

"人类社会区别于猿群的特征又是什么呢?是劳动"(第154页)。"一当人们自己开始生产他们所必需的生活资料的时候(这一步是由他们的肉体组织所决定的),他们就开始把自己和动物区别开来"。劳动是人类独有的特点,劳动是人类使用工具来改变自然物使之适合于自己需要的有目的的活动。人类的劳动与动物的本能有着根本的不同,劳动与一般本能活动相比,有以下两个本质特点:

第一,它是一种有意识、有目的的活动,是经过思考的有计划地向着已知目标前进的。而动物的一般本能活动,对自然的作用是盲目的、无意识的。恩格斯认为,动物的这种盲目作用表现为"滥用资源"(第154页),而人类却能够有计划地利用资源。"人消灭植物,是为了在这块腾出来的土地上播种五谷"(第157页)。这就是说,人能够自觉地意识到他活动的目的,因此人类的劳动就不同于任何动物的本能行为。

第二,人类的劳动是使用由人们自己制造的工具进行的。

"劳动是从制造工具开始的"(第154页)。石刀是"第一种工具的发明"(第192页)。有了石器工具,原始人就可以砍伐木棍,并把它削尖成为打猎的工具,开始狩猎寻找肉食来源。"肉类食物引起了两种新的有决定意义的进步,即火的使用和动物的驯养"(第 155 页)。这两种进步就直接成为人的新的解放手段。"新的劳动领域以及由此而来的新的活动,这就使人离开动物愈来愈远了"(第 156 页)。这就是说,人能够自觉地意识到他活动的目的,因此人类的劳动就不同于任何动物的本能行为。"没有一只猿手曾经制造过一把哪怕是最粗笨的石刀"(第 150 页)。所以工具的出现意味着人所特有的活动,意味着人对自然界进行改造的反作用,意味着生产。人类凭借自己制造的工具可以做出猿类所做不出的事情,给自然界打下自己意志的印记。"一句话,动物仅仅利用外部自然界,单纯地以自己的存在来使自然界改变;而人则通过他所做的改变来使自然界为自己的目的服务,来支配自然界。这便是人同其他动物的最后的本质的区别,而造成这一区别的还是劳动"(第 158 页)。

二、人怎样才能真正成为自然界的主人?
(第 158 页第 3 段至 161 页)

(一)正确认识和运用自然规律,人类才能做自然界的主人

恩格斯指出:"我们对自然界的整个统治是在于我们比其他一切动物强,能够认识和正确运用自然规律"(第 159 页)。人类在漫长的劳动实践中积累了丰富的经验,逐步地认识到人同自然界的关系,并逐步地学会运用自然规律去支配自然界。这是一个由浅入深、由低级到高级的历史过程。在这里,恩格斯强调了人类在改造自然界的斗争中,必须正确地认识和对待人同自然界的一致性。"事实上,我们一天天地学会更加正确地理解自然规律,学会我们对自然界的惯常行程的干涉所引起的比较近或比较远的影响"(第 150 页)。如果只是注意劳动的直接有益的效果,而忽略它的较远的自然影响,就会导致料想不到的恶果。"我们不要过分陶醉于我们对自然界的胜利。对于每一

次这样的胜利，自然界都报复了我们"（第 158 页）。由此可见，为了在改造自然界中取得成功，就必须把自己看作是自然界的一部分，要把正确地认识和运用自然规律作为前提，而绝不能像征服者统治异民族那样，把背离自然规律的主观意志强加于自然界。在这里，恩格斯强调了人同自然界的一致性，揭示了人同自然界的辩证关系，批判了那种把人和自然、精神和物质绝对地对立起来的形而上学。

（二）只有做社会的主人，人类才能做自然界的真正主人

人类在改造自然界的生产斗争中，不仅同自然界发生关系。同时他们也彼此结合成一定的社会关系。因为，人类改造自然活动是一个社会性的行为，总是在一定的社会关系中进行，只有通过人与人之间结成一定的社会关系，才会有人类的生产实践，才会有人对自然界的认识和改造。人类认识和运用自然规律的程度，必然受到认识和运用社会规律的支配和制约。在阶级社会，人们同自然界的斗争总是在阶级斗争的制约之下，并对阶级斗争和人类社会的进程产生深远的影响。恩格斯指出："在最先进的工业国家已经降服了自然力，迫使它为人们服务，这样我们就无限地增加了生产，使得一个小孩在今天所生产的东西，比以前一百个成年人所生产的还要多。而结果又怎样呢？过度劳动日益增加，群众日益贫困，每十年一次大崩溃"（第 20 页）。因此，要充外发挥人类在改造自然界中的主观能动作用，就不仅要考虑到人们的生产活动所引起的各种自然影响，也必须充分认识这些活动将引起哪些社会后果。因此，人类认识了自然规律，只是有了征服自然的条件，而要成为自然界的真正的主人，还必须正确认识和运用社会规律。

但是，由于资本主义生产方式本身所固有的弊病严重地束缚着生产力和自然科学的发展，妨碍人们自觉地去创造自己的历史，生产劳动还是奴役人的手段，社会财富集中在少数资本家手中，而广大劳

动人民则沉沦于贫困的深渊，其结果必然是资产阶级和无产阶级之间的阶级斗争，而这一斗争只能以资本主义的崩溃和社会主义的胜利而告终。所以，无产阶级绝不消极地等待社会主义、共产主义制度的到来。因为"单是依靠认识是不够的。这还需要对我们现有的生产方式，以及和这种生产方式连在一起的我们今天的整个社会制度实行完全的变革"（第 160 页）。

恩格斯在《自然辩证法》这部光辉著作中，明确地预示了人类社会的发展必将进入社会主义和共产主义，在社会主义制度下，生产资料公有制代替了私有制，劳动群众成了国家的主人。社会主义制度给人们正确认识和运用自然规律和社会规律，支配和调节生产活动的各种长远的影响，创造了极为有利的条件。人们将建立一个能够有计划地进行生产和分配的自觉的社会生产组织，从而摆脱历史上的一切生产方式所固有的弊病，使人们活动的一切方面，包括自然科学在内，都出现前所未有的飞跃。由此可见，人们要做自然界的主人，就得首先成为社会的主人。只有到那时人类才能最终地不仅在物种关系方面，而且也在社会关系方面"从其余的动物中提升出来"（第 20 页），真正成为自然界的主人。

科学理论①

科学理论是科学实践经验的结晶，是科学劳动者对科学对象认识的产物，是在大量经验知识积累的基础上，运用逻辑思维加工，建立科学的基本概念和基本关系，借助逻辑和数学方法而总结出来的科学认识的知识体系。了解科学理论的特征、科学理论的确立、科学理论的作用，对于把握自然科学发展的一般规律和丰富发展马克思主义哲学认识论，都有十分重要的意义。

第一节　什么是科学理论

在对科学理论进行研究的时候，我们首先要对科学理论这一范畴本身进行分析，明确了解科学理论的含义及其基本特征。

一、科学理论的含义

在讨论"科学理论"这一范畴的含义时，首先简单分析一下"科学"和"科学理论"这两个概念的区别和联系。"科学"不仅包含理论知识，也包含经验知识，是一个广义的概念。科学本身有经验科学和理论科学的区分。科学理论不等于科学，它是科学中升华和结晶的部分，是经过实践检验过的客观真理的理论形态。人们常常把自然科学和自然科学理论加以通用，但这只能是就一定意义说的。

---

①原载《自然辩证法原理》，吉林人民出版社，1984年，第206—236页。

目前对科学理论这一概念的含义并没有形成一个统一的看法。例如,苏联哲学家鲁扎文提出:科学理论是概念的系统,它反映相应的现实系统的功能发挥和发展的某些规律性。他认为,假如主要是注重科学理论的结构,那么,可以把科学理论看作是认识的某种结果,如果是研究理论的形成和发展, 那么又可以把科学理论看作一个过程。①另一个苏联哲学家科普宁认为,理论是广泛的知识领域,它描述和解释现象的总和,为所提出的原理的现实根据提供了知识,并把这一科学领域所发现的规律归结为唯一起结合作用的因素。②英国科学哲学家波普尔认为:"科学理论是普遍性陈述, 像所有用语言表达的东西一样,科学理论是记号或符号的系统。"③

上述这些说法虽然从不同的角度和不同的方面对科学理论的特性和特征做出了某种概括, 但是都没有对科学理论的本质及其基本规定做出完整的表述。

从较为严格的意义上讲, 科学理论这一范畴在内涵上应当包括它的认识渊源、客观依据和基本表现形态等几个方面,从而在外延上则可以逻辑地推演出多方面的特性和功能。因此,可以将科学理论的含义作以下陈述:

科学理论是科学劳动者在科学实践中运用科学仪器和方法所获得的关于科学对象的本质及其规律性的知识, 它是借助于一系列概

①[苏]Л·З·温茨科夫斯基:《科学理论的哲学——方法论分析》,转引自《自然科学哲学问题》,1982 年第 2 期,第 45 页。

②[苏]Л·З·温茨科夫斯基:《科学理论的哲学——方法论分析》,转引自《自然科学哲学问题》,1982 年第 2 期,第 45 页。

③[英]K·波普尔:《科学发现的逻辑》, 转引自《自然科学哲学问题丛刊》,1982 年第 2 期,第 52 页。

念、判断和推理表达出来,经过实践的检验或逻辑证明的系统知识。

从这个含义可以看出:人们在科学实践中所获得的感觉、知觉、印象,属于经验性知识。经验是理论发展的必经阶段,是理论和实践联结的桥梁,没有经验知识便不能形成理论。但人们的认识不能停留在感性经验的阶段,因为经验知识是局部的、零散的,还没有揭示出自然物质系统深处的奥秘。人们的认识必须继续前进,上升为理性的知识,即要对在实践中获得的大量的经验知识,运用一定的思维方法和手段进行概括和总结,形成系统的科学理论知识。恩格斯曾经谈到在经验自然科学的基础上产生理论自然科学的必然性。他说:"经验自然科学积累了如此庞大数量的实证的知识材料,以致在每一个研究领域中有系统地和依据材料的内在联系把这些材料加以整理的必要,就简直成为无可避免的。建立各个知识领域互相间的正确联系,也同样成为无可避免的。因此,自然科学便走进了理论的领域,而在这里经验的方法就不中用了,在这里只有理论思维才能有所帮助。"①

科学理论和经验知识在一起构成科学知识的完整体系。科学理论是指科学知识体系中的理论部分,是科学知识体系的骨干和灵魂。它与各门科学的经验知识部分具有明显的区别。它是具体的抽象,是特殊中的一般,是运动过程中的规律性的理论,是在经验知识的基础上概括、总结而成的逻辑体系。它通过一系列的范畴、概念、命题之间合乎逻辑的联系和转化,在思维中完整地再现事物的本质和发展的规律性。列宁指出:"认识是人对自然界的反映。但是,这并不是简单的、直接的、完全的反映,而是一系列的抽象过程,即概念、规律等等的构成、形成……"②

①《马克思恩格斯选集》第 3 卷,第 465 页。
②《列宁全集》第 38 卷,人民出版社,1959 年版,第 194 页。

在科学理论的形成和发展中,辩证思维起着重要的作用。科学理论是人类思维对大量的事实进行整理、概括和总结的产物,客观事物的辩证性质要求科学劳动者用辩证思维去反映它, 并把它概括为系统的理论形态。"大量积累的自然科学的事实迫使人们达到上述的认识,如果有了对辩证思维规律的领会,进而去了解那些事实的辩证性质,就可以比较容易地达到这种认识。"①所以,把握辩证思维的作用, 就容易理解科学理论这种复杂的逻辑系统的辩证性质和它产生发展的辩证规律。

科学理论就其本身表现形式来看有其主观性的一面, 就其客观内容而言,是反映客观事物及其运动过程本质的知识,即普遍规律、必然联系、内在关系方面的知识。所以,它不仅能使人们透过大量事实、现象去完整地、能动地理解认识的客体,而且能提供人们按某种物质系统的结构,遵从一定的规律去预测认识的客体的某种可能性。从这个意义上讲,科学理论不仅是人类思维对大量的事实进行整理、概括和总结的产物,而且又为经验知识提供科学分析的指导,在认识和改造自然的实践中,增强自觉性,减少盲目性。

二、科学理论的基本特征

科学理论的基本特征主要有以下几方面:

1. 客观真理性

科学理论是正确反映客观事物及其运动规律的知识体系, 客观性是科学理论的最根本特性。因此,首先,自然科学理论必须以自然界物质及其运动规律作为自己研究的对象和存在的前提。自然界物质及其运动规律是客观存在的,它是不以人们的主观意志为转移的。

①《马克思恩格斯选集》第 3 卷,第 54 页。

所以科学理论必须从实际出发,以客观现实为基础。第二,科学理论之所以是真理,就是因为它正确地反映了客观事物,这是科学理论的核心,离开了客观性就没有科学。科学理论的真理性不依赖于人们的主观信仰或社会公认;也不依赖于它能否作为某种方便的手段或所谓"言之成理"。科学的客观性表明,真正的科学必然是唯物主义的;而一切唯心主义、主观主义是同科学相对立的。要求科学理论正确地反映客观事物的本质及其规律性,这就是要求它有客观真理性。第三,科学理论的客观真理性同它的实践性是有机统一的。科学理论是指那些真理性已被实践证明了的学说。我们知道科学研究的目的是为了探明客观过程的内在规律性,借以指导我们改造自然的实践。为此,人们总是根据自己的实践经验,对自然界的各种事实做出自己的概括和解释。人们凭借思维活动,将具体经验上升为一般规律性的认识而形成理论。这样,通过思维活动而构成的理论并不总是正确的或完全正确的。因此,每一种理论产生之后,都必须接受实践对它的修正和检验。没有经过检验的理论,就其性质来说,还只是假说。科学理论中的概念、原理在实践基础上产生,又在实践基础上不断向前发展。任何一个科学理论,它的所有概念、原理等,都必须做到以下三个要求:第一,建立这种理论所凭借的事实材料必须是真实的;第二,根据这些事实材料提出的一些假定性的规定,必须进一步获得实践证明;第三,根据这种理论所作出的预见,必须在实践中得到证实。凡是通过实践检验,证明不符合客观实际的理论,都不具有客观真理性,都不能称为科学理论;凡是不完备的、片面的理论,只要有真理成分,都会在实践中不断得到补充、修正和发展,并逐步上升为系统的科学理论。所以说,我们称之为科学理论的并不是任何一种理论,而是在实践中已被证明与客观事物的本质相符合的理论,是具有客观有效性的学说体系。

2. 全面性

科学理论必须是全面性的理论,全面性是科学理论的基本特征,这是因为科学理论是揭示了自然物质系统的本质及其发展的规律性,而事物的本质和规律性是事物全部现象和全部过程中共同的一般的东西。它既从横的方面反映出事物复杂现象间的内在联系,又从纵的方面反映了事物发展全部过程和阶段之间的统一性。所以,在一定意义上说,事物的本质和内在规律性本身是全面的。在这个前提下,反映事物的本质和发展过程规律性的科学理论,就必然具有全面性特点。

列宁说,要真正地认识事物,就必须把握、研究它的一切方面、一切联系和"中介"。我们绝不会完全地做到这一点,但是,全面性的要求可以使我们防止错误和防止僵化。列宁的这个论述告诉我们:科学理论的全面性首先要求一个科学理论在它所反映某一领域客观事物的本质时,必须从这个确定范围内的普遍现象出发,从该事物全部总和出发,对大量有关现象进行抽象概括才能形成,而不能只从个别、局部或某些方面的现象出发,并且在对现象抽象概括过程中尽可能地排除个别例外,以保证理论的可靠性、深刻性,避免可能的错误。其次要求一个科学理论具有普遍性,即从大量现象中抽象出来的理论必须能够说明有关全部现象,包括假象也不能例外,并且在它所反映事物的范围内能够获得普遍的应用。第三,科学理论的全面性必须反映事物的全部发展过程和阶段,其中包括客观事物的发展和人的认识发展的全部过程,而不会变成僵化枯槁的东西。

由于自然界事物自身的矛盾或事物间的相互作用,它们的运动变化是永远不会完结的,人们在实践中对于自然界事物的认识也永远不会完结的。因而对于任何科学理论,都不能看成是已经完成的绝对真理或达到"顶峰"的认识。人们要在实践中随着客观事物的发展,充实、修正已经达到的对客观事物的认识,推动科学不断向前发展。在科学理论的发展过程中一个理论被另一个理论代替,不是简单的代换,而是从低级到高级、从片面向全面的发展。后一个理论代替前一个理论,总是把前一个理论的科学真理成分保存下来,并且不断地发展这种科学成分。科学理论正是在这种前后更替的过程中,不断接近全面性的。

3. 逻辑性

科学理论是一种具有严密逻辑联系的概念、范畴体系。它所包含的许多概念、各种命题之间存在着一定的逻辑联系,从基本命题和原理出发可以推出各种具体命题和结论。各种具体命题和结论的合理性都可以从逻辑上加以推演和证明。所以科学理论是一个严密的逻辑体系。

列宁说:"逻辑规律就是客观事物在人的主观意识中的反映。"①客观世界是有规律的,反映客观世界的思维也是有规律的。这种思维的规律是客观世界的规律在人们头脑中的反映,是从人类亿万次实践中得来的,正如列宁所说的,人的实践经过千百万次的重复,它在人的意识中以逻辑的格固定下来。这些格正是(而且只是)由于千百万次的重复才有着先入之见的巩固性和公理的性质。

科学理论对自然界物质系统的反映是通过概念、判断、推理等思维形式,按照逻辑的"格"即逻辑的规律所确立的逻辑体系,它所形成的科学概念、科学原理等都是确定的、巩固的,具有"公理的性质",它反映了事物在一定条件下的相对确定性。不管事物的运动、变化和发展的速度多么快,而这个确定性是相对稳定的。没有这种确定性,人们思想就无法反映事物的变化,这是逻辑规律的客观基础。科学理论

---

① 《列宁全集》第 38 卷,人民出版社,1959 年版,第 195 页。

中的概念、原理、定律、公式等,都是对客观事物这种确定性的反映,按照逻辑的规律所引申出来的科学结论。

关于科学理论的逻辑性中的一个重要问题就是爱因斯坦提出的关于科学理论体系的建立应该遵循"逻辑简单性"的原则。爱因斯坦所主张的"逻辑简单性"原则,是对科学理论体系内在结构的一种要求。它指的既不是理论内容上的简单性,也不是数学形式上的简单性,而是科学理论体系基础在逻辑上的"简单性"(独立的逻辑元素,即不下定义的概念和推导不出的命题要尽可能少)和理论体系在结构上的"和谐性"(不存在内在不对称性)。这种科学理论体系基础在逻辑上的"简单性"与科学理论体系在结构上的"和谐性"是一致的。

例如:以狭义相对性原理及光速不变性原理两个基本假设为出发点,借助洛伦兹变换,使力学方程、电动力学方程达到了统一。狭义相对论不仅得到一个简单而不自相矛盾的动体电动力学,而且,清除了牛顿方程和麦克斯韦方程在是否满足相对性原理问题上的"内在不对称性",达到了逻辑上的统一。

正如逻辑的格和逻辑规律有其客观基础一样,科学理论中的逻辑简单性以理论的客观性和真理性为基本前提。逻辑简单的东西,不一定就是物理上真实的东西,而物理上真实的东西,一定是逻辑简单的东西,也就是说它的基础具有一定的统一性——爱因斯坦的这个论述恰当地表达了科学理论的逻辑性要求所占有的地位。自然规律的简单性也是一种客观事实,而且正确的概念体系必须使这种简单性的主观方面保持平衡。

4. 系统性

科学理论是由互相关联的内容和部分构成的,这些不同的部分各以其不同地位和作用结合成一个不可分割的有机联系的整体,而这个有机整体的横向联系和纵向联系都是符合于事物自身的客观逻辑的。无论是反映客观事物的历史过程,还是反映客观事物有关各部分、各方面之间的联系,都必须构成一个严密的有机体系。科学理论的系统性这个特点表明科学理论不是各种烦琐的概念和原理的简单堆砌,也不是各种互不相关的证据和观点的机械组合,而是根据自然现象自身的有机联系,形成一个相互联系、相互转化的完整统一体,它所揭示的关于客观事物的概念、原理都必须具有系统性、组成一个有内在联系的、互相转化的知识体系,它同思想上的混乱、概念上的杂乱无章是不相容的。

一个系统层次间的界限是相对的,系统结构是相对的,系统的外部界限也是相对的。由于自然界是一个统一体,所以各科学理论的层次之间相互联系,相互渗透,不但各学科中实现着理论的统一,而且学科之间也实现着理论的综合。

在科学理论中,必须对自然界固有的内在联系,做出系统的、合理的阐述。科学研究对象越复杂,就越需要反应次一层或更次一层的科学知识, 还要综合运用反映同一层次上不同运动形式的规律的科学。如从分子水平上研究生命现象,就需要运用比生命运动形式低的物理、化学运动形式的知识,分子遗传学知识,甚至还要从电子水平上考察生命现象的微观机制。科学理论的系统性,是对客观自然界有机联系的反映。随着科学理论的深入发展,这一特点将越来越鲜明。

第二节　科学理论的确立

科学劳动者在科学实践中为了揭示自然界物质运动的奥秘,探求自然物质系统发展的本质和内在规律性, 就要不断地把所获得的有关科学对象的丰富经验知识,通过理性思维的加工制作,建立系统的科学理论。科学理论的确立是一个复杂的过程,这个过程包括检验和承认。

一、科学理论确立之前的形式

科学理论的确立离不开假说，因为科学理论是通过假设发展而来的，恩格斯指出："只要自然科学在思维着，它的发展形式就是假说。"[1]科学理论是对自然界客观规律的正确认识。但是由于受到各种条件的限制，人们不可能一下子达到对客观规律的真理性的认识，而往往要借助于假说这种形式。人们运用已知的科学原理和事实去探求未知的客观规律，不断地积累实验材料，增加假说中的科学性的内容，减少假定性的成分，逐步地建立起正确反映客观规律的科学理论。

科学研究的任务是揭示自然现象的本质和规律，但客观事物的本质与规律不是一下子暴露于外，而是被大量的复杂现象所掩盖，其中有真象、有假象。因此，客观事物有一个暴露的过程。而且，人们占有客观对象的有关资料，也不是一下子可能做到的，它也需要有一个过程。在客观事物的本质尚未充分暴露前，在人们掌握的认识资料尚不够完备时，只有借助假说的形式，探索客观事物的本质规律，这是科学研究的实际道路。科学理论正是通过这一道路获得成果，并把研究工作引向深入。1900年德国物理学家普朗克提出量子假说，不久爱因斯坦引用量子概念创立量子学说，尔后，随着量子力学的建立和发展，关于光的波动性和粒子性的长期争论，告一段落，对物理学理论的发展，起了划时代的作用。自然科学的基础是科学的观察和实验，但这些科学实践只能提供经验材料，要把经验材料上升为理论，就一定要借助于理论思维，而理论思维所必须采取的形式就是假说。人们运用假说，对未知的自然现象及其规律做出一种科学的推测或

---

[1]恩格斯:《自然辩证法》,人民出版社,1971年版,第218页。

想象,确定自己的研究方向,研究这种可能性或那种可能性,对研究对象进行有计划、有目的的观察和实验,充分发挥主观能动性和理论思维的作用,通过科学抽象,就会不断地揭示出物质运动更深层次的规律性。科学理论确立之前所以必须经由假说这种形式,是由假说的特点和作用决定的。

第一,假说以一定的科学知识和经验事实为基础,具有科学性的特点。科学假说不是主观臆造,它是扎根于事实与知识的土壤之中。它同缺乏科学论证的简单猜测和随意幻想有根本的区别。例如,根据远隔重洋的美洲大陆与非洲大陆两岸轮廓的吻合,以及地层构造、古气候、古生物诸方面的相似性等情况,魏格纳等人提出了大陆漂移说。后来经过大地测量、地球物理学等方面的研究,提供了丰富的科学资料,从而发展出板块构造理论。如果假说没有一定的事实基础,没有一定的科学依据,又未经一定的实践检验,那就会失去存在的价值。

第二,假说具有一定的猜测性,它是建立科学理论的一种预制品。假说虽然不是科学的真理,在未被实践检验和证明以前,它是一种对外界现象的推断和猜测。但是,经过实践检验和证明后,假说就能发展成为理论。例如,1845 年法国天文学家勒维列和英国天文学家亚当斯,提出在天王星之外还有一颗未被发现的行星的假说。1846 年 9 月 23 日,德国柏林天文台助理员加勒,果然在勒维列假定的位置上差 1 度的地方观察到了这颗行星,后来被命名为海王星。

科学发展史表明,假说是科学理论确立的基本前提,没有科学假说,就没有科学理论。假说通过检验而发生转化,科学理论经受检验才能成立。

二、科学理论确立的实践基础

1.科学实践是检验科学理论真理性的根本标准

科学理论是科学劳动者对客观自然界的现象、性质和规律性的反映，它是否符合客观自然界，是否具有客观真理性的问题，客观自然界本身不会直接回答，自然科学理论本身也无法解决。它只有在主观与客观统一的实践中，即在生产实践和科学实验中才能获得解决。

科学实践（包括科学观察、科学实验等）是科学理论确立的实践基础，它不仅是科学假说形成和发展的源泉和动力，而且是检验假说的真理性的根本标准。"许多自然科学理论之所以被称为真理，不但在于自然科学家们创立这些学说的时候，而且在于为尔后的科学实践所证实的时候。"①科学理论确立的历史也正是这样的。

科学假说是科学认识的一种初级形态，在没有经过科学实践证明以前，可能是正确的，也可能是错误的。因此，科学假说必须接受实践的检验，随着实践的发展而发展，逐步向确实可靠的理论转化。从哥白尼、开普勒到牛顿，已经完成了经典的天体力学理论体系。但它只有通过一系列的实践的检验，才能成为确实可靠的理论。

实验不仅能使正确的科学理论经受检验而被证实，而且能够使错误的理论经过检验而被抛弃。地心说流传一千五百年左右，燃素说、热质说、"以太"概念流行一百多年，但最终还是由实践做出判决而被推翻。

2. 科学实践验证科学理论的途径和方式

科学实践验证科学理论的途径和方式是复杂的、多样的，一般可分为直接验证法和间接验证法两种：

第一，直接验证法。直接验证法就是通过科学观察和科学实验直接观测验证科学假说，以观察和实验的结果与假说是否符合，对假说

---

① 《毛泽东选集》，人民出版社，1967 年版，第 269 页。

进行肯定、否定或修正。由于不同科学的假说具有不同的特性和特点，有的假说只能用科学观察的方法去验证。例如：1834年，法国天文学家贝塞尔根据对天狼星的长期天文观测，发现它在星空里的移动轨迹呈波浪形状，并根据万有引力定律的数学计算，提出了在天狼星旁边一定还有一颗当时还未被发现的伴星的科学假说。到1862年，由于望远镜的发展，美国天文学家克拉克果然通过科学观察的方法，发现了这颗非常暗的伴星，并称为天狼B星。这样，贝塞尔提出的这个科学假说便得到了证实。

但是，在科学理论的研究和探索过程中，有大量的科学假说是通过科学实验的方法进行验证的——肯定、否定或修正。例如：伽利略等人利用实验的方法推翻了亚里士多德关于"轻重不同的物体会以不同的力量寻找它们天然的位置，并且用和它们自身的轻重成比例的速度降落"的假说。证实了他自己关于轻重不同物体将以同样的速度(不计空气阻力)下落的科学假说。

第二，间接验证法。与直接验证法的情况恰恰相反，有大量的科学假说，由于科学技术水平的限制，往往无法通过科学观察和科学实验直接进行验证。而只能在科学观察和科学实验基础上进行间接验证，即验证科学假说成立所导致的必然结果和客观效应、验证科学假说成立所必然具有的本质现象和本质特征、验证科学假说成立的充分必要条件、验证根据科学假说逻辑地做出的推论和预言的正确性等方面，从而达到验证科学假说本身的实质内容。例如，对爱因斯坦提出的引力波假说(高速运动着的物质会辐射引力波)就是通过直接观测到了引力波辐射的这种必然结果和客观效应而证实的；对于光和微观粒子具有波动性这个科学假说，也是从大量的光学实验中，证明了光的干涉和衍射现象，从而证实了光的波动性假说；对"宇宙生命"和"宇宙人"假说只能从验证"宇宙生命"存在的充要条件去验证它；对门捷列夫元素周期律假说就是通过验证周期律所做的推论和预言而加以证实的。

综上所述，科学假说的验证是一个复杂的过程，这个复杂性首先在于验证方式不是单一的，而是多样的。一般说来，对个别事实的猜测或预言，通过实验或观察直接检验就能做出结论。当然这不是说，直接验证在任何情况下都是轻而易举，而往往先要通过理论或逻辑证明。

有许多假说，说明的是客观事物的内在本质和规律性，因为本质和规律性看不见、摸不着，要直接在实践中验证是不可能的。对这样的假说，只能验证由其推导出来的新的事实，即通常所讲的推论或预言。预言得不到实验证实，说明假说是错误的；如果所有预言都得到了证实，并且断定，这些预言只能由这个假说导出，不能由别的假说导出，即经过分析，确定预言与基本假定之间有内在的因果必然联系，那么，这个假说就是真的，从而上升为科学理论。

其次，验证假说的复杂性还在于实践标准的辩证本性。实践标准是绝对的，又是相对的。假说正确与否，归根到底，只能由实践来判明，这是实践标准的绝对性。但一定历史时期的实践又有局限性，要完全证实或推翻一种思想体系是不可能的。这就是实践标准的相对性。此外，有关理论的适用范围问题，随着实践的发展时而扩大，时而缩小的情况，在科学史上更是屡见不鲜。

3. 科学理论确立的基本条件

科学理论的确立，在于其概念和思维的内容在反复实践中得到证实。并且，还必须对实践有指导意义。具体地说，科学理论的确立，必须具备以下三条：

第一，科学理论一定能说明原有理论已经说明的自然现象。

科学的发展有历史的继承性。科学史表明：继承是创新的基础和前提,创新是继承的目的和发展,自然科学是在继承的基础上不断创新中前进的。人类的实践在一定的历史时期总是具有局限性,人们在每一时代对自然的认识只能达到一定的深度,认识水平也只能随实验手段的改进而深入。科学理论是总结性的、系统性的、规律性的知识,它具有普遍的意义,因此,科学理论的继承极为重要。

一个科学理论的确立,也是对旧理论辩证的否定或扬弃。相对论和量子力学是对牛顿的经典力学的否定,它们同时也肯定了经典力学对宏观低速运动的有效性。爱因斯坦的狭义相对论,把经典力学作为低速运动时的一个特例、量子力学把经典力学作为作用量影响的可以忽视时的特例。

虽然相对论、量子力学是影响重大和有决定意义的新理论,但是对于宏观物体和低速运动经典力学仍不失其有效性。相对论和量子力学只是重新确定了经典力学作为真理的界限。欧几里得几何学也是如此,非欧几里得几何学建立以后,它也没有被抛弃,只是确定了在一定的范围内,即在空间曲率等于零的情况下,它才是真理。而当它们考虑具有正曲率或负曲率的空间时,就要采用黎曼几何或者罗巴切夫斯基几何。

第二,科学理论一定要能够说明原有理论所不能说明的新现象,并且要以更深刻的认识代替原有理论的认识。

科学理论的确立是为解决原有理论与实践的矛盾,因为原有理论对当时所观察到的自然现象的说明,经过了一定的实践检验,因而具有客观真理性,但是由于历史条件的限制,原有理论还不能说明更多的新的自然现象,而实践的发展,认识的深入又不断提出新问题,所以确立新的科学理论,必须能够说明原有理论所不能说明的新现象。

例如,迈克尔逊—莫雷实验是科学史上著名的实验之一。其实验结果表明,无论干涉仪如何转动,测得的光速都相同,这与经典力学所预言的结果发生了矛盾。1905 年,26 岁的爱因斯坦,经过十年的酝酿和探索,完整地提出了相对论(狭义相对论)。他根据匀速运动的相对性和光速不变这两个基本假设,重新考察了经典物理理论中空间、时间、运动等基本概念,否定了牛顿的绝对时空,突破了经典物理学的理论框架,建立了一套崭新的理论系统。他以革命的方式解决了长期以来没有解决的"以太漂移"困难,驱散了笼罩在物理学天空中的一朵"乌云"。

量子论解释了许多经典物理理论无法解释的现象。例如:1905年,爱因斯坦提出了"光量子"假说,成功地解释了 1887 年赫兹发现的光电效应。以后人们认识到,具有波动性的光,同时也具有粒子性,具有粒子性的东西(如电子)也具有波动性。揭示了微观粒子的波粒二象性及其规律,为人类认识微观领域提供了崭新理论。

人类对自然界的认识,总是不断深入和扩展新的层次,不断发现新现象、新效应,产生新概念,开辟新方向。在实践的基础上,不断向前发展,这个过程永远不会停止。列宁指出:"辩证唯物主义坚决认为,日益发展的人类科学在认识自然界上的这一切里程碑都具有暂时的、相对的、近似的性质。"①一种经过实践检验的理论,总是在一定的范围内反映了事物的客观真理,然而它又总是相对完成的东西。在实践的推动下,要不断地重新作理论的概括工作。由于历史的局限性而产生旧理论片面局部的认识,因而新理论要以深刻的认识或全面的认识,代替旧理论原有的不甚深刻的片面的认识。

第三,科学理论要能预见尚未观察到,但通过科学实践一定能观察到的自然现象。

---

①《列宁选集》第 2 卷,人民出版社,1972 年版,第 268 页。

科学理论必须具有预见性。预见是科学理论的一个重要标志，又是科学理论的一种本质特性和特殊功能。新理论的预见性是个关键问题，不少科学理论的确立，往往要靠展示了这种预见能力。

例如，在进行相对论的数学推演过程中，爱因斯坦推导出的质能关系式（$E=mc^2$），这一公式提出的预见成了利用原子能的理论根据。

狭义相对论预见了时间膨胀效应。1971年，两个美国人把四台原子钟放在喷气式高速飞机上，绕地球飞行一圈，然后返回地面，与静止在地面的原子钟比较，在扣除地球引力场产生的时钟变慢效应以后，结果同狭义相对论的预言在百分之十的精度内符合。爱因斯坦的相对论至今已有半个多世纪了，相对论的基本原理及其科学的预测，得到了越来越精密的实验证实。

爱因斯坦的广义相对论，预言了光线经过巨大星体时，将在引力场作用下出现"弯曲"。1919年以来，人们通过日全食的观测，都得到了证实。七十年代，人们用射电天文技术，测量太阳引力场使来自星体的无线电波产生的偏转，其结果在3%~10%的误差范围内，同爱因斯坦的预言符合。1962年，人们根据广义相对论预言的光谱的红端移动，观测到太阳上的钠原子发出的一条谱线的红移，和广义相对论符合的精度达到5%，在此以后，还有人把引力红移实验的精度提高到1%以上。广义相对论的应用已远远超出太阳系的范围，1967年英国一个射电天文学家小组发现的"脉冲星"，就是广义相对论早就预言的中子星。此外，美国一个研究组宣布，他们连续四年观测一个射电脉冲星双星，发现这个双星周期变短了万分之四秒，第一次定量地间接证明了广义相对论预言的引力波的存在。这一切说明，科学理论的预见性越强，其实践和理论意义就越大。

综上所述，一个科学理论的确立和发展，不仅要能够说明旧理论已经说明的和未说明的自然现象，以深刻的认识代替原有的认识，而且能够预见到现在没有为人们观察到、但通过科学实践的发展，将来一定能够观察到的自然现象。

三、科学理论的承认

经过实践的验证和逻辑证明，理论符合认识客体，达到与事实一致，从根本上说，理论已经确立，并且成为一种不以人们的主观意志为转移的科学真理。但是，科学理论是科学实践的精神成果，是一种社会历史的产物。因此，它有一个能否得到社会公认或承认的问题。一种科学理论只有在实践验证为正确的前提下，又得到社会广泛的承认，才算完全确立。

在对科学理论承认或公认的问题中，有两种相互联系和相互影响的作用因素：

一种是科学理论自身富有成果的价值问题，即科学理论承认或评价的客观标准。如果一种科学理论充分表现了它的精确、一致性、广泛性、简单性和有效性，而它的结构规则又是现成的，并且通过许多人的研究工作而经受了时间的考验，那么所有或大多数意见一致的科学家就会在同一时刻做出同一判断，使这种科学理论得到普遍的承认。并且加以应用和推广，从而获得进一步完善和发展。

另一种是社会因素及科学家科学心理因素，即科学理论承认或评价的主观标准。在科学发展的历史上，往往一种科学理论的出现，都不可避免地要遭到持有旧理论、旧观念的科学家的抗拒，这是因为，科学研究活动是一种具有继承性的创造活动。每一代科学家都是在前人科学工作的基础上，开拓新的领域、探索新的理论，重新整理一批早已为科学界所熟悉的研究资料，跳出公认的理论框架，从新的角度看待它们，这是科学研究中最感困难的工作。科学家的头脑一旦被一系列知识、理论所占据，他就有了排斥与这些知识理论相距甚远

的新设想的倾向。在自己的范型以内,科学家继续观察、分析、判断,使研究工作不断深入。但是在这个范型以外的活动很难进入他的研究活动。范型形成了一道智力屏障,阻碍远离科学家个人科学范型的新观察、新理论闯入这个自成体系的领域。科学家用他过去研究中使用的概念和观念不再能够理解新理论,他将面临一种选择:许多科学家通常认为新理论是错误的,而不会分析自己概念系统的局限性。

人脑对信息的处理是有选择的,消除了输入材料的某些部分,从而把这些材料转变为对个人有意义的结构。在这种有选择的信息储存过程中,主观的关联比客观的真理具有更高的地位。科学观察具有选择性。科学家的神经系统从外部环境输入信息的过程,不能不受到理论上的期望的影响,科学家的科学思想要以已获得的信息处理模式为基础。所以,对一个新理论的选择、承认与否,也是在此基础上判断的。

著名物理学家普朗克说过:"一个新的科学真理的确立,并不是由于反对者声明自己搞通了,不如说是因为它的反对者逐渐死光了,而新的一代一开始就熟悉这个真理。"①

科学理论的确立和承认是一个复杂的矛盾斗争过程,"为了判断正确的东西和错误的东西,常常需要有考验的时间,历史上新的正确的东西,在开始的时候常常得不到多数人承认。只能在斗争中曲折地发展。正确的东西,好的东西,人们一开始常常不承认它们是香花,反而把它们看作毒草。哥白尼关于太阳系的学说,达尔文的进化论,都曾经被看作是错误的东西,都曾经经历艰苦的斗争"。②

---

①普朗克:《科学自传和其他论文》,1959 年英文版,第 33—34 页。
②《毛泽东选集》第 5 卷,人民出版社,1977 年版,第 388—389 页。

在科学史上,有许多科学理论由于社会心理因素的影响作用,很长时间没得到承认,甚至遭到冷遇和反对。虽然它是科学的,但不能被应用和推广,不能完善和发展,所以这种科学理论实际上没有完全确立起来。相反有些理论并非科学的,但是它暂时得到了承认,并且占了统治地位,成为一种阻碍科学理论确立的力量。但是,"正确的东西总是在同错误的东西做斗争的过程中发展起来的。真的、善的、美的东西总是在同假的、恶的、丑的东西相比较而存在,相斗争而发展。当着某一种错误的东西被人类普遍地抛弃某一种真理被人类普遍地接受的时候,更加新的真理又在同新的错误意见做斗争。这种斗争永远不会完结。"①这是真理发展的规律。科学理论的确立和发展也遵循这一规律。

四、科学理论的可接受性

一个科学理论是否得到承认或公认,一方面取决于社会环境、社会心理和个人心理、习惯传统和信仰等非理性因素,另一方面取决于科学理论自身的可接受性。然而,科学理论的可接受性是相对的,所以,人们对一个科学理论的认可随其可接受性的变化以及人们对可接受性的认识而改变。

科学理论的可接受性包括内容和形式两个方面。科学理论在内容上是否真实、是否可靠、是否精确以及真实性、可靠性、精确性的程度等等,都是可接受性的因素。在形式上,科学理论的表示形式、叙述(解释)方式、使用语言等等也是可接受性的因素。一般说来,直观形式与抽象形式比较,简单方式与复杂方式比较,定性叙述与定量演算比较,日常语言与科学语言比较,前者更易于也更便于为人们所接

---

①《毛泽东选集》第 5 卷,人民出版社,1977 年版,第 390 页。

受,所以前者的可接受性更大。

按照可接受性的诸因素的关系来说,显然科学理论内容方面的因素占有更重要的地位。因为,一般说来,内容决定形式。接受或认可一个科学理论理应首先考虑它的内容方面,在此前提下,再考虑形式方面的因素。然而,科学理论的可接受性所包含的关系实际上非常复杂。

1. 可接受性诸因素的一致是相对的, 它们表现的可接受性的程度未必成正比,有时甚至是互相排斥而不相容的。例如,内容真实的一个科学理论采取了一个很复杂的表现形式。这样,就内容来说,人们理应接受它,而就形式来说,往往难以接受它。某些现代科学理论广泛地使用了高深的数学,其精确性达到相当高度,而人们要懂得它却受到了很大限制。相反,形式上简单易于接受的理论,在内容上未必是能认可的。

2. 科学理论的可接受性整体上说是通过诸因素的综合来表现的。但是,这种综合如果不是非规则的,也是规则非常复杂。因此,实际上人们对一个科学理论的可接受性的判断往往是按照局部的或个别的特征来决定的。这就为颠倒一些因素之间的主次关系提供了可能。

3. 科学理论的真理性是它的可接受性的根本基础。科学家并不想把错误的东西作为肯定成果接受下来。即使他们接受了错误的东西,那也不是作为错误的东西看待的。可是,对于真理性的确定和承认本身就是非常复杂的事情。

在确定了一个科学理论的真理性的条件下, 这种确定也不是凝固不变的。因为,科学理论都是一定历史条件下的产物,并在一定的实践范围内经受过检验,人们的认识绝不会超出特定历史条件所赋予的可能。科学理论中的每一个概念、命题、原理的形成和精确化都需要经过一个历史过程,接受实践的补充和修正,所以,都只能是以一定侧面,在一定的深度和广度上反映客观自然。恩格斯说过:"一个事物的概念和它的现实,就像两条渐近线一样,一齐向前延伸,彼此不断接近,但是永远不会相交。"①这就是说虽然每一种科学理论都为我们描绘了自然界某个领域的图景, 都对事物的整体和规律运用概念、命题进行了表述和说明,但这种反映只能是近似的,尽管它也是正确的。因此,我们既不能因为概念只是近似地符合于现实,就说这些思维成果都是虚构, 也不能因为在科学理论面前还有认识尚未达到的领域和深度,就否定实践已经证实了的科学理论的客观真理性。科学理论作为人类思维的成果,它含有绝对真理的颗粒,它是人类认识继续前进的基础和前提。牛顿力学对于宏观、低速的机械运动,曾经有大量的实践证明其正确性。因此,在十八、十九世纪,牛顿的力学体系曾被认为是可以解决任何问题的普遍的绝对真理。但是现代科学技术的发展表明,处理微观物质运动和高速运动,牛顿力学便不能准确地描述和解决。爱因斯坦提出的相对论,研究可与光速相比拟的高速物体的运动规律,海森堡、薛定谔等人创立的量子力学,把牛顿力学作为一个近似理论包含在相对论力学之中。总之,自然科学发展的史实表明:自然科学理论是从实践中来,又要回到实践中去接受检验,证实其中正确的东西,克服其中错误的东西,纠正其不完全性而得以不断发展。这就是自然科学发展的总进程。人们在攀登科学理论高峰时,既要把以往人类的认识成果作为出发点,又要历史地被局限在一定的高度之上, 它不可能超出当时实践水平所给予它的特定的视野。因此,每一种科学理论都带有它们时代的烙印。只有科学理论的无限发展才构成绝对真理的长河。古希腊人在数学方面虽然已思

---

①《马克思恩格斯选集》第 4 卷,第 515 页。

考了无限和使用了穷竭法,也不可能提出后来微积分学中的导数、极限的概念和理论。原子学说也在古希腊就被提出来了,但因当时的实践水平不高, 所以不能证明它, 到了生产高度发展的近代才得到证实。这些事例都说明科学理论是在历史中形成和不断发展的,它的每一个概念、命题、原理都有自己产生和发展的历史,都有其严格的适用界限,只能在一定的范围内得到实践的证明,超出这个范围,实践就无法证明了。这就是科学理论的条件性。

第三节　科学理论的作用

自然科学理论是客观真理性的知识体系, 它具有认识上和实践上的重要作用。随着自然科学理论的发展,它具有生产力的功能。由此它影响人类社会的各个方面, 从而在社会形态的更替上起着推动作用。

一、科学理论的认识作用

自然科学理论的认识作用表现在:对科学研究有巨大的指导作用,是辩证唯物主义的科学基础,是解放思想的精神武器。

1.科学理论对科学实践的指导作用

科学实验不能离开科学理论的指导。不论是实验题目的选择,观察实验的构思和设计,观察实验方法和技术的确定,观察实验数据的处理, 以及由观察实验结果做出的科学结论, 都要受科学理论的指导。没有科学理论的指导,就无法进行实验设计,科学实验就无从谈起,要对实验结果进行正确的分析,还必须以科学理论为指导,使感性认识上升到理性认识,形成系统的科学理论认识。

如,J粒子的发现是科学理论指导作用的突出表现。本世纪60年代,高能物理实验室中发现了"重光子",理论推导出凡是能形成光子的地方,只要能量够,也会产生重光子。这使丁肇中教授得到启发,他确定了探索自然界有多少种重光子及其性质的实验研究课题。在科学理论指导下,丁肇中领导的研究小组设计建造了一种高分辨率的探测器以及其他工程设施。1974年,他们发现了J粒子。如果没有科学理论的指导,是很难下决心搞这些所谓"太浪费"的实验仪器和设备的。这是科学理论对实验的巨大能动作用的表现。

2. 科学理论的预见作用

根据具有一般性和普遍性的科学理论,不仅可以预见客观事物的运动、变化和发展将要出现的趋势和特点,而且,可以科学地预见人类尚未认识的新事物和新现象存在的可能性,具有预见未来,指导未来的作用。

例如,麦克斯韦的电磁理论,预言了电磁波的存在,并计算出电磁波的传播速度等于光速,由于那时牛顿理论被人视为终极真理,麦克斯韦理论被一些科学家看成奇谈怪论,几乎没有什么人想用实践证实它。德国青年物理学家赫兹经过研究,决心设计和进行判决性实验。赫兹的实验难度很大,麦克斯韦理论鼓舞他去决心攻关。1888年,赫兹终于在实验中发现了电磁波,并从其频率和波长确定了它的传播速度等于光速。从而否定了牛顿的超距作用。

科学史上,不少科学理论当它确立后,在实践尚未暴露它的局限以前,往往展示出这种预见作用。

3. 自然科学理论是唯物主义哲学的重要科学基础

自然科学理论的水平,决定了与之相适应的哲学。它影响和制约着唯物主义哲学发展的形态及其成熟程度。恩格斯指出:"甚至随着自然科学领域中每一个划时代的发现,唯物主义也必然要改变自己的形式;而自从历史也被唯物主义地解释的时候起,一条新的发展道路也在这里开辟出来了。"①

本世纪创立的相对论、量子力学、控制论、系统论和信息论等现代尖端科学理论的发展,给哲学提出新的问题,带来时代的精神。例如,现代物理学理论关于基本粒子更深的物质层次的探索,在本世纪60年代取得了基本粒子结构的重大理论成果——夸克模型。它既为物质结构理论的发展提供了新假说,也给辩证唯物主义的自然观提出了新问题。夸克是否也是不可穷尽的?既然物质无限可分,又如何理解夸克幽禁呢?而这个问题,仍要随着科学理论的发展,揭示夸克的秘密,才能解决。

4. 自然科学理论是解放思想的精神武器

自然科学理论知识可以使人们从愚昧无知的精神状态中解放出来,使人们的思想革命化。学习和掌握了自然科学理论知识,在改造自然的斗争中就能发挥主观能动性,征服自然,成为自然界的主人。随着科学理论的发展,许多旧思想、旧习惯、旧观念不断被破除,新思想、新习惯、新观念不断产生,因此,自然科学理论的发展起到解放思想、追求真理、实事求是的巨大作用。

自然科学理论是批判宗教迷信的精神武器。自然科学理论是自然界本来面目的反映,它揭示的是自然界的规律,这本身就是对宗教迷信的批判,使宗教邪说的地盘越来越小。恩格斯指出:"在科学的猛攻之下,一个又一个部队放下了武器,一个又一个城堡投降了,直到最后,自然界无限的领域都被科学所征服,而且没有给造物主留下一点立足之地。"②在科学理论面前,没有任何绝对不变的传统、观念和习惯,旧思想、旧观念、旧习惯就是在科学理论发展过程中被破除的。

①《马克思恩格斯选集》第 4 卷,第 224 页。
②恩格斯:《自然辩证法》,人民出版社,1971 年版,第 179 页。

斯大林说:"科学所以叫作科学,正是因为它不承认偶像,不怕推翻过时的旧事物,很仔细地倾听实践和经验的呼声。否则,我们就根本不会有科学,譬如说,不会有天文学,而且直到现在还会信奉托勒密的陈腐不堪的地心宇宙体系说了;那我们就不会有化学,而直到现在还会相信炼金术的预言了。"①

事实证明,自然科学理论是唯物主义的天然同盟军,是破除宗教迷信、旧的习惯传统,发展理性思维、解放思想的精神武器。

二、自然科学理论的生产力功能

自然科学理论是知识形态的生产力,它经过一定的环节和过程转化为直接的生产力。马克思指出:在机器生产方式下,"才第一次产生了只有用科学方法才能解决的实际问题。只有现在,实验和观察——以及生产过程本身的迫切需要——才第一次达到使科学的应用成为可能和必要的那样一种规模"。"生产过程成了科学的应用,而科学反过来成了生产过程的因素即所谓职能。"②自然科学理论融合、渗透到生产力的全部要素之中,从而使生产力随着自然科学理论的发展而达到新的水平,进而,使现代化大生产在组织结构上复杂化,因此,对生产过程进行科学化管理,也成为现代化生产力的一个必不可少的要素。

1. 通过技术发明的途径把自然科学理论物化为生产资料,创造出新的生产工具,转化为直接的生产力

自然科学理论的发展和应用,促进生产工具的改革和发展,决定了不同时代的生产工具。生产工具是"物化"的智力,是"在机器上实

①《斯大林文选》上卷,人民出版社,1962 年版,第 55 页。
②马克思:《机器、自然力和科学的应用》,人民出版社,1978 年版,第 206 页。

现了的科学"。近代自然科学的产生,人们依据自然科学理论制造出新的工业体系,大大提高了社会生产力。如电子计算机的使用,千百倍地提高了劳动生产率。

科学理论越发展,对自然界本质的认识越深入,自然科学理论"物化"的程度越高,生产工具越会不断地创新,生产效率也就不断提高,这是生产工具变化的一般规律。社会生产经历了三次大的技术革命,都是以生产工具的变革为起点的,而生产工具的变革,又是自然科学理论发展的必然结果。任何先进的现代化的生产工具和技术设备都是自然科学物化的结果,是自然科学理论转化为直接生产力的主要标志。

现代生产发展实践表明,生产效率的提高,由技术水平来决定,而技术水平的高低取决于自然科学理论发展的一般状况和自然科学理论在工具和工艺上的实现程度。二十世纪以来,科学与生产结合得更为密切,自然科学成为生产力中带有决定性的因素。自然科学已经走在生产的前面,并被大规模地应用于生产,生产过程走向科学化。随着时间的推移,从科学理论转化为物质生产力的速度越来越快。

2. 通过学习和教育的途径,使自然科学理论为劳动者所掌握,转化为劳动者的生产知识和劳动技能。劳动者与其他要素结合起来构成生产过程发挥生产者的职能

在近现代的科学化大生产中,掌握自然科学基本理论知识,是劳动者发挥生产职能必须具备的基本条件。现代化大生产是自然科学理论的应用,这种应用使生产工具日益精密和复杂化,因此掌握操作现代生产工具必须具备现代智力——科学理论知识。

马克思指出:要改变一个人的本性使他获得一定劳动部门的技能技巧成为发达的和专门的劳动力,就要有一定的教育和训练。通过教育和训练把自然科学理论知识和先进的技术传授给劳动者,使劳

动者熟悉生产上运用的科学原理,对机械性能、工艺流程和操作规程有了科学的了解,劳动者成为崭新的生产力要素,再投入生产过程中,就可以大大提高劳动生产率。

自然科学理论的发展及其在生产中的应用,使生产工具及工艺流程,都呈现为一种"动态",整个技术和工艺的变化,不仅使各级劳动者技能的性质和内容不断地发展和变化,而且对其智力、熟练程度不断提出新的要求,就目前来说,不具备中等以上的科学理论知识水平,就难以胜任。现代生产还要求人们利用自然科学理论创造良好的劳动条件,医学理论的应用,可以保护劳动者的健康长寿,这也是科学理论转变为直接生产力的重要途径。

3.通过自然科学理论渗透到劳动对象之中,使劳动对象利用范围扩大了,成为生产发展的重要因素

人们借助自然科学理论,把传统的劳动对象,各种形式的天然原料,如媒、石油、矿石的利用,提炼出越来越多的新产品,开发越来越多的新资源,综合地利用天然原料。再如,由于科学的发现和技术发明,提出了从空气中直接提取氮的新工艺,使空气成了劳动对象。使人类能更充分有效地利用自然资源,提高了生产力水平。

4.现代科学技术的发展,使现代化管理成为生产力的一种新要素

作为知识形态的生产力的自然科学理论,要转化为直接生产力,必须经过科学化的严格管理。因为,科学理论使技术发展日益复杂化,促进了生产的社会化,因此,必须根据自然科学的基本理论知识,按照技术设备的运转规律,适应工艺流程的严格要求,分析诸因素的相互关系,协调人——机——物——财整个系统的运动,达到有机的动态结合,取得最优效果。先进的生产技术和先进的管理是推动现代生产高速发展的两个车轮。目前,自然科学理论,既为现代化管理提

供理论和方法,又为它提供物质手段,有力地促进了管理方法的科学化和生产管理的自动化,大大提高了劳动生产力。

例如,系统理论应用于管理成为系统工程学。系统工程学从整体观念出发,运用控制论、信息论及数学理论,分析系统内部各个方面、各个环节之间的联系和关系,利用电子计算机计算,针对确定的目的,选择最优方案,以取得最大经济效果。同时,现代科学理论带来的科学技术的迅猛发展,特别是电子学、物理学、遥控技术和计算数学等科学理论的发展,创造了最先进的电子计算机、最精密的自动控制装置等,又为科学管理自动化提供了良好的技术手段。

自然科学理论是改造自然界的强大力量。培根说的"知识就是力量"的名言,从来也没有像今天显示得这么充分。这种力量——自然科学理论在现代生产中的主导作用,越来越突出了。

三、自然科学理论是推动社会发展的革命力量

自然科学理论的发展和实际应用,大大地提高了生产力水平。生产力的发展,促进了人们的生活方式、生产方式直至思想方式发生根本性和普遍性的变化。社会生产力的发展变化,迟早要引起生产关系的根本变革,导致社会形态的变化。正如恩格斯指出:"在马克思看来,科学是一种在历史上起推动作用的、革命的力量。"[1]"十七世纪和十八世纪从事创造蒸汽机的人们也没有料到,他们所造成的工具,比其他任何东西都更会使全世界的社会状况革命化。"[2]

在人类历史上,自然科学、技术和工艺的重大发展总是导致社会经济关系的相应的变化。马克思说:"手推磨产生的是封建主为首的

[1]《马克思恩格斯选集》第 3 卷,第 575 页。
[2]恩格斯:《自然辩证法》,人民出版社,1971 年版,第 160 页。

社会,蒸汽磨产生的是工业资本家为首的社会。"①

自然科学理论从"知识形态的生产力"转变为直接的生产力,作为自然科学理论的"物化"的生产工具,既是劳动生产力的测量器,又是社会生产关系的指示器。新的生产工具的出现,总是要求一定的生产关系与它相适应。因此,一种社会经济形态的产生,是生产工具发生变革的结果。蒸汽机的发明是运用经典物理学的结果,把手工业变成机器大工业,大大提高了社会生产力。蒸汽机的使用,冲击了封建手工生产体制。同样,十九世纪法拉第—麦克斯韦电磁理论的建立,产生了以电动机和发电机为标志的电机工业。恩格斯说:"非常明显的是,生产力将因此得到极大的发展,以至于资产阶级对生产力的管理越来越不能胜任。"②二十世纪以来,由于相对论、放射衰变理论和量子论的创立,开辟了原子能发电、电子计算机和航空技术为主要标志的工业体系,使工农业生产突飞猛进,日新月异地发展。但是,科学的发展,既确定了资本主义生产关系,同时又激化了一系列的社会矛盾。随着生产力的发展,必然要求新的生产关系、新的社会制度与之相适应。

现代科学理论和科学技术的发展,创造了空前巨大的社会生产力,使生产更加社会化。科学理论物化为生产力,使生产关系的发展"日益迅速地造成以共产主义生产关系代替资本主义生产关系即进行社会主义革命的物质可能性"。③建立社会主义,需要更高的劳动生产率,需要依靠高度发达的科学技术,极大地丰富物质财富,消灭三大差别,为向共产主义过渡奠定物质基础。

---

①《马克思恩格斯选集》第 1 卷,第 108 页。
②《马克思恩格斯选集》第 4 卷,第 436 页。
③《列宁选集》第 3 卷,第 737 页。

综上所述，自然科学理论不仅在自然科学自身的矛盾运动中，指导、预见自然科学向前发展，而且是改造自然、推动社会前进的物质力量和精神武器。自然科学理论的发展对人类社会的进步和发展所起的作用是不可估量的。

范畴①

状态与变换

自然界中的物质系统,由于内部矛盾斗争和外界因素扰动作用,将随时间的推移而变化,这种变化包括物性与物态两个方面。物质系统丰富多彩的具体特性表现为它的多种存在方式和状态的变换之中。现代自然科学对物质系统的运动变化规律的研究日益具体,对于物质系统的具体特性与其存在状态和状态的变换研究日益深化。自然辩证法关于状态与变换两个范畴就是对自然科学有关成果的概括。

一、状态与变换的含义

自然界的物质系统可分为若干层次。在各层次间普遍存在着这样的关系:在高一层次不发生质变的条件下,低一层次则可出现存在方式或表现形态的变化。

状态是表征物质系统所处的状况。所谓状态,是指在一定时间内、一定的物质系统在性质不变时的存在方式或表现形态。

物质系统的状态与物质系统本身有着质的区别。状态不能脱离

---

① 与马劲松合作,原载《自然辩证法原理》,吉林人民出版社,1984 年,第318—327 页。

物质系统而存在,任何物质系统总要表现为一定的状态,因此状态与物质系统的关系是一种从属的关系:状态是物质系统的属性,存在方式或表现形态。由于这种从属关系的存在,状态与物质系统便分属于不同的层次。物质系统属于高一层次的范围,而状态则属于低一层次的范围。在一个物质系统不发生质变的情况下,它的状态的改变相对于这个物质系统则只能是一种量的变化。例如,以原子来看,原子属于高一层次,而其中电子所跃迁的各种轨道能级状态则属于低一层次。对原子层次来说,这些能级状态都是一种量的变化。

在自然界中,状态具有客观普遍性和多样性。如各种运动形式中的静态与动态、常态与变态;宏观热力学过程和化学反应中的各种始态与终态;相变过程中的单相、双相和多相;生物进化和生态系统中的各种稳定态,微观原子内的基态和激发态等等。每一种具体状态的出现,都有它的数量和质量界限,都有一定的关节域。在一定的关节域内,状态可能出现一定程度的变化,但这种变化只有数量上的增减,而无性质上的改变。例如,在水分子的化学性质保持不变和一定的大气压下,水可以有固态、液态、气态等三种物理状态。这三种状态都有各自的温度界限。当在一定界限内发生温度的变化时,这三种状态仍保持不变,固态的仍为固态,液态的仍为液态,气态的仍为气态。这时,水的温度的变化对于水的物理状态来说是一种量变。

变换是表征一个物质系统在其状态层次上的某种改变。所谓变换,是指状态间的转化或更替。这种转化或更替可以发生于两个状态之间,也可以发生于多个状态之间。

变换与物质系统性质的变化有着质的区别。物质系统性质的变化属于高一层次的范围,这种变化一旦发生,一个物质系统就向另一个物质系统转化了。变换则是属于低一层次的范围,它与物质系统的变化也存在着从属的关系。可以说变换是物质系统的变化的一种形式,即物态的变化。状态的变换相对于这个状态所从属的物质系统是属于量变。状态的变换相对于发生改变的状态本身则是质的改变。在变换中,一种质的状态转变为另一种质的状态,或者说,由新的状态代替原来的状态。例如,从原子来看,在原子性质不发生改变的情况下,其中电子由一种轨道的能级状态跃迁到另一种轨道的能级状态时,能级状态之间发生的变换对原子层次来说,是一种量变,而不是质变。然而,它对于电子的能级状态,则是电子的能级的跃迁,是由一种能级状态转变为另一种能级状态,属于状态之间的质变了。

在自然界中,变换和状态一样,也是有客观普遍性和多样性。在各种运动形式中,由实体到变体,由静态到动态,由常态到变态;宏观热力学过程和化学反应中由始态到终态;相变过程中由一种相到另一种相;生物进化和生态系统中由一种稳定态到另一种稳定态;微观原子中由基态到激发态等等,其中两态之间的转化或过渡,都是一种变换。这种状态之间的过渡和转化,就是一种变换。

综上所述,状态、变换与高一层次的物质系统及其变化的关系都是一种从属的关系。状态是从属于物质系统的,变换是从属于物质系统变化的一种特殊形式。在高一层次的物质系统不发生质变的情况下,状态的变换属于高一层次中的量变;状态的变换在状态这一低层次中则属于质变。所以,状态与变换这对范畴揭示了物质系统在量变过程中的质变内容,揭示了物质系统在量变过程中的复杂性和多样性。

二、状态与变换的辩证关系

状态和变换具有不同的性质和特点,二者不能混淆。对于一个物质系统,在某一范围、某一层次来考察,其状态和变换具有确定的界限。但是两者在一定条件下又相互依存和转化,具有统一性。

1. 状态与变换是相互联系的

状态与变换的相互联系主要表现为两点：

第一，在同一层次范围来看，状态与变换有着不可分割的联系。

一方面，状态是变换的基础和根据，没有状态，就无所谓变换；离开了一定的状态，任何变换都不可能发生。所谓变换，是状态的变换，它是状态之间的一种特定关系，即转化或更替的关系。另一方面，变换是一个状态在与别的状态的关系中表现出的一种属性，变换是状态的一种动向和表现。离开了变换，状态也就不能在同一层次的因果关系等诸多联系中存在。

状态与变换之间的不可分割的关系，归根到底来自于高层次上的物质与运动之间的关系。因为状态是物质系统的存在方式或表现形态；变换是物质系统存在方式或形态的转化更替，是一种形式的改变，所以，由物质与运动之间的不可分割的关系，就派生出了状态与变换之间不可分割的关系。

第二，在同一个层次内，一种状态不只发生一种变换，往往可能发生多种变换。例如，水的液态在一个大气压和 100℃ 以上，就可变换到气态；反之，在一个大气压和 0℃ 以下，又可以变换到固态。又如，一种化学反应的平衡状态，在增加反应物的浓度的条件下，平衡状态可以向正反应方向移动；反之，在减少反应物的浓度的条件下，平衡状态又可以向逆反应方向移动。

状态发生变换的情形是十分复杂的，可分为积累式和突发式两种类型。前者是通过新质要素的积累和旧质要素的逐渐消失，而实现由一种状态向另一种状态的变换。后者是当变换的条件一旦出现后，旧的状态即迅速瞬间转化为新的状态。例如，不同稳定状态的生态系统之间的渐次过渡就是一种积累式变换。又如，一定条件下固态硫向气态硫的升华，就是一种突发式变换。

与上述相反的情形也同样存在。同一种变换,也可能来自于不同的状态。例如,在通常条件下,固态的碘可以升华为气态碘;同样,只要条件具备,液态的碘也可以蒸发为气态碘。又例如,从氢原子的能级谱来看,其电子跃迁到最高轨道能级的激发态时,这种跃迁既可来自于基态,也可来自于其他级别的轨道能量状态。所以,同一种性质的变换,可以来自不同的状态。

状态和变换的这种相互依存的关系,使我们认识了物质系统的状态,也就认识了状态的变换,研究了状态的变换也就确定了状态。

2. 状态与变换是相互转化的

状态与变换相互转化的情形主要表现为两点:

第一,在同一个层次来看,二者可以发生地位和作用的转化。在一定条件或关系下,什么状态的东西,可以成为变换。例如,从原子的基态到不稳定的激发态的关系来看, 如果把原子处于最低能量时的基态作为原子的状态, 到原子的其他不稳定激发态则表现为对原子基态的转化和变易,即表现为变换。又如,把机械运动的静止互动作为机械运动的状态, 其变速运动状态则表现为对静止不动状态的转化和变易,即表现为变换。所以,状态在一定场合下,可以转化成为变换。反之,在一定条件或关系下,作为变换的东西,也可以成为状态。例如,在一定的场合下,我们也可以把由静态到动态的变换、由常态到变态的变换、由基态到激发态的变换等,看作是事物在运动变化中的一种存在方式或表现形态,这时,变换就转化成为状态了。具体来说,在一定条件下,我们可以把电子的跃迁过程(变换)看作是原子在运动变化中所表现出来的一种形态, 这样的形态无疑也就是原子的状态了。

第二,状态和变换作为物质系统的两种表现形态,它们之间的变动关系可以看作是态与态之间的相互转化。一个物质系统就其自身存在的方式来说,可以把原状态视为相对"稳定的态",而把一种状态向另一种状态的变易过程,视为它的一种态,这种态是一种"动态"。同理,由变换过程的"动态"又要向新的相对"稳定的态"转化。这样,由一种状态到另一种状态的过渡作用为一个整体过程,其中包括有两个阶段:即从相对"稳定的态"到"动态"的转化以及由"动态"到"稳定的态"的转化。如果"动态"之中出现了亚稳定态,那么"稳定的态"和"动态"之间的转化就更清楚了。例如,我国北方山地暗针叶林,由杨桦向针叶林的转变,中间要经过一个杨烨的混交状态,这就是过渡过程或称为亚稳定态。任何物质系统在性质不变时所表现的形态的稳定性态是相对的,其中包含了变易的因素。当变易的因素达到一定界限时,物质系统就由旧的状态变换到新的状态。在旧的状态到新的状态之间物质系统以动态形式存在着,所以,从这一方面看,就是态与态之间的一种转化关系。

任何一种状态都是一定条件和历史的产物,现阶段的状态既是过去状态发生变换的终点,又是下一阶段变换的起点。随着内部矛盾及其外部条件的变化到一定程度时,任何状态,全发生转化。状态——变换(动态)——新的状态——新的变换(动态),周期往复,循环不已,这就是自然界任何物质系统存在方式或表现形态的基本发展过程和趋势。

三、状态与变换范畴的意义

状态与变换这对范畴是现代科学技术水平的概括和抽象,是人类对自然界物质的存在方式、表现形态及其运动变化形式认识的深化,在哲学和科学方法上都有重要意义。

1. 状态与变换丰富和发展了质量互变规律的内容

马克思主义哲学的质量互变规律揭示了同一层次的事物在总的

量变过程中存在着部分质变，揭示了同一层次中事物量变过程的多样性和复杂性。这些原理对于人们认识自然界物质运动变化过程的规律，无疑具有重大指导意义。状态与变换这对范畴从着眼于同层次的关系进一步丰富和发展了马克思主义哲学质量互变规律中的某些原理。具体表现为：第一，它在一个物质层次中的量变和质变关系的基础上，进一步考察了高低两个层次中的量变和质变的关系，揭示了两个层次中存在着如下普遍情况：在高一层次物质系统不发生质变的情况下，低一层次在一定条件下可出现量变与质变的两种形态和过程。第二，低一层次中的量变与质变的两种形态和过程，又反过来揭示了高一层次中物质系统量变的复杂性、曲折性和可能的方向性，揭示了自然界物质的量变不是单纯的量的增加或减少，而是以一种非线性的方式进行的。第三，揭示了低一层次中量变质变过程的多样性及其联系和转化的规律性，深入研究高低层次间量变质变的关系及其规律性，这都是摆在我们面前的重大课题。

2. 状态与变换的范畴为研究高低层次的关系提供了新的课题

二十世纪以来现代科学技术的发展，关于自然界物质层次之间关系的分析与综合的研究，已成为重要的课题。状态与变换这对范畴到从物质与运动的关系的一个方面或侧面提出了高、低层次间关系的研究新课题。它指出：第一，各门自然科学不仅要研究本门学科所涉及的主要物质层次中的运动、变化相发展的具体规律，而且要研究物质层次之间的关系和具体规律；研究在高层次性质互变的情况下，低层次内的运动、变化和发展的规律；研究在高层次规律指导下，低层次内的运动、变化和发展的特殊规律。例如，在分子层次性质不变和分子运动规律已经确立的情况下，来研究原子的运动状态及其变换的特殊规律；研究亚原子的运动状态及其变换的特殊规律等等。又例如，在人的统一生理运动规律中，来研究细胞从正常态到病态以及从病态到正常态的特殊规律，研究大分子从正常态到病态以及从病态到正常态的特殊规律。第二,研究高级运动形式规律支配之下的低级运动形式的特殊规律。例如,研究在化学性质不变的情况下,物理运动形式中所出现的状态与变换中的特殊规律性,研究在生物学性质不变的情况下,化学运动形式中所出现的状态与变换中的特殊规律性,以及物理运动形式中所出现的状态与变换的规律性等。研究这个课题,在哲学思想上、科学理论上和应用实践上都具有重要的意义。

3. 状态与变换为自然科学进一步形式化的研究提供了方法论的指导

只要在高一层次物质系统性质不变的情况下,任何一个低层次的运动和变化的过程,都可作为它对某种状态的一系列的变换。由于物质系统所表现出来的状态是有相对的稳定性,所以,只要任何一种确定的状态存在,就可以把这个状态形式化、定量化和精确化,找出表征状态的形式规则来。同样,由于两个状态之变换,只是一种形式的改变,而事物本身的性质没有改变,因此,这种变换也就同样可以形式化、定量化和精确化,找出变换的形式规则来。

现代自然科学对许多自然事物或人造事物的状态都可以用不同的物理量或不同的参量来表征。如质点的机械运动状态可由质点的位置和动量来表征;物质系统的热力学状态,可由一系列状态函数如内能、熵、自由能等来表征;物质系统的相平衡状态,可由各相中化学位相等来表征。对于计算机的操作系统的进程程序,还建立了系统的状态变换。

现代自然科学对于状态之间的变换,也作了许多形式规则的研究。现代数学对一切变换作了形式上的规定。它指出,对于 A 和 B 两集来说,如果按照某个对应结,使 A 的一元素在 B 中有一个确定元素与它对象,则称这个对应为从 A 到 B 中的变换。这个形式规定为研究一切具体领域中的变换提供了形式语言的依据。

　　列宁说,范畴是帮助我们认识和掌握自然现象之网的网上纽结。抓住这些网上的纽结,有利于深刻地把握客观世界,更好地运用自然规律为人类服务。状态和变换这对范畴对人类的认识活动和实践活动具有指导意义。随着人类认识的深化,对自然物质系统的状态和变换关系的描述也将日臻完善,而这对范畴日益精确和丰富,意味着人类对客观自然界认识的不断深化和发展。在一定阶段所获得的相对真理性的认识,又会反过来促进人类对自然界内在规律的掌握,并且指导新的实践活动。今天的科学成果所揭示的都是物质系统的存在方式和运动规律。

自然辩证法原理释疑①

问题一:怎样理解科学认识的结构、特点和基本过程?

在《自然辩证法原理》一书的理论结构中,着重贯穿了科学认识的这条主线,即以人和自然的矛盾为起点,以科学认识和科学实践的矛盾运动为动力,展开科学认识的丰富内容。科学认识的研究在全书中占有相当重要的地位,每一位读者都会感到,人和自然的矛盾的解决,表现为科学认识与科学实践的矛盾运动及其不断的解决。所以,对于科学认识的结构、特点和基本过程作重点地了解,对理解《自然辩证法原理》的内容有着提纲挈领的作用。下面,我们从科学认识系统的角度,分别对其结构、特点和基本运动过程作一些综合的说明。

一、科学认识的结构

科学认识是一个动态的开放系统,因而有其自身的结构。科学认识系统的结构,包括两个子系统,即科学劳动者和科学工具组成的主体系统以及由科学对象代表的客体系统。因此,虽然科学认识是科学劳动者利用科学工具与科学对象的相互作用,但是,科学认识的结构并不能简单地表述为: 科学劳动者——科学工具——科学对象的单

---

① 原载《自然辩证法原理疑难》,兰州大学出版社,1988年,第32—62,162—185页。

线式因果结构或循环递进的公式。科学认识内部结构成分之间的相互作用是极其复杂的,它们相互影响、相互制约,并有着特定的联系方式。

科学劳动者居于科学认识的主体地位,是科学认识能力活的载体,是科学认识得以存在的前提。没有科学劳动者,科学认识就无法进行。

科学劳动者在与科学对象的关系中始终处于能动的、支配的一方。因为科学认识是主体和客体的统一,在具有独立于意识而存在的客观实在进入同主体的相互作用时,没有主体的能动作用是不能获得客体的性质的。正是在这个意义上讲,没有主体就无所谓客体。当然主体和客体的相互作用,是互为前提、相互制约的。但是,尽管客观自然界是基础,二者关系的主导或主动方面仍然是主体一方:科学劳动者是科学认识的主观前提,科学对象是科学认识的客观前提。

科学工具是科学劳动者认识能力部分的物化形式。科学仪器的制造和发展取决于科学劳动者的需要和能力。物化的认识工具是主体某些感觉器官和思维器官的延长和强化。在科学认识的全过程中,无论是感性阶段还是理性阶段,科学仪器和科学方法都发挥着中介作用,都是科学劳动者用来使主观见之于客观的手段。如果没有它们的"引渡",认识的目的就将永远停留在主观不实的此岸,不能达到客观现实的彼岸。但是,不论科学仪器和科学方法在补充和增强人的感觉能力和思维能力方面有多么大的作用,它们只有通过科学劳动者才能发挥出来,即:科学仪器的作用必须由科学劳动者来实现,并且,科学仪器只有与科学劳动者的思维方法等因素结合在一起才能产生实际效应。

科学仪器是科学劳动者认识科学对象的有效手段,是科学劳动者用以联系科学对象的桥梁。因为,在科学认识活动中,科学劳动者和科学对象之间的联系，绝不是单纯依靠人的感觉器官的直接联系，而大量地是由于科学仪器的制造和使用来弥补科学劳动者认识器官的自然缺陷，科学仪器是作为认识主体器官的延长，即作为认识主体的附加部分出现的，因而它属于认识主体的范围。科学仪器集中体现了人类的创造力和能动性，科学仪器的制造和使用集中体现了科学劳动者在科学认识活动中的能动作用，是科学认识中的变革科学对象的手段。因此，科学劳动者是通过科学仪器的中介手段，从感性和理性两个方面来开发和深化科学对象，从而实现科学劳动者和科学对象的相互作用的。

在科学认识中，科学劳动者还对科学方法有一定的依赖关系。科学认识的每一个具体环节都离不开科学方法。科学方法是科学认识主体构成的必要条件，是科学认识的必要精神工具。科学方法从属于科学认识的主体，属于科学认识主体的认识能力之一部分。科学方法体现了科学认识主体思维的自觉能动性，体现了科学认识主体的创造性思维及分析、综合能力。

科学对象是科学认识的客观前提。科学劳动者只有在一定科学对象的前提下，在与科学对象相互联系和变革的作用中才能认识它。所以，科学认识的内容源于科学对象。科学劳动者在科学认识中的主观能动作用，正是在科学对象存在的基础上发挥出来的：首先，主体与科学对象是对象性的关系，科学劳动者只有通过科学对象才能获得作为科学认识主体的规定性。因为一定阶段上的科学对象的认识等级是科学劳动者智力水平的标志，也是决定科学劳动者在科学认识中特定组合方式的一个重要因素，同时也决定了科学劳动者使用何种科学工具来实现自己的认识目的的科学工具水平。其次，科学的认识内容来自科学对象。科学劳动者对科学对象的认识要遵循科学对象的内在本质和规律，要受到科学对象的属性和规律的限制。因此,科学对象在与科学劳动者的关系中的客体地位是绝对的。但是,对于每一个具体的科学对象来说,这一科学对象的本质一旦被科学劳动者所认识,就可以精神地转化为主体的认识能力而进入主体的范畴。这又体现了科学对象在与科学劳动者的关系中的客体地位的具体相对性。

总之,科学劳动者、科学工具和科学对象在科学认识中缺一不可,而在日常认识中则不一定需要体外工具。科学劳动者在科学认识中处于主体地位,是科学认识系统中最积极、最活跃的因素,科学劳动者支配科学仪器,运用科学方法。科学仪器和科学方法是属于主体范畴的手段。科学对象在科学认识中处于客体地位,其客观性规定主体及其认识工具,但科学对象又可以转化为主体的认识能力。科学认识系统中这种复杂的相互作用关系构成科学认识的内部结构。

二、科学认识的特点

作为区别于一般认识形式的科学认识,有着自身的特点。这些特点可以从两个方面去看,即从科学认识的结构要素(科学劳动者、科学工具、科学对象)的认识功能特征以及从科学认识系统的整体认识特征去看。

作为科学认识系统结构要素的认识特征和功能,它们各自的认识特征和在科学认识方面的相互关系,已如上述。在这里,我们将着重从科学认识系统的整体功能性上来进行分析科学认识的特点。但是,我们必须要在理解作为科学认识系统要素的特征的基础上,来了解科学认识系统整体功能的特征。

科学认识系统的结构是系统保持整体性以及使系统具有特定整体功能的内部依据。因此,科学认识系统的功能与结构是不可分割的,只要有结构存在,它所具有的功能也就存在。当然,系统的整体功能特征与系统的要素的功能特征相关，但还不同于各要素的功能特征，也不等于组成系统各要素的功能特性的总和。系统整体所获得的新的功能特性是各组成要素在孤立状态时所没有的，只有当它们作为整体时才表现出来。

对于科学认识这个开放系统来讲，它同整个自然界相联系，通过科学实践和科学认识把整个人类关于自然界的有关知识吸收到科学认识的体系中，并把所得的理论成果扩散到整个人类科学知识世界及整个人类社会实践中去。

科学认识系统的开放性是由科学认识系统的结构决定的。因为，作为科学认识系统要素的科学劳动者对科学对象的认识是开放的，以及科学实践与科学认识的矛盾运动要求这一系统是开放的。从另一方面看，科学认识系统通过科学技术环节，既为科学认识提供技术贡献，又使科学认识成果进入社会实践领域，使科学认识超出了单纯认识和知识的范围，具有巨大的社会实践意义，因而它也是开放的。

科学认识产生于人和自然的矛盾。在科学实践和科学认识过程中，人和自然的矛盾得到不断的解决。但是，人和自然的矛盾是一个无限发展的过程，它是矛盾不断产生、又不断被解决的无限发展的过程，因而对于人和自然的矛盾的解决都只是一个相对完成的一串圆圈。从科学史的角度来看，人首先从自然界奴隶的地位摆脱出来，就开始了自主地支配和统治自然界的历史。然而，人类尽管在科学实践和科学认识中不断地征服自然、改造自然，但在这一过程中科学对象的范围也不断地在变化，从而又有新的科学认识成果不断地充实和武装人类，使人类不仅成为自己社会的主人，也成为自然界的主人。

应当充分认识到客观自然界是无限的，它是不断地与人们产生新的对立和制造新对立的源泉。人们从征服地球、月球到整个银河系乃至河外星系，人们从认识宏观物体到认识分子、原子乃至基本粒子,这个过程是永远不会完结的。因此,人类对自然界的认识,总是不断深入和扩展新的层次,不断发现新现象、新效应,产生新概念,开辟新方向。在科学理论内部有旧理论同新理论的矛盾,带有片面性的理论之间的矛盾等, 因而在科学理论内部发生着各种运动, 如整合运动、积累运动和突破运动。这些都只能在科学实践和科学认识的开放体系中去认识和解决。

科学认识的主体对科学认识客体的反映和认识, 不可能是一次完成的,只能是一步步地逐渐逼近、逐渐加深的无限过程。科学史充分说明,科学实践水平是科学认识上升发展的标志,它是随着人类社会不断增长的需要和可能而发展的,永远不会停留在一个水平上。随着科学实践一步步地由低级向高级发展, 推动着人们对自然界的认识也一步步由低级向高级发展。

从因果关系来说,科学实践的发展是原因,自然科学及其理论体系的发展是结果。科学实践的发展,不仅决定了自然科学的性质和状况的变化,而且还决定自然科学发展的广度、深度和速度。科学实践的发展导致自然科学的发展是由于科学技术水平的提高。人们通过技术,可以开发科学自然信息资源,更多地占有自然信息。同时,通过技术环节把理论转化为变革自然的物质力量, 实现理论向实践的复归。

科学认识的发展过程,是螺旋式的上升运动,是由科学理论向科学实践的开放,是整个科学认识发展中的一个基本周期。任何一门科学理论都是一定时代实践的产物。实践是不断更新的,因而要求科学理论也须作相应的发展。因此,理论对实践的开放才能使自然科学不断向前发展。

科学认识系统的开放性除了表现在人和自然的矛盾以及科学理论和科学实践矛盾的无限性以外,还体现在科学认识成果的作用中。

一是科学理论的认识作用，科学理论能够指导科学实践，预见新现象，为辩证唯物主义哲学提供科学基础，是解放思想的精神武器；二是科学理论的生产力功能，它在生产力的各要素中得到体现；以及由此而显示出的科学理论的推动社会发展的革命力量，由此可见，科学认识的成果也是面向整个人类认识、整个社会实践而开放的。

科学认识系统的整体功能特性，集中体现在人和自然的矛盾与科学理论和科学实践的矛盾的开放性中。这些说明，科学认识系统是一个动态的开放系统，即在与外界环境的输入、输出中自我更新的系统。由此便可以理解为什么科学认识的发展需要广泛的交流、交往和交换以及需要国际的频繁信息来往了。

三、科学认识的基本过程

通过以上对科学认识的结构和特点的讨论，其基本过程的诸端已得以初步展示。系统地讲，我们认为，科学认识的基本过程还须从宏观和微观两方面来把握。

1. 宏观科学认识过程

科学认识过程作为人对自然界的反映，是在认识主体和客观环境的不断相互作用中实现的。作为认识主体的科学劳动者必须首先提出科学问题，并且在科学实验中规定实验的规模和方向，对实验结果做出明确的判断，并给予理论的、逻辑的说明。从而对该问题达到规律性的认识。

科学认识活动是有目的的对象性活动，其中，科学劳动者总是在一定的经验积累和理论知识的基础上去理解事物，并获得新的经验和理论，从而使主体具有越来越大的主动性。他们的预期目的是否能够实现，很大程度上则取决于是否能够切实地创造和使用适当的科学仪器。在科学认识的每一程序性环节——自然信息的接收、传递和加工上,科学仪器起着重要的辅助作用,它不仅能够克服人们肉体感官的局限而扩大接收信息的范围、提高信息传输的速度和精度,而且能够部分地代替人的脑力劳动。同时,科学仪器作为已有科学理论在现有技术条件下的物化,它受到历史条件的限制,也就必然与科研目的之间形成内在的制约关系。科学仪器是制约科研目的提出和得以实现的一组现实条件,规定着科学认识活动能否顺利地进行。

现实的科学认识过程不仅要以科学仪器为物质工具,而且必须借助于科学方法这种主观手段。在错综复杂的科学认识过程中,科学方法使科学认识程序化、规范化和最优化,为科学认识的前进定向开路。科学认识的主体正是在深刻地把握科学认识的探索性、创造性和运用方法的灵活性的统一中从已知领域向未知领域迈进的。不仅如此,科学方法还通过科学理论与科学认识相互渗透、融为一体。认识主体运用科学方法获得科学成果;运用科学成果又要通过科学方法,新的科学方法导致新的科学成果,科学成果提炼新的科学方法。科学认识在这种循环中不断前进。

科学认识的最终任务在于把握科学对象的结构、属性和功能,即认识对象的本质和运动规律。科学认识的方法、途径及成果都是由科学对象决定的。反映科学认识成果的以概念为基础的理论体系,在形式上是主观的,即依赖于科学劳动者的理论创造,而其内容却是由科学对象决定的,因而是客观的。新的科学对象的出现导致新的科学概念的产生,科学对象范围的扩大和深化推动了科学理论的发展。

总之,宏观科学认识过程就是主、客体的相互作用,是科学认识主体即科学劳动者对科学认识客体即科学对象的反映。这种反映也就是科学劳动者依赖科学仪器和科学方法对科学对象的能动作用。

2. 微观科学认识过程

实现一个具体的科学认识过程,是在科学理论同科学实践以及科学理论内部矛盾的推动下,从对某一科学问题的无知向知的发展,从经验水平向理论水平的发展。科学问题经由科学假说得到解决,在实践中验证后确立为科学理论,并按否定之否定的螺旋式路线逐步揭示自然界更深刻的本质规律。

观察和实验所获得的事实,只能反映个别现象及其联系。要把握对象的普遍联系和深刻的本质,认识还必须深化到理论的层次,因为理论水平的认识是在概括经验知识的基础上产生的,它不仅能对一定范围内的经验水平的认识给出依据和说明,而且具有预言的能力,可以以本身为根据指出尚未获得事物存在的可能性。例如,反映理想气体的温度、压力和体积之间关系的波义耳—查理定律最初是由实验获得的,它以经验公式的形式而存在,而当用牛顿定律和统计规律来解释分子运动现象时,人们对这一定律的认识就由经验上升到了理论水平。在这里,我们看到了科学知识从经验向理论水平的转化,反过来,在某个阶段上属于理论水平的认识又可以转化为经验水平的内容。如曾经达到权威理论的经典力学的许多命题,现在已被包括在经验的知识中了。科学认识就是这样通过经验水平的认识和理论水平的认识的相互转化,辩证地向前发展着。

实现科学认识从经验水平到理论水平的转化,要通过分析和综合的交替进行才能趋于完成。科学对象不可能一下子被全面地认识,只有通过分析,对这一对象的各侧面、各部分加以考察和研究,然后再加以综合,从而获得全面、系统、深刻的认识。

从另一个角度看,科学认识的发展又是从未知到已知、再从已知到未知的前进过程。科学认识不可能是一次穷尽的,因而在任何阶段所达到的认识成果都将被下一阶段所超越。相对真理即先行知识不断被后来知识所超越而形成无限发展的序列,在这个序列中,客观现实被反映得日益丰富、深广,日益正确、真实,并且日益从自在之物转化为我之物。

从根本上说,要理解和把握科学认识的发展,就必须密切注意理论同实践的矛盾以及理论自身的矛盾,因为它们是科学认识发生、发展的客观源泉。

已有理论同新的观察、实验事实之间的矛盾大致有以下情况:①由于发现与旧理论所预见的结果相反的观察、实验事实,而暴露了旧理论和新实验、观察事实间的矛盾。②意料之中新事实的发现在不同理论之间产生新的矛盾,由此形成新理论。③由于想了解某个现象的性质、关系等而进行的观察、实验中,积累了各种事实结果,从这种积累中产生、促进了新理论认识的形成。

科学理论内部的矛盾也有以下三种情况:第一,旧理论同新理论的矛盾。第二,带有片面性理论之间的共处和斗争。第三,系统化理论内部的矛盾。

从形式上讲,科学认识是从问题的提出为起点的,而解决问题的第一步则是提出科学假说。科学认识由经验向理论转化总是伴随着认识的概念基础的根本改造,即导致深刻的抽象化和理想化,形成新的概念和判断,提出关于支配现象过程的内部机制的某些假说。研究者创造假说时有相当大的自由,可以依据类比、例证、直观模型甚至其他某些逻辑上不可能的因素。追求理论核心概念或定律的假说一旦被确定,假说就要经受严密的、逻辑的和实验事实的检验。

科学理论是解决科学问题的结果和综合知识的形式。科学理论是表达客观现实系统性最适宜的形式,它以完善的形式从逻辑上表达若干事实相互联系所确定的体系。

但是,自然科学认识的发展过程不是按照简单的线性形式,即把假说——推理——检验——理论作为一组周期前进的过程,而是一方面假说为大量的观察、实验所验证成为理论,一方面进一步依赖于较深的理论给出根据,而后,这个较深刻的理论又被接连不断的大量观察、实验逐步地确证、巩固和完善。

从问题的提出到理论的建立,人们把科学认识从经验的水平推进到理论的水平,从而将一个个未知的领域变为已知的领域。而认识成果的有限性与客观自然界和科学实践的无限性之间,总是存在着矛盾,由此推动科学认识无限发展,逐步逼近绝对真理。

正如列宁所说的,"人对事物、现象、过程等等的认识从现象到本质、从不甚深刻的本质到更深刻的本质的深化的无限过程"。①"认识是思维对客体的永远的、没有止境的接近。自然界在人的思想中的反映,应当了解为不是'僵死的',不是'抽象的'不是没有运动的,不是没有矛盾的,而是处在运动的永恒过程中,处在矛盾的产生和解决的永恒过程中的。"②

宏观科学认识过程和微观科学认识过程一起构成科学认识的基本过程。

问题二:关于科学方法论的若干问题

近几年来,我国关于自然科学方法论的研究,取得了一定的成绩,除发表了许多论文外,在不同版本的自然辩证法教材中,科学方法论往往占有大量的篇幅。此外,还有一些有关科学方法的专著,在我们十所综合大学编写的《自然辩证法原理》一书中,只有一章的篇幅来阐述科学方法,与其他自然辩证法教材相比较,科学方法论常见的大量内容都不见了。那么,能否由此得出结论,说我们不承认或不重视科学方法论呢? 我们的回答是否定的。

---

① 《列宁全集》,第 38 卷,第 239 页。
② 《列宁全集》,第 38 卷,第 208 页。

我们认为,在《自然辩证法原理》中,不必有专门的篇幅来论述通常所讲的自然科学方法论。这不仅考虑到目前一般论述科学方法论的内容与哲学系其他课程重复,更主要的是出于我们对科学方法论的一些根本性问题的理解。在此,我们讲一下有关的几个问题。

一、有没有自然科学方法论?

人们也许很自然地会问:在《自然辩证法原理》一书中没有写自然科学方法论,是不是你们不承认有自然科学方法论呢?

要回答这个问题,有两层意思需要先说明,首先,我们不同意否认自然科学方法论的所有看法,自然科学方法论是很有意义的理论。应该进一步大力研究。其次,在《自然辩证法原理》一书中,也是谈到了自然科学方法论的基本内容的。当然也有可能由于各自对自然科学方法论的理解不同,相互都可能认为对方写的不是科学方法论,因而得出没有写科学方法论的结论。我们认为,没有标科学方法论篇章的题目,并不等于没有写科学方法论,更不等于否定科学方法论。不过,也应该看到,确有一些否定科学方法论的看法,但我们并不同意。

一种观点认为,自然科学研究活动是探索未知,因而不可能有什么规律可以遵循。甚至有人认为,唯一的方法论规则是"怎么都行"。这种根本否定自然科学研究活动有规律性的观点,从根本上否定了自然科学方法论的存在。这显然是不正确的。自然科学研究使人们从不知到知,尽管其中有许多偶然性,但任何偶然性中都是有其必然性的。即使是被人们津津乐道的科学研究过程中的机遇,也并非是没有规律性的,它在一定条件下,也是可以被人们所把握的。由此可见,自然科学研究活动是有规律性的,自然科学方法论的前提是客观存在的。事实上,人们在科学实践中已经揭示了自然科学研究活动的许多规律。

　　另一种观点与上面一种观点差不多,但论述的角度有所不同。这种观点认为,自然科学的研究活动,其本质就是要自由创造,所以其方法就要保持选择的开放性,如果搞几条方法,弄几条规律,必然要限制自然科学的研究活动。因此,自然科学方法论是有害的,不必要。这种观点的错误,在于把自然科学研究活动的创造性和方法选择的开放性等这样一些主观能动作用,夸大到了毋需规律的地步,其实,人们的主观能动性一旦违背了规律性,就将一事无成,只有依据规律性,才能正确地、充分地发挥主观能动性,才能有真正的自由创造,才能真正达到方法上选择的开放性。如果否认规律去侈谈开放性,无异于提倡盲目性。

　　第三种观点认为,不存在区别于哲学方法和具体自然科学方法的一般自然科学方法,言下之意,既然根本就不存在一般自然科学方法,那么,关于一般自然科学方法的理论,也就成了空中楼阁,完全是幻想的东西了。事实上要反驳这种观点,只要证实客观上存在着一般自然科学方法就行了。譬如,科学实验方法,具有自然对象、科学仪器、自然规律等要素的思想实验方法,都是大家公认的一般自然科学方法。不管怎样,自然科学研究活动这个特殊领域是存在的,因此,即便目前尚未认识其特有的科学方法,也不能说客观上就不存在这种特殊方法。此外,对什么是一般自然科学方法的理解不同,也会得出不同的结论。譬如,哲学方法在应用于自然科学研究活动中,普遍性与特殊性相结合具有特点时,这算不算一般自然科学方法呢?我们认为,如果特殊的规律没有总结出来,那它仍应该是属于哲学方法的范畴之列,如果把特殊规律总结出来,那就是一般自然科学方法。

　　还有一种看法认为,存在着一般自然科学方法,但不存在自然科学方法论。其实,这两者是一回事。因为一般自然科学方法,也就是自然科学方法的理论,也就是自然科学方法论。如果把自然科学方法理解为罗列各个自然科学方法的现象,而没有揭示出其本质,更没有进一步揭示其共同规律(即没有一个统一的理论)的话,那么,可以认为这种科学方法论还不完整或不能算是真正的自然科学方法论。

二、什么是自然科学方法论?

关于自然科学方法论,目前有许多不同的看法。这可以从人们给出的有关自然科学方法论的定义中反映出来,因此,我们首先看一看各种定义。

定义Ⅰ.自然科学方法论就是关于自然科学方法的一般规律的理论。所谓方法论,简单说来,就是关于方法的规律性的理论,方法论把方法作为自己的研究对象。它研究方法的性质、作用和发生、发展的规律;研究不同方法之间的关系及其所服从的基本逻辑;研究正确运用方法所应遵循的基本原则。自然科学的方法论则仅限于研究自然科学的方法,为掌握和运用已有的自然科学方法,创造新的方法,指明道路,提供基本准则。在这个意义上,可以说方法论是方法的方法。

定义Ⅱ.自然科学的研究方法是人们为探索自然奥秘、认识自然事物及其规律性时,所采取的行为方式和手段的总和。自然科学方法论就是研究自然科学中的研究方法的, 它探讨科学认识活动中具有一般意义的方法、手段、活动次序、逻辑构成,揭示它们的特点、作用及其相互关系,为科学研究工作提示一般原则和途径。简而言之,它是关于获得和发展自然科学知识的一般方法的系统学问。

定义Ⅲ.科学方法是在正确理论指导下研究问题、解决问题的手段、工具。自然科学方法论就是研究自然科学一般方法的规律性的知识体系。所谓自然科学一般方法是指概括程度较高、适用范围较大的方法。它不是局限于某一门自然科学,而是对各门自然科学都适用的方法。观察方法、实验方法、模拟方法、理想化方法、逻辑方法(包括比较方法、分类方法、类比方法、归纳方法、演绎方法、分析方法、综合方法等)数学方法、控制方法、信息方法和系统方法等,就是自然科学的一般方法。但是,这绝不是指这些方法仅仅适用于自然科学研究,而是说它们和各门自然科学特殊方法相比,是自然科学的一般方法。这些一般方法是否能运用于社会科学中去,则按照各自的不同特性有不同的情况。逻辑方法和数学方法本来就是概括程度很高、运用范围很广的方法,并不是自然科学研究的特有方法,只是人们把它们具体运用于自然科学研究,相对于各门自然科学的特殊方法来讲,才成为自然科学的一般方法。可是,自然科学方法论研究逻辑方法和数学方法的重点,是研究它们在自然科学中的具体运用和特殊表现,而形式逻辑、辩证逻辑和数学则着眼于从各种特殊表现中概括出一般。这样就把各自的研究对象区别开来了。

　　根据以上有关自然科学方法论的定义及其解释,稍作比较,即可看到它们有不少共同的地方,但也有显著的差异。比较一致的看法是:自然科学方法论是研究自然科学(有的增加研究二字,有的把最后的科学或写为理论,或写为系统学问,或写为知识体系)方法规律性的科学。并把方法解释为工具、手段、步骤和方式。我们认为,如指自然辩证法的科学方法论,则定义为科学或理论为好,而泛指各种自然科学方法论时,则定义为系统学问、学说或知识体系较为确切,因为我们所说的科学方法论,这里都指的自然科学方法论,其中包括科学的自然科学方法论和非科学的自然科学方法论,当然这并不是定义中差异的主要之点。

　　在理解自然科学方法的范围方面,差异是很明显的,定义Ⅰ中,自然科学方法的范围不明确。但在论述中显然包括哲学方法、逻辑方法、数学方法和一般自然科学方法,各门自然科学的具体方法似乎没有涉及。至于提出的关于方法之方法的问题,在深化理论方面有积极意义,但概念本身是不够明确的,定义Ⅱ中,明确把科学方法区分为三个层次:最高层次是哲学方法;中间层次是自然科学的一般研究方法,它包括观察方法、实验方法、科学抽象、逻辑思维方法、假说方法、数学方法、系统方法、模型化方法、结构化方法等等;第三个层次是个别领域或学科中所采用的特殊方法,自然科学方法论主要研究中间层次的方法及其规律性,其中还包括这类方法综合运用的规律性在内。因为它主要是研究中间层次,所以哲学方法、特殊方法亦需涉及。这是因为三者之间不仅有区别,而且也有紧密的联系,一般研究方法和特殊方法的范围也是变化的。总而言之,定义Ⅱ把逻辑方法、数学方法明确包括在一般自然科学方法的范围之内,指出一般研究方法的综合运用,指出一般研究方法和特殊方法范围的变化,具有鲜明的特点,就定义Ⅲ本身来看,与其他定义差不多。它指明自然科学方法论是研究自然科学一般方法的规律的知识体系,但对自然科学一般方法的解释则与其他定义是完全一样的。它认为所谓自然科学一般方法是指概括程变较高、适用范围较大的方法,从而在理论上把哲学方法、逻辑方法和数学方法都包括进来了。而且还补充说明,所谓自然科学一般方法,绝不是指这些方法仅仅适用于自然科学研究,而是说它们和各门自然科学特殊方法相比是自然科学的一般方法。但数学方法和逻辑方法等作为自然科学的一般方法,指的是它们在自然科学中的具体运用和特殊表现。

　　这是一个有特点的解释。在这种解释中,如果把高层次的方法也包含在自然科学一般方法中来,这样范围就大了。但如果指的是在自然科学中具体运用和特殊表现,指的是寓于自然科学一般方法中的方法,那就没有必要提出这样一个方面了。

　　通过以上的比较分析,我们认为对自然科学方法论的定义应规定如下:自然科学方法论是关于自然科学一般研究方法的性质、特点和规律性的理论。对此,有必要作几点说明。

第一,明确对象的范围是自然科学一般研究方法,不包括哲学方法、数学方法、形式逻辑方法、各门科学的特殊研究方法。只在阐明自然科学一般研究方法的规律性有必然联系时,才涉及上述方法,但它们显然已不是对象本身了。

第二,明确对象是自然科学一般研究方法,它是以认识自然为目的的方法,而不是作为武器去改造自然的方法,当然更不包括其他的方法,诸如自然科学的学习方法等等。不过,自然科学的研究不是孤立的,它与改造自然有内在的必然联系,因此,它涉及改造自然的方法。至于以认识自然为目的而改造自然时,改造自然的方法亦属自然科学一般研究方法的范畴。

第三,明确对象是自然科学一般研究方法的规律,而不停留在形式、手段、方式等表象上。不仅研究单个的自然科学一般研究方法的规律,而且把它作为整个科学方法论的方面、阶段、要素来研究。这样似乎可以解决大家都感到的所谓"论方法"的毛病。

既然方法是规律的运用,那么自然科学方法论所研究的方法,又是哪些规律的运用呢?它们又是怎样运用的呢?或者说在科学研究中怎样按照规律发挥主观能动性的呢? 这些都属于自然科学方法论的基本内容,我们在下一个问题中来讨论。

问题三:自然科学方法论的基本内容有哪些?

根据我们对方法论的理解, 自然科学方法论就是关于自然界和自然科学认识发展的规律在自然科学研究中运用的理论。自然界和对自然界认识的规律在自然科学研究中的运用, 也就是我们理解的自然科学的一般方法。基于这样的认识,可以认为自然辩证法是基础理论学科,而科学方法论是应用(或技术)科学。鉴于科学方法论是与自然辩证法相邻层次的学科，我们论述原理中有关它的作用和意义方面，实际上都相应地叙述了自然科学方法论的内容。所以在《自然辩证法原理》中就不必用专门的篇幅来论述。

当然，对于自然界和自然科学认识规律的研究还存在许多问题，科学的自然科学方法论的研究，从整体来说也只是初步的。在这样的学术水平下，所谓科学方法论的最基本的东西，只是写作时所能达到的认识，这与建立一门自然辩证法的应用科学——自然科学方法论来讲，无疑距离还相当远，也不是在短期内能够解决的。我们愿意提出一些粗线条的设想，供研究和讨论这个问题时做参考。

1. 科学方法论的性质

科学研究是科学劳动者有目的的活动，其目的就是要达到对研究对象的规律性的认识。这种目的是一种能动的过程。科学研究的一般方法是实现这种目的的工具。其实质是掌握上述能动过程的规律。不过，科学方法这种工具既可以是物质的工具，亦可以是思维的工具。因为这种工具的作用是帮助科学劳动者在科学研究中正确发挥能动性，而能动性既可以通过思维，亦可以通过物质来发挥。这种工具是自然科学研究特有的，在自然科学研究中具有普遍意义。它既不是一般哲学的，也不是各自然科学部门特殊的工具。这种工具对科学劳动者与科学对象来说具有中介性，对物质工具来说具有"软件"的性质，对科学研究的能动性来说，具有规范性，就其发展来说，又具有历史性。研究这种工具的性质、特点和发生、发展规律的理论，就是科学方法论。

2. 科学方法论的特点

科学方法是科学研究特有的，一般的工具，它具有特殊的矛盾性。我们说，方法是规律的应用。自然科学一般方法则是自然科学一般规律的应用。因此，自然科学一般方法所包含的基本要素有自然科学的一般规律,科学研究应用这种规律的目的和原则。自然科学一般方法的基本矛盾,是自然科学一般规律与为一定的科学研究目的而应用的矛盾。亦即应用(以一定科学研究为目的)与被应用(一般自然规律)的矛盾。所谓运用规律,实际上是以一定的目的,对规律进行再认识、再发现。因为任何规律,在新的领域中运用,都是具有创造性的。因此,如果用简单的语言来表达科学方法论的特点,就是以一定的科学研究目的,对自然科学一般规律进行再发现的理论。

3. 科学方法论的内容

前面说过,科学方法的矛盾是规律与应用的矛盾。对规律的正确认识是科学方法的前提和基础,对运用起着决定性的作用。运用则是规律转化为方法的必要条件,对规律的认识有丰富和促进的作用。规律和运用是辩证的统一。科学方法论的内容包括自然科学的一般规律及其对这些规律的运用。

(1)自然科学的一般规律

首先是自然科学内容所反映的自然界的一般规律(包括范畴)。譬如能量守恒及其转化规律等等。

其次是自然科学的一般认识规律。譬如,科学认识的基础、科学假设。科学检验和科学理论等等。

再次是自然科学的一般历史规律。譬如,科学的分化与科学的综合、科学的积累与科学革命、科学技术发展的周期等等。

第四,自然科学的一般逻辑规律。譬如,科学概念、科学提问、科学的可能性分析、科学的多级抽象等等。

第五,自然科学的非逻辑创造性思维规律。譬如,机遇、灵感和直觉等等。方法是以规律为基础的。因此,方法的分类以规律为基础,当然也是很自然的,这犹如科学分类以研究对象分类为根本依据一样,其理由是不难理解的。

（2）一般自然科学规律的运用

一般自然科学规律只是矛盾的基础，只有在科学研究中运用它，才能构成为科学方法。以上五种类型的一般自然科学规律及其运用，即成为五种科学研究的科学方法。自然界一般规律的运用是自然的辩证方法；自然科学一般认识规律的运用是科学的认识方法；自然科学一般历史规律运用是科学的认识方法；自然科学一般历史规律运用是科学的历史方法；自然科学的一般逻辑规律的运用是科学的逻辑方法，自然科学非逻辑创造性思维规律的运用则是科学的创造性思维方法。

由于以上五种方法是同一科学研究过程的方法，它们既是从不同侧面具有相对独立性的五类方法，又是相互交织在一起的方法。因此，它们不仅有各自的特殊性，也有一致的共性。这些共性是同一目的、同一过程、同一作用所决定的。这种共性就表现在使用各个类型的科学方法时，所必须遵循的一些共同原则。这些共同原则有：

（1）方法与目的相一致原则。不仅各个方法与目的一致，而且方法的组合亦与目的一致。不仅在总的目的上一致，而且与各个阶段的具体目的相一致。

（2）创造性原则。使方法与目的相一致，必须有创造性。最简单地说，运用规律时要选择规律。至于运用中如何组合规律，以及随研究的发展又如何更换规律，当然是必须遵循的一些更复杂的原则。创造性显得更为突出的是，随着科学研究目的的需要，必须首先创造性地去发现某种规律而同时运用这些规律，从而为科学研究提供一种全新的方法。

（3）方法反馈原则。方法是规律的应用，但应用又是从设想后才实际应用的。实际应用是对设想应用的检验，这种检验被我们称为目的检验。这种检验可以是实验，可以是思想实验，也可以是逻辑的检

验,所谓方法的反馈是"方法——目的检验——方法"。方法的反馈,一方而可以经过目的检验,修正方法和发展方法;另一方面,逐步推动目的的实现,必要时还修改目的、甚至于改变目的。

(4)方法的历史性原则,方法本身是发展的,在不同的历史时期有不同的方法,不仅如此,方法的发展又是有量变和质变的,不同的阶段又相应有不同的方法,科学方法是适应科学内容的需要而发展、而变化的,事实上,自然科学发展的历史已向我们表明:科学内容的革命,往往导源于科学方法的革命。尽管这科种学发展的历史规律是在不自觉的形态下实现的,但它毕竟是为现象所掩盖的,本质性的东西,成为我们必须遵循的一种原则。

当然,我们必须遵循的共同原则并不止这些,需要我们在方法的发展中继续发掘,不断地丰富和发展科学方法的内容。

自然科学方法论的历史形态

自然科学方法论是随自然科学研究的发展而发展的,不能超越自然科学发展的历史,它的性质和形态都只能是历史的,自然科学方法论并不是在自然科学研究发展中自发地产生的,而是对自然科学研究活动规律的概括和总结,这种概括和总结,即使在同一个时代,由于种种原因,也是有着明显差别的。然而,其中有代表时代特征的学说,由于自然科学发展的历史,经历了三个基本发展阶段,自然科学方法论亦就有三种基本的形态。

在古代,自然科学还没有从哲学中分化出来,因而也不可能有独立的科学方法论。那时候的科学方法论,都是在哲学著作中论述的。其中有代表性的是古希腊自然哲学家亚里士多德的《工具篇》(知识的工具),其中包括"范畴篇""分析前篇""分析后篇""正位篇"等,它是由亚里士多德的注释者们汇集成册,并取名《工具篇》的。

亚里士多德的科学方法论，是与他对什么是科学知识的回答分不开的。也可以说，什么是科学知识，是亚里士多德的科学方法论的起点；他认为科学知识必须认识到事物特殊的原因，必须认识到由该原因引起的事物仍是该事物。它在"分析后篇"中对科学知识是这样表述的："当我们认为自己认识到事实所依赖的原因，而这个原因乃是这件事实的原因而不是别的事实的原因，并且认识到事实不能异于它原来的样子的时候，我们就认为已获得了关于一件事物的完满的科学知识"。①

那么，亚里士多德又怎样论证如何获得这种科学知识的呢？他很明确地指出，科学知识是靠三段论式的论证来获得的。他认为："……无论如何，我们确是借论证来获得知识的。所谓论证，我意思是指一种能产生科学知识的三段论式……"②

但是，我们知道三段论是有前提的，结论必须从前提中推演出来。既然如此，那么亚里士多德对前提是怎样看的呢？而前提又是怎么得到的呢？

亚里士多德认为，论证的知识的前提，必须是真的，第一性的、直接的，比结论更为我们所认识的、先于结论的，而且结论是像果之于因那样和前提发生关系的。他把这第一性的前提和基本真理相等同。他认为"一个论证里面的'基本真理'，乃是一个直接的命题，一个直接的命题；乃是一个没有其他命题比它更占先的命题。"③在这里，所谓占先的和被更清楚认识的，指的是较接近感觉的东西。

---

①《古希腊罗马哲学》，三联书店，1957 年版，第 292 页。
②《古希腊罗马哲学》，三联书店，1957 年版，第 293 页。
③《古希腊罗马哲学》，三联书店，1957 年版，第 294 页。

亚里士多德的这种第一性的前提,是由感觉所得而归纳出来的,他把论证科学知识的理论分为两个方面,一个是个别归纳出一般,一个是一般演绎出个别,他认为:没有演绎,就不可能有从一般中"取得的"知识;同样,没有感性知觉,也不可能有借助于归纳得到的"知识"。他讲的归纳法有两种,即简单枚举归纳法和直观归纳法。无论是直观归纳法或是简单枚举归纳法,都依赖于对个别事实的直观。通过直观的观察获得的个别事实,经过归纳得到第一性前提,犹如几何学中的公理,然后再经演绎得到科学知识。亚里士多德认为,一门科学就是通过演绎组织起来的一组陈述。由此可见,亚里士多德认为知识的来源主要靠直观,而直接获得知识主要靠演绎。显然,这是与古代科学状况相适应的科学方法论,是一种有代表性的科学方法论形态,根据其特点,称为直观—演绎方法论。

近代自然科学与古代的自然科学不同,它已经不是直觉的自然哲学,而是真正的科学、实验科学。弗兰西斯·培根是实验科学的真正始祖。他在其著名的《新工具》一书中,阐述了与当时科学发展水平相适应的科学方法论。

培根关于科学方法论的著作,之所以取名为《新工具》,亦表明他提出的科学方法论,要代替亚里士多德在《工具篇》中提出的科学方法论,以与科学内容的发展相适应。

培根非常重视科学知识的作用。"知识就是力量,力量就是知识。"这是他遗传后世的名言,他认为,人类能否成为自然界的主人,取决于掌握知识的程度。因此,人类需要"新的科学",为了得到新的科学知识,就必须有新的方法。

培根对当时的知识状况和所提供的方法深感不满。他指出:"知识状况既不景气,也没有很大的进展。必须给人类的理智开辟一条与向来完全不同的道路,非且给它提供别的一些帮助,以便人的心灵能

够在事物的本性上行使它所固有的权威。"①他还指出："在科学中差
不多一切弊病的根源都在于这一点,就是:一方面我们错误地颂扬人
心的力量,而另一方面我们却不注意给它寻求真正的帮助"。②因此,
培根一方面批判了亚里士多德和经院哲学的方法论,另一方面也提
出了自己的科学方法论。

在亚里士多德的直观—演绎方法论中,虽然也论及演绎的大前
提应该从观察的证据中归纳出来,并提出了两种归纳方法。但是,他
没有也不可能提出主要靠实验取得证据和归纳中导致假的结论的问
题。培根对演绎的作用也是肯定的,但他重点指出了亚里士多德把科
学归结为演绎逻辑的错误,指出演绎的前提不能保证有归纳的确证,
演绎的谓词没有恰当的定义,而在归纳过程中,没有充分事例就跳跃
到一般原理,同时也没有考虑否定的事例。从而使归纳的程序不能保
证区分本质相关与偶然相关。由此,他对三段论的演绎法提出了严厉
的批评。他指出:"正如我们现在所有的科学并不能帮助我们发现新
的工作一样,我现在所有的逻辑也并不能帮助我们发现新的科学。"③
"三段论并不能用于科学的第一原理,而用于中间公理也是无效的;
因为它比不上自然的微妙。因此它只能强人同意命题,而不能把握事
物。"④培根认为:亚里士多德的三段论是由命题组成的,而命题又是
由语词组成的,语词则是概念的符号。因此,如果概念本身(这是事情
的根本所在)不清楚,并且是很草率地从事实中抽取出来的,那么上
层建筑便没有稳固的基础。在这种情况下,我们唯一的希望就在于一

①《十六—十八世纪西欧各国哲学》,三联书店,1958 年版,第 1 页。
②《十六—十八世纪西欧各国哲学》,三联书店,1958 年版,第 9 页。
③《十六—十八世纪西欧各国哲学》,三联书店,1958 年版,第 9 页。
④《十六—十八世纪西欧各国哲学》,三联书店,1958 年版,第 9 页。

种真正的归纳。①那么,培根主张的归纳法是什么呢?

培根所主张的归纳法,是以实验为基础的归纳法。他批判了人们习惯的主观方法,他认为现在人们通常用的方法是首先把他人的有关材料摆在自己面前,然后绞尽脑汁想办法祈求自己的精灵,似乎是把它召唤出来给他提出神的启示。这种方法根本是没有根据的,而是建立在意见上面并为意见所驱使的。他认为形式逻辑的发明并不能够发现构成技术的原则和主要公理,而只能发现与这些原则和公理不相矛盾的一类东西。

培根还强调了经验的作用。他认为,如果是自然发生的经验,就叫作偶然的事情;如果是有意去寻求的经验,就叫做实验。但是,如果没有正确指导思想的经验,就只能像黑夜里摸索,真正的经验方法,首先就要点起蜡烛来,然后用蜡烛来照明道路。这种方法实际上是从经过适当安排和消化的经验开始,由此导出公理来,又从既定的公理导出新的实验。

培根指出,要从实验开始导出公理,就必须制定一种与一向所用的不同的归纳形式。这种形式不仅要用来证明和发现第一公理,而且也要用来证明和发现较低的公理、中间的公理,也就是说可以用来证明和发现一切公理。这种新的归纳法,他认为就是用适当的拒绝和排斥的办法来分析自然,在得到足够数目的消极例证之后,再根据积极例证来做出结论。这种归纳法不仅能用来发现公理,并且还能用来形成概念。

培根的归纳法,有两点是值得注意的。第一,他强调消化的经验。他反对在实验中,只把材料按照原来的样子把它整个保存在记忆中,而要加以改造和消化,然后保存在理智中。因此,他的归纳法不是经

---

①《十六—十八世纪西欧各国哲学》,三联书店,1958年版,第9页。

验论的,而是实验的和理性的能力的结合。培根曾形象地比喻说:"经验主义者好像蚂蚁,他们只是收集起来使用。理性主义者好像蜘蛛,他们从他们自己把网子造出来。但是蜜蜂则采取一种中间的道路。他从花园和田野里面的花采集材料,但是用他自己的一种力量来改变和消化这种材料。"①他认为经验能力和理性能力的不和与分离,曾经使人类家庭的一切事务陷于混乱。所以,他号召两者"结婚",才能给人类以帮助。第二,他强调归纳法要有足够的排斥例证。他认为对于规律的发现来说,真正归纳的首要工作,乃是在于拒绝或排斥这样一些性质,这些性质是在有给定的性质存在的例证中找不到的,或者是在给定的性质不存在的例证中找到的, 或者是在这些例证中给定的性质减少而它们增加,或给定的性质增加而它们减少的;这样,在拒绝和排斥的工作适当完成之后,一切轻浮的意见便烟消云散,而最后余留下来的便是一个肯定的、坚固的、真实的和定义明确的形式。

由于培根的科学方法论以重视经验与归纳方法为其显著特点,因此我们把它称为经验归纳方法论。培根虽然也讲实验,但实验在其理论体系中是一种自觉的经验,而不是一种社会实践。因此,培根的科学方法论与当时的科学发展相适应,不是辩证的自然观、认识论和逻辑统一的科学方法论,而是经验的、形而上学的方法论。

以上两种科学方法论的历史形态,都是当时科学状况的反映,对推动当时自然科学的发展,是有积极作用的。但是,由于在古代根本还没有真正的自然科学,自然科学还没有从自然哲学中分化出来,而近代真正的自然科学虽然已经诞生,但成熟的科学也只有力学。在以上的两种自然科学的历史状况下, 不可能产生出真正的自然科学方法论。无论是亚里士多德或是培根,他们无论在自然观、认识论和逻

---

①《十六—十八世纪西欧各国哲学》,三联书店,1958 年版,第 40—41 页。

辑方面,都没有达到科学的辩证法。他们在自然观方面,把自然对象的整体与部分割裂开来了;在认识方面,侧重于感觉和经验;而在逻辑方面,则基本上没有超出形式逻辑范围。当然,他们在历史允许的情况下,各自都做出了杰出的贡献,为后人在科学方法论方面留下了宝贵的财富。

在实验自然科学以后的发展中,积累了庞大数量的实证知识材料,不仅有必要建立各个知识领域之间的联系,而且也不可避免地在每一个研究领域中,按照材料的内在联系来整理这些材料。由此,自然科学已经走进了理论的领域,自然科学中的经验方法已失去了生命力,需要有适应于自然科学发展需要的、具有新时代特点的科学方法论。

实验自然科学的这种需要,由于自然科学本身的发展,客观上提供了满足这种需要的可能。在自然科学的进一步发展中,揭示了宏观领域各种基本运动形态及其相互转化的规律,揭示了宏观领域的各种基本运动形态由低级到高级的发展过程,从而不仅认识了宏观领域中各种运动形态在空间中互相邻近的历史,而且还认识了它们在时间上前后相继的历史。这种辩证的自然观,恩格斯在《自然辩证法》等著作中,作出了科学的概括,并把它运用于解决自然科学的问题。科学的发展,充分证明了它是自然科学辩证综合方法论的根本基础。正因为如此,恩格斯深刻地指出:"自然科学现在已发展到如此程度,以致它再不能逃避辩证的综合了。"①

恩格斯指出:"思维规律和自然规律,只要它们被正确地认识,必然是互相一致的。"②那么,既然自然界的各种物质运动形态是互相联

①《反杜林论》,人民出版社,1970年版,第12页。
②恩格斯:《自然辩证法》,人民出版社,1971年版,第203页。

系、相互转化的,它们在时间上都有前后相继的历史,则自然科学的思维规律、思维方法,就离不开科学概念、范畴和思维形式的相互联系和相互转化,就离不开它们的发生、发展和更替,就离不开发展的过程。一句话,就是离不开科学思维的辩证综合方法。恩格斯在指出形式逻辑方法的局限性的同时,在批判那种把概念、范畴、判断、推理等看作固定不变的、孤立片面的错误的同时,阐述了自然科学的辩证综合的方法论。

辩证综合的方法论,是科学方法论的科学的形态。它的产生是科学方法论的历史发展中的革命。辩证综合方法的客观基础是自然界的辩证规律,这种辩证规律是以实验科学为基础的。恩格斯本人就曾这样明确地指出:"在希腊人那里是天才的直观的东西,在我们这里是严格科学的以实验为依据的研究结果。"①

辩证综合方法论,以自然观、认识论、逻辑的统一为基本前提,它不仅克服了形而上学逻辑方法的局限性,也克服了历史上各种方法论形态的片面性,它是全面的、完整的科学方法论。

辩证综合方法论,不仅仅是分析基础上的综合,而且还特别强调动态的综合。整体性和历史性是辩证综合方法论的显著特点。恩格斯所创立的科学方法论,是科学方法论在历史发展中的新形态,它实现了科学方法论的一次新的革命性变革。随着自然科学发展、科学方法论也将不断发展。

问题四:如何理解科学理论是科学认识活动的结果?

认识是人脑的机能,人是认识的主体。科学认识是科学劳动者对科学对象的反映活动,即主体对客体的能动的现实活动。科学认识活

①恩格斯:《自然辩证法》,人民出版社,1971 年版,第 16 页。

动不仅取决于认识主体的基本素养、科学能力、科学方法等,而且还与参与认识活动过程的手段、仪器、工具、资料信息有极为密切的关系。

科学认识是个复杂的过程。这个过程不仅需要把大量观察、实验的科学实践结果上升到理性认识,也需要在科学理论的指导下,进一步反复、大量地从事科学实践,这里,有观察、实验为主的实践活动,也有借助逻辑方法和数学工具进行纯粹思维抽象、概括或思维创造性过程。但是,无论是以哪种形式为主的科学认识活动,最终总是要把科学对象(客体)的本质特征从自然对象中抽象出来,把事物的内部联系从事物本身抽象出来,利用科学术语、图形或符号等语言形式构造成各自的科学逻辑理论体系。恩格斯指出:"全部科学都是以经验为基础的,是在于用理性的研究方法去整理感官所提供的材料。"①科学理论的来源是建立在大量、丰富的经验事实基础之上的,是把经验事实去粗取精、去伪存真、由此及彼、由表及里地加工制作,抽象出事物本质和内在规律性。而且这一抽象会更加深刻、更加广泛地说明某一类事物的本质特征和客观规律性,例如,科学史上,牛顿应用理性的研究方法,总结了开普勒关于天上行星运动的规律和伽利略关于地上物体的运动规律而创立了经典力学的运动规律理论。这个理论既概括了前人的"天""地"有别的理论,又更加深刻、全面地反映了宏观物体在低速条件下的运动学与动力学特征。因此,这个理论在整个近代自然科学发展史上都起着重要作用。

科学认识是逻辑的或非逻辑的思维探讨过程,它的任务在于把科学对象零散的、表象的、局部的甚至不系统的东西,经过分类整理,抽象概括以及按照逻辑或数学方法严格地加以限制,形成基本概念

---

①《马克思恩格斯选集》第 3 卷,第 382 页。

和基本关系,总结成科学理论体系。英国科学史家 W·C·丹皮尔说:
"科学可以说是关于自然现象的有条理的知识,可以说是对于自然现象的各种概念之间的关系的理性的研究"。①因此,科学认识就不能仅仅局限于自然物特性的直观描述、现象堆积以及一般化的单称命题和陈述。主体对客体的反映,是指要揭示自然界本质特征、相互关系及客观规律,实现能动的、深刻的反映,科学认识面对着自然界各种现象,但又必须在揭示客观本质上更加深入,逻辑上更加严密,表述上抽象概括得更加简单合理。这就是通常所说的作为科学认识的结果——科学理论的一般特征。

对于科学理论可以从以下两个方面去理解。

其一,理解科学理论的动态模型,着重了解科学的认识过程,即科学理论的产生、形成及其发展,人们对自然客体的认识,并不是一下子就能得出理论成果的。

在古代,人们尽量依据当时的生产力水平,对科学技术予以极大的关注,进行了多种探讨,曾出现过像古代中国灿烂光辉的科学传统。但从总体上看,许多成果都偏重于生产技术的直接记载,对自然现象的直接描述和思辨、猜测性的讨论等,严密的理论总结概括极其薄弱。古希腊人最高水平的认识成果大多数无非是建立在感官经验基础上的朴素、直观、猜测性,带有唯物论色彩的抽象概括。固然,这种抽象概括为尔后发展起来的科学与哲学起到了很大的奠基作用,正如恩格斯所说:"在希腊哲学的多种多样的形式中,差不多可以找到以后各种观念的胚胎、萌芽。"②然而,这毕竟是初步的、萌芽状态的东西,在许多方面还不可能揭示出事物的本质特征,离真正的科学理

①[英]W·C·丹皮尔:《科学史及其与哲学和宗教的关系》,第9页。
②《马克思恩格斯选集》第3卷,第468页。

论还差得很远。只有到了近代科学伴随实验技术手段,科学数学化方法以及大工业生产条件的社会推动,才使科学认识主体有可能步入理性的殿堂,认识客体的普遍本质特征和客观规律,提炼总结出来,构架出科学理论体系。近代自然科学才"唯一地达到了科学的、系统的和全面的发展"。①

进入现代科学技术发展阶段以来,科学理论是在生产技术的前面,日趋丰富和完善。理论的相对真理性向着科学认识长河的绝对真理无限趋近。

总之,科学实践的形式和内容是丰富多彩的,科学理论是各种实践成果的最高水平的理性标志。实践——认识——再实践——再认识,逐步深入,理论就会不断发展、完善。新理论代替旧理论,新理论再更新。科学认识无穷尽,认识得出的理论结果将会不断涌现,永远不会完结。另外,认识的目的,并不是将科学理论束之高阁,而是要指导科学实践,应用于技术、生产之中,更有效地处理人与自然的关系。因此,在主体与客体、认识与实践历史长河中,科学理论产生、形成和发展,既是必要的、也是可能的。

其二,理解科学理论的静态模型,注重研究科学认识结果的结构。宏观科学结构以科学理论为基本单元,每一门学科都可看作具体理论体系的载体,具体的理论体系就标志认识主体对客体能动反映的程度,在学科内部有由简单到复杂,由浅到深,由部分到系统的发展序列。在学科与科学之间,有相互交叉、渗透、分化与综合的网络结构。这种活动发展的特征,也是以理论成果作为认识水平的标志的。

从微观科学结构看,科学的基本概念和基本关系是科学认识的

---

①恩格斯:《自然辩证法》,人民出版社,1971年版,第6页。

逻辑起点。列宁指出:"自然科学的成果是概念"。①科学概念和范畴"是帮助我们认识和掌握自然现象之网的网上纽结"。②认识主体不应满足于自然物质和现象的直观描述,而应把制约大自然内在机制的客观规律揭示出来,从物质客体到结晶、升华出现理论形态,建立基本概念和基本关系是中间桥梁。因为它以认识主体的思维形式、反映出物质客体的本质内容。正如爱因斯坦所说,一门科学的"完整的体系是由概念、被认为对这些概念是有效的基本定律,以及用逻辑推理得到的结论这三者所构成的"③爱因斯坦所说的正是科学理论的微观静态特征。

那么,科学认识活动和科学理论的关系怎样呢?

科学认识是无止境的,而科学理论具有相对性。既然科学认识是认识主体对客体的能动反映,于是,一方面,科学劳动者自身的认识能力、认识水平会不断前进、发展、提高,永远不会停留在一个水平上,他们所使用的仪器、工具会不断改进,逐渐使科学认识主体的手臂和大脑延长或强化,开阔科学劳动者的视野,加强他们研究的深度和广度。另一方面,对客体的认识也是随科学劳动者的能力、方法以及所使用的工具仪器的改进,无止境地向前发展。尽管,针对客体某一具体层次、范围,科学认识是确定的,得出的科学理论,是揭示了该层次本质特征的,但是,这些科学理论仍然是相对于无限认识过程的、有限度的、阶段性的成果。主体的认识增强了,又有了良好的物质手段,就如虎添翼,对客体的本质特征的认识就会更加完善,全面和深入。

---

①《列宁全集》第 38 卷,人民出版社,1960 年版,第 209 页。
②《列宁全集》第 38 卷,人民出版社,1960 年版,第 90 页。
③《爱因斯坦文集》第 1 卷,商务印书馆,第 313 页。

把科学理论看作科学认识活动的结果，还具有继承和突破两重性。科学理论既然是人类认识自然特征及其本质规律的精神产品，它就必然是逻辑和历史的统一。

科学理论有历史继承的一面，表明科学认识的连续性、序列性。每一个新理论的提出总是首先要考察、掌握原有理论的实质和涵义，并以此作为提出新理论的出发点。例如：数的研究是从自然数到分数，从有理数到无理数，从实数到虚数，从数到数域……科学工作者固然可以利用已有的知识，预测、推导和建立未来的理论模式，但是，作为公认的科学理论总是在一定历史条件下某种研究的延续，无法超越当时科学发展的基本水准。

科学理论又有突破革新的一面，表明科学认识的间断性、跳跃性。科学认识符合人们的通常认识途径，即由片面到全面，由知之不多，到知之甚多，由浅入深的过程。当原有理论不能用来解释说明某些新的实验事实和现象时，说明建立在该层次系统的基本概念、基本关系，已不适用于它的高级层次系统（二级层次系统）。这时就需要去总结客体更深入的特征和规律，建立新的假说（理论的雏形）。新的假说经过实践检验之后，便可确立为新的理论。这时，新理论已经跳出原有的科学理论框架，达到在更深入的系统层次上的完善和协调。

科学理论作为科学认识过程的结果，表明认识主体对于客体的能动作用。人们认识自然规律，总结出理论成果，并不就此罢休，更重要的是以此指导利用自然、改造自然的活动。当生产水平低下、科学技术落后时，人们的行动往往是盲目的、自在的。科学理论的建立可以有效地指导科学实践，增强认识客观对象的目的性和自觉性，以减少不必要的损失，少走弯路，少犯错误。

随着科学的不断进步，科学、技术、生产的关系越来越密切，而且技术和生产的进步对于科学理论的依赖性也愈来愈强。科学理论的物化社会效果说明重大的技术难题的解决，首先取决于科学理论的突破。因此，从科学认识论的角度分析，科学理论既是感性经验升华的结果，又要回到实践中去应用。例如，三次技术革命以及世界当前面临的新技术革命，都是首先在科学理论方面解决了相应的重大理论问题，而后引起了技术经济的社会变革的。

　　总之，理解科学理论是科学认识活动的结果这一命题，应该把它放回到科学认识的逻辑与历史辩证统一的过程中。某一具体的科学理论只是某一层次系统的理论成果，它的层次越高，内涵就越大，囊括的范围就越广泛。科学追求没有止境，认识自然不会终止，科学理论的发展就不会完结。

问题五:怎样将科学理论的四个基本特征统一起来理解?

　　科学理论有四个基本特征，这就是客观真理性、全面性、逻辑性和系统性。这四个特征分别从各个不同的角度说明科学理论的基本规定性，既理论是那些已被实践证明了的学说，而不是假说。四个特征各有侧重，不能相互替代。其中以客观真理性作为科学理论的本质特征，即科学理论的核心。同时，这四个特征又构成了相互关联的完整统一体，相互依存、相互补充，集中起来表明科学理论的本质论及认识论意义。总之，对于这四条基本特征的理解，应当既有所区别，又有所联系；既要看到对于具体学科的某一理论，在四个基本特征方面的具体规定，又要看到随着科学理论的不断深入和发展，每个特征的原有框架将被突破，形式和内容将会有所更新。恩格斯曾经说:"真理是包含在认识过程本身中，包含在科学的长期的历史发展中，而科学从认识的较低阶段上升到较高阶段，愈升愈高，但是永远不能通过所谓绝对真理的发现而达到这样一点，在这一点上它再也不能前进一步，除了袖手一旁惊愕地望着这个已经获得的绝对真理出神，就再也

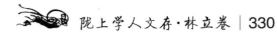
无事可做了。"①

客观真理性特征是科学理论的本质特征，是规定科学理论之所以成为真理的衡量标准和尺度。大家知道，科学从经验上升到理论的桥梁是假说，假说一经被实践证明了才能确定为理论。凡是被实践证明部分有错误或全部有错误的科学假说，都不能称之为科学理论。有时候，科学假说提出以后，由于当时以至以后的很长一段时间里，由于科学工作者主观及客观物质和技术等方面的条件限制，而无法证明这一假说的客观真理性时，这一假说将仍然以科学假说而存在，以待以后为实践去检验。因此，从这个意义上说，客观真理性是科学理论的根本和核心，是科学假说与科学理论分水岭和科学理论真伪的试金石。例如，天文学上，哥白尼提出日心地动说，尽管也有个别不足之处(如他认为太阳是宇宙的中心)，但从总体上看，哥白尼学说揭示了日地关系的客观真理。而康德—拉普拉斯的星云假说，虽然可以看作辩证唯物主义自然观打破形而上学自然观的一大成果，其中有很多合理的思想，但至今仍以科学假说而存在。所以说，"人的思维是否具有客观的真理性，这并不是一个理论的问题，而是一个实践的问题"。②

客观真理性为什么是科学理论的本质特征？这是因为，它的存在是其他三个特征存在的基础、支柱和基本前提。任何科学理论都有它成立的基本条件、适应范围，甚至由此可以导出其他结论，而且这种真理性是必须经过实践检验之后才能确认的。列宁说："人的实践经过千百万次的重复，它在人的意识中以逻辑的格固定下来。这些格正是(而且只是)由于千百万次重复才有着先入之见的巩固性和公理的

①《马格思恩格斯选集》第 4 卷，第 212 页。
②《马格思恩格斯选集》第 1 卷，第 16 页。

性质。"①可见,被实践检验的过程,正是科学理论的"格"逐渐"固定"的过程,以致最后被完善和确立。

科学真理的客观性具有相对与绝对的辩证关系。

检验任何科学假说是否可以作为科学理论而存在的实践标准既是绝对的,又是相对的。检验科学假说的客观的唯一的标准是科学实践。唯有科学实践才能检验,才能取舍,确立出科学理论。所以,这个标准是绝对的,毋庸置疑的。然而,随着科学的不断发展和深入,随着人们认识科学真理的主观能力和水平的不断提高,随着客观物质条件、研究手段等不断改进和完善,对于科学对象的认识也将不断深入,从一个层次深入到另一个层次,从一个规范到另一个规范。每前进一步,就会比较、觉察出原有理论的局限和缺陷。例如,与相对论力学相比,牛顿力学便可以看作相对论力学的近似情况。与光的波粒二象性比较,光的波动说和微粒说,都各有其合理因素,但在这两大学派争论中,他们固执己见,明显地表现出各自倾向的片面性。同样,这种认识也并没有终结真理,它是旧理论的认识极限,又是新理论的认识始基。正如恩格斯所说:"今天被认为是合乎真理的认识都有它隐蔽着的,以后会显露出来的错误的方面,同样,今天已经认为是错误的认识也有它合乎真理的方面,因而它以前才能被认为是合乎真理的"。②

科学理论的客观真理性既同神秘主义划清了界限,又同不可知论划清了界线。它既反映了科学理论普遍的本质特征,又提供了科学研究工作最一般的思维方法,也就是说,如何使科学假说确立为科学理论。

①《列宁全集》第 38 卷,第 233 页。
②《马格思恩格斯选集》第 4 卷,第 240 页。

全面性特征可以看作客观真理性特征的确定性和完善化。任何一个科学理论都有十分明确和肯定的陈述，表明它的条件、关系和结论，它的内涵和外延。所谓全面性，正是在这样清楚的陈述定义上的全面。它能囊括抽象这一理论的一切自然界的或科学研究的现象和过程，在一定层次、范围意义上阐发它们的内在机制和规定性。如果一个科学理论不是非此即彼，而是亦此亦彼，那么这一理论就不"真"，而给"伪"留下了地盘。

另外，全面性特征又是具有发展含义的全面。因为，任何科学理论只能是相对完成的体系，它标志着这个领域在这个时代的研究水平。任何一门科学都是各个部分的、具体的理论综合积累而成的体系。人们的认识在发展，科学理论也就随之而发展，从低级到高级、简单到复杂、肤浅到深入。

同时，科学理论的全面性意义，不仅在被实践检验的同时，而且还为日后指导技术科学，以至应用技术来说明。特别是在现代科学技术条件下，许多原有科学理论的物化效益，随着人们改造自然的深度和广度，才逐渐被人们越来越多地挖掘出来。这种持久和广泛的"反思"会不断加深对原有理论的进一步理解，以此，便说明科学理论的全面性特征。如，二十世纪初，量子论和相对论的出现，并没有引起所有人们的注重，而当二十世纪下半叶以来的科技新成果出现后的追溯，人们便不得不惊呼，"两论"（量子论和相对论）对人类社会的巨大而深远的贡献。

逻辑性特征是科学理论构架的必要条件之一。任何科学理论必须要求在逻辑上是前后一致的，不能自相矛盾、逻辑混乱。也就是说，一个科学理论的基本概念、术语、图式、符号、基本关系及其命题、结论等都应当有严密的规定性、清楚的划界标准。这些规定和标准的客观物质基础，是来源于自然界，但不能停留在自然物的现象上，而在保持自然物的基本属性、特征、规律的客观基础上，通过逻辑思维制造，抽象为用科学语言表达的逻辑理论体系，正确地、合理地、深刻地反映自然物，它来源于逻辑体系能说明的全部的具体，又摆脱了具体认识对象的细节和差别，而形成理论化了的科学逻辑体系。

同时，随着科学研究的深入，科学逻辑性越来越符合爱因斯坦提出的"逻辑简单性"原则。科学理论所说明和解释的范围越来越大，但它的构造要素越来越少，越来越简单。新理论要能够说明原有理论能够说明的现象，还要能够说明原有理论不能说明的现象，并能有所预测。

逻辑性特征与客观真理性、全面性特征相一致，它为理解前面两个特征提供了科学思维方法。

系统性特征是从总体上把握科学理论层次联系的框架，是对以上三个特征的规范圈定，科学理论的真理性、全面性、逻辑性都是针对一定系统层次而言的，在一定系统内适用的科学理论，在另一层次系统就可能成为谬误，而不是真理。层次系统改变了，科学理论成立的全部要素及其关系都会改变，或者理论完全不成立，所以系统性是科学理论成为整体联系的纽带。

同时，系统性表明，一个科学理论如果有可能与其他学科相关部分发生渗透交叉、相互作用，那么这一理论就以系统王国的整体出现，如果将这一理论分解成各个孤立的"零件"（要素），那么这一理论的真理性、全面性、逻辑性会随之消失。因为科学理论的成立，是有条件限制的，任何离开了条件的规定的万能药方在科学理论的基本规定性上是不存在的。

总之，科学理论的四个基本特征尽管各有侧重，但又是有机联系、协调统一的整体。通常，逻辑性、系统性可以看作注重讲本体论，而客观真理性、全面性注重讲认识论。我们学习科学理论时，既要区别各个不同特征,又要把它们作为一个统一整体来理解。

问题六:如何理解科学理论的确立是一个复杂的过程?

我们说科学理论的确立是一个复杂的过程,因为一般说来,从科学问题的提出,到假说形成,确立基本概念,检验假说,假说和理论的评价,直到系统理论体系的建构等。各个阶段的曲折以及相互交错、作用,使得科学理论的确立过程并非一帆风顺。

为了较深入地讨论,我们可以分阶段来看:

(1)从科学问题的确立到形成科学假说。科学理论的产生始于科学问题——科学劳动者对自然界某类现象的无知与求知之间的矛盾。而科学理论则是系统回答一类科学问题的理性思维成果。因此,科学问题决定了假说的方面,也决定了科学理论的性质。所以,确立科学理论的最初过程不是假说,而是明确科学问题之所在。例如,二十世纪物理学的革命始自物理学上空的"两朵乌云"——经典力学所无法解释的问题,随之而来的科学发现则进一步加深了上述问题的深度和广度,从而导致了经典力学的危机和物理学的革命。而危机所引出的量子假说和相对论假说,则最终奠定了现代物理学的基础。因此,科学理论产生的始因是科学问题,科学理论产生的"基因"才是科学假说。

科学问题和科学假说并非单一的,而是有着问题和假说的层次。并且,后者层次的形成受制于前者的层次。越是深层次的科学问题,其理论蕴涵便越丰富,因而由之产生的科学假说的理论价值便越高。门捷列夫在排列元素周期表时,就一直在穷追最深层的元素之间内在规律的关键。最后,他想到了原子量,从而提出了关于元素周期表的合理假说。李四光抓住寻找石油的关键问题——不在于"海相""陆相",而在于有无生油和储油的地质条件和对地质结构规律的认识,从而彻底否定了"中国贫油"论。许许多多同类科学发现的例证都说明:提出一个问题往往比解决一个问题更重要。

科学问题选择得深刻、准确,才会导致科学假说的立意、角度不凡,从而为新的科学理论找到更加深厚的基础。换言之,科学问题为科学假说海阔天空地神思规定"飞翔"的区域和猜测的界限。

(2)假说的检验和科学基本概念的确立。科学理论是一个演绎的概念系统,其定律、模型、范例、公式都是从为数不多的理论公理演绎出来的,从而表现为一个严密完整的科学体系。但是,科学理论的公理却不是通过演绎得到的,而是通过上述"问题——假说"的方式得到的。

由科学问题中选择出核心问题,然后针对核心问题提出科学假说,是科学大厦建立基本草图的确立;而科学假说经过检验获得公理则是科学理论确立的蓝图——基本概念确立的先决条件。随后构成整个概念系统发展的思维框架。导致所有其他科学问题的解决,这种可能性的实现过程就是科学理论确立的基本过程。

在现代分子遗传学理论的确立中,最初由摩尔根提出"基因"概念的遗传学,随着本世纪生物学从细胞水平向分子水平的科研进展以及信息论对生物学的渗透,1944年,三个美国化学家通过肺炎球菌对小家鼠的转化实验,第一次证明了在转化现象中DNA起着决定的作用,并证明了脱氧核糖核酸(DNA)是遗传信息的载体;1953年,华生和克里克根据X光衍射分析结果,提出了DNA分子的基本空间结构,证明基因就是DNA,成功地确立了基因的化学本质和物理构架。这样,摩尔根的假说通过科学的研究,成为现代分子遗传学的基本概念,开辟了分子生物学发展的新纪元。同样,爱因斯坦狭义相对论的确立,也是紧紧围绕经典力学和电动力学形式上的不一致这个核心问题,而提出假说并最终得到验证,从而为现代物理学提供了基

本时空概念的。

科学哲学家拉卡托斯认为，每一类科学的基本概念都表现为一组基本的语言陈述。每个科学理论必须围绕这组基本陈述而确立，并且包含着它们。显然，一种新的科学基本概念的确立同时意味着旧的科学基本概念和理论的瓦解与重组。这是在基本概念前提下的科学探索活动。例如，在分子遗传学基本概念确立的前提下，关于 DNA 分子复制的"模板"假说、蛋白质复制的假说以及对于重叠基因的结构和功能意义的研究，则是在基本概念的前提下挖掘基本概念理论内涵的科学探索活动，正如皮亚杰指出的那样："新结构的连续加工制成是在其发生过程和历史过程中被揭示出来的——既不是预先形成于可能性的理念王国之中，也不是预先形成于客体之中，又不是预先形成于主体之中。"①可见，科学基本概念的建立仅仅提供理论发展的基础或基质，而不能提供包罗万象的答案。同理，布鲁塞尔学派普利戈金的耗散结构理论在生物学、天文学、医学、地学、气象学、农业、社会学、美学等方面的宏观扩展，都不能视为是基本概念所天然包含的"外化"。

（3）假说和理论的评价、评价和检验的关系。应当说，上面的讨论实际上对科学理论和认识的发展作了相当简化的处理。因为，科学理论发展的实际情况是检验和评价相互交错进行的，有时甚至是紧紧交织在一起的，我们只是为了讨论的方便才将两种情况分开来谈的。

科学检验所达到的目的是：在某一研究领域内确定科学理论的基本概念和次一级的概念、定律和模型，而科学理论的评价则是比较同一层次水平上科学假说和概念的优劣，例如：科学假说之间的比

①皮亚杰：《发生认识论原理》中文版。

较;某一检验结果与另一检验结果的比较;理论外推能力的衡量;竞争理论之间的相互比较;旧理论与新理论的比较;理论内部结构完美性的衡量;以及理论应用价值的估量和衡量,等等。总之,如同科学检验方面的复杂性一样,科学评价方面也有着多种不同层次的情况需要分别对待。因此,我们也只能从最基本的意义上来讨论科学评价的一般情况,以从整体上有一个大概的了解。

一般来说,科学评价有科学检验前、后的两个阶段。科学检验之前的评价主要表现为对科学假说的对错优劣的比较;科学检验之后的评价则表现为对同一理论领域之内几种不同发展形势或风格的优劣的比较。但两个阶段的共同点都是以已有的理论衡量尺度和公认的实验手段来比较新科学的价值,或衡量其存在的"理由"充分与否。

美国科学哲学家夏皮尔指出:"科学中的一个'理由'是由这样的信念组成的:(a)结果表明它是成功的;(b)对于它并没有可以怀疑的明确理由,并且(c)结果表明它对于把它作为一个'理由'来应用的那个特殊领域是恰当的。"我们在进行科学评价时所依据的正是这样一些基本的观念。当然,还有马赫所提出的"科学本身……可以看作是一个尽可能用最少的思维最全面地描述实事的极小值问题"的经济法则等等。而这些科学理论的标准最终引起科学界的竞争,例如:分子生物学中关于生命起源的解释中,对由核酸与蛋白质形成多分子体系的过程有三种假说,即奥巴林的团体假说、福克斯的微球体假说和脂蛋白囊假说。那么,哪一种假设更为有理由呢?竞争的结果(至少在目前)表明:这三种情况或许在不同的局部环境下在原始地球上都出现过。这表明,科学评价导致竞争,而竞争导致科学理论的综合。

上述原则在科学检验前、后的实际运用有着不同的特点,还需要进一步分别讨论。

科学检验之前的评价活动主要集中在对科学家或科学共同体提

出的假说,进行由自身合理化的理性筛选过程。这一筛选过程一般有两个步骤:其一,科学家本人对思维产生的几种"候选"假说进行比较、筛选。找出一个主观上认为较为适宜的假说方案来——它具有相互之间比较下的简单性、表述上的新颖性以及特定时代条件下实验或观测的可检验性(无疑,它们受制于科学家本人的知识和智能的局限性)。

其二,通过科学家所属的共同体成员内部,科研群体的集体评价来进一步充实、修改某一假说方案。可以说,这种程序已成为现今科学人类活动区别于传统的科学人类活动显著特点之一。因为人们认识到,科学检验在当代条件下有着不同以往的情况,它往往与耗费大量的人力、财力、物力紧紧联系在一起。所以,现代科学家越来越倾向于严格经过上述两个评价步骤之后,再付诸科学检验,以充分权衡、比较每一科学假说诉诸检验之后所引起科学的、社会的、自然和人文的价值问题。

另外还有这样一个基本事实存在:科学事业今天的发展水平还远没有使它活动在世界各地的科学人类能够协调一致,以致有足够的信息沟通而避免重复工作。因而,几个科学家或几个学派针对同一问题所建立起来的新规范和理论的工作重复并不罕见,也很正常。因此,通过科学实验或观察确证了的同一问题引起的不同理论形态之间,便不可避免地有着基本概念或理论之间的优劣的评价。这便是科学评价的第二阶段,即科学检验之后的科学评价。这一阶段的科学评价不是科学检验之前的那种类似"可行性"的论证,而是科学规范和理论通过相互之间的竞争引起的科学社会内部的广泛评价的选优活动。

这是为了科学理论发展和完美而进行的比较、权衡活动。它的基本条件是:看哪一个科学规范或理论对由之产生的问题解释或解决得更为全面、客观、简约、清晰,等等。总之,以趋向理论内涵丰富、结构较好或实用价值更高为目标。

还有,科学检验之后的评价活动除了上述横向过程之外,还有纵向的、新旧理论更替或协调的辩论和评议。因为科学家们总是这样,当他们一旦发现或承认有更大解题或解释能力的新规范或新理论时,便会(大多数如此)放弃他们以前信奉的旧理论,或使之与他们信奉的旧理论相互协调。这一点,从现代物理学的革命过程中,可以看得十分清楚。而在这一过程中,科学家和科学共同体之间的争论、竞争,最好不过地说明了科学理论的成长与科学评价的关系。

总之,从科学理论确立和成长的过程说来,是人类力量——理性尺度不断采取主动, 向自然力量进攻的过程, 是一个科学评价在先(前科学评价),科学检验在后,然后又进行科学评价(后科学评价)、检验的过程。只有检验、评价两种作用的相互交替进行,科学认识活动才能趋近于绝对真理。

(4)系统理论体系的建构过程。科学理论体系的建构目的是要在纷繁复杂的科学发现过程中理出一条逻辑的线索, 以使科学理论以更为浓缩的语言模型等反映出科学理论大厦的全貌来, 即将科学理论认识进展的历史与思维逻辑统一起来。[注]

理性建构需要克服的矛盾在于:按照科学发现的历史去重组科学理论所形成的是以科学文献为主体的编年史;那么,以思维逻辑去

注:逻辑实证主义在理论理性重组方面做了许多工作,但其基本思想是抛弃科学发现的非历史主义;当前科学哲学的历史主义学派在科学发现、评价方面有了长足的进展,但似乎没有充分估计理论理性重组的历史地位。因此,科学理论理性重组的原则应坚持马克思提出的历史与逻辑统一的原则, 从而充分估计科学发现历史的地位,也给思维逻辑的特点以充分的地位。但是,目前对这一原则的研究是不充分的。

组织科学发现的演绎前提是什么？这是理论重组的核心问题。

为使二者统一起来，历史的材料须服从逻辑的安排，而逻辑的安排又须抓准某一科学理论的基本概念。而具体需要把握的两个尺度则是：a.从简单到复杂；b.从抽象上升到具体。

前面谈到，科学基本概念和次一级概念的确立并不严守不变的先后关系，例如，十九世纪末，迈克尔逊—莫雷实验、绝对黑体辐射、电子和 X 射线的发现所引起的物理学的革命——相对论、量子力学和基本粒子理论的出现，并不说明前者是基本概念，恰恰相反，在进行理论重组的时候，它们倒是需要在后者的基础上加以重新解释的概念。还如现代物理学把牛顿力学在新的时空观下推出，只看作它的特例或近似而已。

基本概念的选定，是"从抽象上升到具体"过程中"抽象"的确立。基本概念选定之后，才是次一级概念按照逻辑程序排列的问题。从这个意义上说，理论的理性重组是对历史的"篡改"，又是合乎逻辑的重新安排。

对于说明科学理论的经验事实或对象，则应依"从简单到复杂"的顺序加以理性重组。因为，对研究对象的分析不从最简单的元素入手，从复杂整体上进行处理的方法对于人类来说（至少是现在）是不可能的：一方面，这种正常的理解和思维顺序是常人思维的一般逻辑，当然是应当遵守的；另一方面，更为重要的是科学家理论思维的最初契机往往也是简单而又深刻的事例：牛顿的苹果问题、爱因斯坦关于自由下落的升降机的问题。总之，任何科学问题的解释都可以从最简单的现象谈起，因此，理性重组的逻辑起点总可以找到理论建立的简单例证。在这方面，则显示出科学发现历史的力量，即历史逻辑的力量。

通过上面的分析我们可以总结出理性重组的实质：在科学理论

成长的历史过程中找出由简单到复杂的研究对象的逻辑线索；从同一历史中找出自抽象到具体的科学理论概念的逻辑线索。然后，在上述两条逻辑线索中寻找对应的层次和阶段，创造性地重建科学理论大厦。

上面四个阶段的分析告诉我们，科学理论的确立是一个复杂的过程。而确立以后的科学理论对于科学探索的开放性、发展观来说，也只能是相对真理。可见，科学理论向绝对真理的趋近是一个多么艰难的事业。科学理论的不确定性是不可避免的，而其确定性则是暂时的。所以，无论是从科学整体上还是从局部上来看，科学理论的确立都是一个既有前述四个阶段的复杂性，同时又有着其趋近完美方面的复杂性；并且从两个方面来看，又都有着不可能最终确立的根本特性。

综上所述，科学理论的确立是从科学问题的提出到科学假说的设立，以及经过检验科学概念的确定和通过评价活动的科学成长，最后以理性重组的方式构筑起科学理论的大厦的漫长历程。其间，所有科学的世界观、方法论和实验手段都发挥了充分作用。可以说，科学理论确立的过程就是整个科学的发展过程。因此，科学理论确立的复杂性渊源于科学发展过程的复杂性。

问题七：科学理论的承认与其真理性是否完全一致？

在《自然辩证法原理》一书中，我们曾经说过："一种科学理论只有在实践验证为正确的前提下，又得到社会广泛的承认，才算完全确立。"这里就提出一个问题，即科学理论确立的过程中，理论的真理性与社会的承认是否完全一致？这是一个非常复杂而又必须深入研究的问题。下面从几个方面来探讨这个问题。

（1）从表面上看，科学理论的承认与其真理性并无多大关系，因为它仅仅表示某个科学劳动产品受到了同行、同事，即科学界的认可。并且，这种认可又往往是以新理论比旧理论具有更大解释能力为主要衡量标准的。这表明，科学理论的承认与其检验毕竟有着不同的意义。

所以，讨论科学理论承认与其真理性的问题不能离开科学检验。科学检验作为筛选科学假说的功能，主要是鉴定科学劳动产品真假与否的问题。这是科学理论是否具有真理性的第一步。从这一点上看，科学检验的成功与否才是科学理论是否能够得到承认的深层原因。也只有通过这一点，才能够判明科学理论承认的本质，在具有真理性的科学劳动产品中优选具有最大真理性的产品。

由此可以看出，科学理论被承认的实质不在于指明其有无真理性——这是讨论科学理论承认的前提，而在于判别其趋近真理的程度。一般说来，科学理论的承认与其真理性是一致的，因为这是进行此种评价的前提；这种承认与其真理性又不完全一致，因为它只是对一个趋近真理的理论的确认。

从宏观的角度来看，这一问题还更为复杂一些。科学社会学的研究表明，对某种科学理论的承认还有着科学以外的标准，如：社会政治制度、结构、风气、时尚以及文化价值标准，等等。上述因素也往往影响着科学承认的过程，有时，甚至离开科学检验的真理性前提来施加影响。苏联科学家李森科的沉浮曾震惊了整个科学界，其实质就是由于政治原因在作祟：赞同基因学说的一派与德波林学派有牵连，因此被定为"孟什维克化唯心主义学派"；而主张"春化作用"的一派与当时阶级斗争形势挂上了钩，成了反对托洛茨基和其他两面派的勇士。这一事例说明的只是科学理论承认的一种极端不正常的情况，即与其真理性毫无一致性可言的情况，但它毕竟是事实。所以，列宁曾一再引用一句格言：几何公理要是触犯了人们的利益，那也一定会遭到反驳的。其理论意义很显然,科学理论的承认还与社会存在有关,以至获得承认的科学理论与其真理性有着十分复杂而需要具体分析的情况。因此,科学理论在承认与其真理性的关系问题受着多方面因素的牵制。

（2）科学界并非一致的承认。从科学史上看,某种科学理论的"承认"本身实际上就不是"完全一致"的,最为著名的例子莫过于量子力学解释方面哥本哈根学派与爱因斯坦等人的争论了。那么,在这种本身就不是"完全一致"的基础上所反映出来的,只能是科学理论本身的条件和结论的特定规定性。科学界的反驳意见一般都是言言有据的,可以从某一个方面提出科学理论的弱点。不管这种"不一致"是针对理论本身的逻辑结构还是检验过程,都说明其真理性的程度是可以讨论的。

这种"不一致"情况往往还表现为对科学理论适用范围的不同看法。很显然,科学家们承认某种理论的真理性,并不意味着他们同意这一理论可以适用于任何范围。因而,在这一方面所反映出来的"不一致"就是对其真理性的"划界"讨论。当然,这也说明科学理论与其真理性关系的一种界限情况（这方面的情况比较复杂,需要仔细地讨论）。

（3）科学理论的承认是逻辑和历史统一观的具体体现。前面提到的社会因素在时间过程中的变化,无疑影响每一科学理论的承认过程。可以设想,如果拿破仑笃信上帝的话,那么拉普拉斯《天体力学》的命运将会是另一种情况。宗教裁判所可以使伽利略一反前言,同样是那个时代的历史状况所致。

总之,无论是"好"的承认还是"坏"的承认,都有其历史的局限性,即特定历史条件下的时代精神、价值标准、人文思想、世界观、道德信仰、宗教倾向乃至智力水平和实验方法等等。科学史表明,是毕达哥拉斯追求数学上的和谐和古希腊的科学传统,促使着哥白尼、开普勒以及更多的科学家做出了天才的发现。这种历史因素的影响,确实有着我们今天不可思议的作用,但它们在历史上又确实存在着,影响着科学理论的承认。

历史因素既促进也限制科学理论的承认,说明其真理性是历史地扩大或缩小着,历史不完结,这一过程便不会完结。因此,科学理论承认的历史或时间因素,同样决定着"承认"与真理性的不完全一致性。

(4)科学实践(包括科学观察、科学实验等)是科学理论确立的实践基础,它不仅是科学假说形成和发展的源泉和动力,而且是检验假设的真理性的根本标准。但是自然界对科学劳动产品的真理性之多寡,从来都不会给予明确的量度。对于科学理论的真理性多寡的评裁标准,是科学劳动者在实践过程中制定的。这种未与自然"商量"的尺度本身便更多地比较着手去进行评价,而不能准确地度量出某种理论的真理性究竟增长了多少或减少了多少。

综上所述,科学劳动者既不能保证理论的证实,也不能提供准确量度真理性多寡的尺度,那么,科学理论的承认无疑有着很大的相对性。

(5)背景知识与科学理论的承认。在科学发展的历史上,某一阶段得到普遍接受或承认的科学理论总和构成当时的背景知识。任何新的科学理论的承认都要确定与背景知识的关系,并受背景知识的"评价"。

一种情况,背景知识作为已经得到承认的科学理论总和,不能保证理论自身具有绝对真理性。因为科学理论只有在主观与客观统一的实践中,即在生产实践和科学实验中才能检验它的真理性及其程度。

另一种情况,则存在着两种可能性:一是如同相对论出现时的情况那样,预示着新理论比整个背景知识有着更多的真理性;一是如前面举过的李森科事件一样,注定着某一理论终究要被历史所排斥。

实际上,第三种情况倒比较普遍,也就是说新理论既与背景知识有不一致的情况,而在某种程度上又与背景知识有着(至少在一部分上)千丝万缕的联系。但不管怎样,自然表明科学理论的真理性受背景知识的制约。

综上所述,受到承认的科学理论所具有的真理性不是绝对的这样一个结论,即其包含真理的相对性是绝对的、必然的。上面分析的几点试图说明,这种不完全一致的特点,并不是一个简单的绝对相对的道理,而是由其本身的特点所决定的。其复杂性在于,科学理论受到承认的历史研究本身并未充分发展起来。对此,我们应当努力分析和研究。

附录

林立先生论著目录

一、论文

1.《科学能力学的研究——试论甘肃省的科学能力》,《兰州大学学报》,1980 年第 4 期。

2.《试论竺可桢科学成就的认识论意义》,《兰州大学学报》,1981年第 1 期。

3.《现代自然科学理论的基本概念和基本关系的层次进化——关于爱因斯坦科学方法的探讨》,《中国社会科学》,1982 年第 2 期。

4.《指导科学、经济、社会协调发展的重要纲领》,《科学·经济·社会》,1987 年第 1 期。

5.《社会主义社会的根本任务是发展生产力——笔谈生产力标准问题》,《甘肃社会科学》,1988 年第 2 期。

6.《必须坚持和强化马克思主义理论基础的地位》,《坚持实践发展》,甘肃人民出版社,1989 年 12 月。

7.《增强党性端正党风》,《兰州大学学报》,1991 年第 3 期。

8.《甘肃经济发展中的优势与劣势的动态分析》,《科学·经济·社会》,1997 年第 3 期。

9.《甘肃经济发展中经济与非经济因素的相关作用分析》,《开发研究》,1997 年第 6 期。

10.《甘肃经济发展中经济与非经济因素的优化和协调》,《科学经济社会》,1998 年第 1 期。

11.《社会主义现代化的伟大方略》,《科学·经济·社会》,1983 年第 3 期。

二、论著和译作

1. 主编《自然辩证法原理疑难》,兰州大学出版社,1988 年 5 月。

2. 主编《新技术革命辞典》,河北人民出版社,1990 年 7 月。

3. 主编《自然辩证法原理》,吉林人民出版社,1984 年 7 月。

4. 主编《科学认识论》,吉林人民出版社,1990 年 6 月。

《陇上学人文存》已出版书目

第七辑

《常书鸿卷》杜　琪编选　　《李焰平卷》杨光祖编选

《华　侃卷》看本加编选　　《刘延寿卷》郝　军编选

《南国农卷》俞树煜编选　　《王尚寿卷》杨小兰编选

《叶　萌卷》李敬国编选　　《侯丕勋卷》黄正林　周　松编选

《周述实卷》常红军编选　　《毕可生卷》沈冯娟　易　林编选

第八辑

《李正宇卷》张先堂编选　　《武文军卷》韩晓东编选

《汪受宽卷》屈直敏编选　　《吴福熙卷》周玉秀编选

《蹇长春卷》李天保编选　　《张崇琛卷》王俊莲编选

《林　立卷》曹陇华编选　　《刘　敏卷》焦若水编选

《白玉岱卷》王光辉编选　　《李清凌卷》何玉红编选